Hermann Glaser / Norbert Neudecker

Die deutsche Eisenbahn

Hermann Glaser / Norbert Neudecker

Die deutsche Eisenbahn

Bilder aus ihrer Geschichte

Verlag C.H. Beck München

Mit 247 Abbildungen

CIP-Kurztitelaufnahme der Deutschen Bibliothek

Die deutsche Eisenbahn: Bilder aus ihrer Geschichte/
Hermann Glaser; Norbert Neudecker. –
München: Beck, 1984.
ISBN 3 406 30259 9
NE: Glaser, Hermann [Mitverf.]

ISBN 3 406 30259 9

Gestaltung: Walter Kraus, München
Reproduktion der Abbildungen: Brend'amour, Simhart GmbH & Co KG, München
Satz und Druck: C. H. Beck'sche Buchdruckerei Nördlingen
Printed in Germany

Inhaltsverzeichnis

Von deutscher Eisenbahn

BL-S

1.

Seine Schippe und seinen „Zottel" hatte er mitgebracht; die zweirädrigen Kippkarren wurden zur Verfügung gestellt. „Zottel" wurde das Karrenband genannt, das man über die Schulter nahm, einschließlich des damit verbundenen Stricks, mit dem die Wagen gezogen wurden. Jeweils zwei Mann waren davor gespannt. Auf diese Weise transportierte man die Erde und die Steine weg, die abgeräumt werden mußten, damit man die Schienen legen konnte. „Die Zottelmänner waren eben so verschieden wie die Zottels, und viele waren untadelhaft, und manche waren besser als der Zottel, den sie hatten. Aber ein guter Zottel war eine wichtige Sache, und ehe man mit einem andern Kamerad zusammenspannte, prüfte man erst mißtrauisch sein Geschirr, und nicht selten hörte man höhnisch ausrufen: ‚Was hast Du denn da für einen Zottel!'"[1] So berichtet Karl Fischer in seiner Autobiographie über den Eisenbahnbau der Strecke Halle–Kassel in den 60er Jahren des 19. Jahrhunderts, einer wichtigen Verbindung innerhalb des Gesamtsystems. Nach der Schulentlassung und der Konfirmation 1855 hatte der 1841 in Grünberg (Schlesien) Geborene zunächst bei seinem Vater in dessen Bäckerei gearbeitet; er lernte dort nicht viel, bestand aber 1859 die Gesellenprüfung. Das einst blühende Geschäft war heruntergewirtschaftet; er mußte sich deshalb andere Arbeit suchen und verdingte sich beim Bahnbau. Dieser verlangte ganze Armeen von Arbeitern, die aus allen Gegenden Deutschlands zusammenkamen und,

ergänzt durch die jeweils Einheimischen, jahrelang von Strecke zu Strecke zogen. Als Fischer „nach der Bahn ging", traf er Ost- und Westpreußen, Polen und Schlesier, Pommern und Mecklenburger, Brandenburger und Sachsen, Hessen und Hannoveraner, auch einzelne Österreicher, Süddeutsche und Leute aus der Eifel.

Der Boden, der bei den Bauarbeiten ausgeschachtet werden mußte, wurde mit Pickel oder Spitzhacke losgehackt und dann von den Zottelleuten abtransportiert. Wichtig war, daß die Zottelleute gut aufeinander eingespielt waren. „Wenn man was verdienen wollte, war alles daran gelegen, daß man einen passenden, verträglichen Kameraden hatte. Denn das war Akkordarbeit und wurde wagenweise bezahlt, und wenn man keinen Wagen versäumen wollte, da mußte man den ganzen Tag gut Takt halten. Ich habe in 2 Jahren da nur 4–5 Kameraden gewechselt, und habe mich mit allen gut vertragen, bis auf einen, und mit dem habe ich grade am längsten gezottelt, der wollte mirs manchmal zu Verstehen geben und nahm eine Miene an, als ob er mehr thäte als ich; aber ich wußte das besser, denn grade dieser war der Ungeschickteste von allen, die ich da gehabt habe, und als er mir das einmal zu arg machte, da wars vorbei."[2]

Fischers Autobiographie erschien 1903 und 1904; 1906 starb der Autor in einem Siechenhaus, zwei Wochen nach Vollendung seines 65. Lebensjahres. Seine Erinnerungen reichen bis 1900 und sind eine der wenigen Arbeiterzeugnisse aus der beginnenden Hochindustrialisierung, der Zeit zwischen der Revolution von 1848 und der Reichsgründung 1871. Der Einblick in die Arbeitsbedingungen des Eisenbahnbaus zeigt, wie schwer die Tätigkeit dort war; aber da im Umbruch von der Agrar- zur Industriegesellschaft viele Menschen arbeitslos geworden waren und keinen Platz in der traditionellen Sozialstruktur mehr hatten, erwies sich die Eisenbahn als eine Art „neuer Heimat" mit unerwarteten Verdienstmöglichkeiten – vor allem, wenn man im Akkord arbeitete. „Wenn wir mit dem leeren Wagen wieder oben und bei unserer Ladestelle angelangt waren, da wollte sich der Wachtmeister, wie mancher andere immer erst ausruhen, aber ich sah wohl wie die andern das machten: schnell den Wagen rumgedreht, und passend hingestellt, mit einer Hand den Zottel von der Schulter und mit der andern schon nach der Schippe gelangt; dann ging das Werfen wieder los: was hast du, was kannst du! bis der Wagen wieder voll war, und durfte gar nicht lange dauern, bei der letzten Schippe sagte einer: ‚Gut' und da ließen sie die Schippen bloß aus der Hand fallen, und im Nu hatten sie schon beide den Zottel auf der Schulter und zottelten wieder los."[3]

Auf diese Weise wurde der Unterbau für das Eisenbahn-Zeitalter gelegt. Mit viel Schweiß und viel technischer Ingeniosität, mit wagemutigen Planungen und ausbeuterischer Praxis. Damit die Stahlrösser mit ihren Personen- und Güterwagen auf den Schienen dahindonnern konnten, mußte eine möglichst ebene Streckenführung ermöglicht werden, z.B. mit Hilfe von Durchstichen, Viadukten, Feldeinschnitten, Tunnels und der Abtragung von Hügeln und Bergen. Die Ameisen, hieß es in der „Eisenbahn-Zeitung" vom 31. August 1845 bei der Beschreibung des Arbeitsablaufes, im besonderen, was die Karrenbeförderung des Erdreichs betraf, bedienten sich eines ganz ähnlichen Transportsystems, „versteht sich ohne Schubkarren", wenn sie ihre unterirdischen Gänge bauten.

In einer gründlichen Untersuchung über den Eisenbahnbau südlich Nürnbergs 1841–1849 (einem Teilstück der Strecke Augsburg–Hof) hat Ulrich Otto Ringsdorf die organisatorischen, technischen und sozialen Probleme des Eisenbahnbaus der damaligen Zeit aufgezeigt; die hier geschilderten einzelnen Arbeitsabläufe können als exemplarisch, als typisch für die generelle Art des Vorgehens verstanden werden.[4] Eine königliche Eisenbahnkommission legte mit Hilfe ihrer Ingenieure und Techniker die Trassenführung fest, die neben politischen und wirtschaftlichen vor allem verkehrsgeographische Faktoren und die morphologische Ausprägung des Landes zu berücksichtigen hatte. Man entschied sich, die Strecke nach „englischer Bauart" zu errichten, d.h. unter Vermeidung allzuenger Kurvenradien und starker Steigungen. Diese Trassierung war zwar teuer, erlaubte aber den Einsatz starrachsiger Lokomotiven mit hoher Geschwindigkeit und Zugfähigkeit. Nach der Einzelaufnahme des Geländes, der Parzelleneinteilung und der Festlegung der Bahnachse wurde der Erwerb jener Bodenflächen eingeleitet, die zur Herstellung der Bahnanlage erforderlich waren. Man ging von einer zweispurigen Bahn aus, obwohl zunächst nur einspurig gebaut werden sollte. Ein Gesetz über die Zwangsabtretung von Grundstücken aus dem Jahr 1837 ermöglichte Enteignungsverfahren. Mit Hilfe einer Ausschreibung wurden die öffentlichen Arbeiten an Privatfirmen vergeben. Ein Baulos entsprach einem Streckenabschnitt von 4 bis 6 Kilometern Länge, auf welchem der Bewerber den Unterbau einschließlich Erdarbeiten, kleinerer Kunstbauten, Flußkorrektionen etc., aber auch jeweils größerer Hochbauten herzustellen hatte. „Werkzeuge, Rüstungen, Geräte" hatten die Unternehmer selbst zu stellen. „Die Schwierigkeiten", hieß es in der Eisenbahn-Zeitung vom 20. Oktober 1849, „welche die natürliche Gestaltung der Erdoberfläche der Ausführung einer Eisenbahn entgegensetzt, lassen sich im allgemeinen aus der Menge der bewegten Erdmassen, aus der Zahl und Größe der ausgeführten Kunstbauten, aus dem Verhältnis der Bahnlänge zur Länge der Straßen erkennen, welche bisher zur Verbindung der von der Bahn berührten Orte gedient haben." Die Zahl der Kunstbauten (Brücken, Wegübergänge, Durchlässe) war bei ungünstigem Terrain oft beträchtlich.

Die Arbeiten am Unterbau begannen damit, daß bei Wiesen der Rasen abgestochen und in Haufen neben der Trasse, mit der Rasenseite nach unten, aufgesetzt wurde. Bei den Feldern wurde die Ackerkrume abgetragen; man fuhr sie zur späteren Befestigung der Böschungen in Haufen auf. In den Waldungen wurden die Bäume und das Buschwerk gefällt, die Wurzelstöcke gerodet und etwaiger guter Boden abgeschält und ebenfalls zur Seite gekarrt. Zur Wegräumung von Felsen wurden Sprengmittel eingesetzt. Zum Abtransport verwendete man Schubkarren und Fuhrwerke.

Bei den Erdarbeiten wurde ein Ausgleich zwischen den Damm- und Einschnittmassen angestrebt; wenn zur Dammschüttung nicht genügend Abtrag vorhanden war, mußte die nötige Menge aus besonderen Füllgruben neben der Trasse ausgehoben werden. Eine besondere technische Herausforderung, die das neue Verkehrssystem an die Bautechniker stellte, bestand in der Anlage des Oberbaus. Die einzelnen Staatsbahnen und Eisenbahngesellschaften mußten experimentieren, probierten verschiedene Lösungen aus. Zur Bettung verwendete man Stein, Kies und Sand; für die Querschwellen wurden zunächst Steine benutzt, da man bei Holzschwellen wegen des Mangels an geeigneten Imprägnierungsstoffen einen raschen Verschleiß zu erwarten hatte. Es gab eine große Menge verschiedener Schienenformen; sowohl Roheisen zur Herstellung von Schienen wie Stabeisen (fertige Schienen) mußten zunächst importiert werden. Die Massenaufträge der deutschen Eisenbahnen für Schienen wurden vor allem von belgischen und englischen Eisenwerken erfüllt. Die Schienen befestigte man mit Hilfe von „Schienenstühlen" auf den Steinschwellen; dafür mußten in die Steinquader Löcher gebohrt und in diese dann hölzerne Dübel eingetrieben werden; etwa 25% der Steine zersprangen dabei. Die Betriebsgebäude wurden in der Regel zunächst provisorisch errichtet; die endgültigen Bauwerke, vor allem die Haupt- und Zentralbahnhöfe, sollten hohen architektonischen Ansprüchen genügen. Bereits 1841 hatte Ludwig I. verfügt, daß der Nürnberger Bahnhof im „Style des Mittelalters", der Münchner im „antik-römischen Baustyle" auszuführen sei.

Der Eisenbahnbau erforderte einen sehr großen Aufwand an menschlicher Arbeitskraft. Die soziale Situation war angesichts der Menschenzusammenballungen und geringer Fürsorge schlecht. Fortschreitende Bevölkerungszunahme bei geringer Aufnahmefähigkeit der Industrie führte zu Massenverarmung; „billiges Menschenmaterial" stand somit zur Verfügung. „Der Eisenbahnbau", heißt es in der Eisenbahn-Zeitung vom 13. April 1845, „hat immer ein Zusammendrängen größerer Massen von Handlangern, Gesellen usw. auf einzelnen Punkten der Bahn zur Folge. Die oft aus weiter Ferne zusammen geströmten Arbeiter können aber auf den einzelnen Baustellen oder in deren Nähe nicht immer genügend Herberge mit Obdach und Lagerstätte, noch weniger zu jeder Zeit eine gesunde und nahrhafte Verköstigung finden … Hier findet dann fast immer ein Einlagern in Zelten und Hütten, Scheunen und Ställen neben unregelmäßiger Verköstigung statt. Selbst aber da, wo Herberge und Verköstigung wohl zu finden wären, wird die Erlangung einer gesunden und kräftigen Nahrung nur zu oft durch Verteuerung der Preise erschwert, während die Arbeiter selbst meist bereitwilliger sind, ihr Geld zur Anschaffung geistiger Getränke als zum Ankauf der ihnen so nöthigen Nahrungsmittel zu verwenden. Die Folgen solcher Mängel können dann keine anderen als häufige Erkrankungen sein, welche aber leider zu neuen Verlegenheiten führen. Die öffentlichen Landkrankenhäuser sind nicht immer in der Nähe, nicht immer erreichbar für die Erkrankten. Diese selbst sind in der Regel mittellos. Die Gemeinden, welche die Verpflichtung haben, für die in ihren Gemarkungen erkrankten Fremden zu sorgen, haben selten ersprießliche Einrichtungen, und oft auch nicht die Mittel dazu, besonders, wenn dergleichen Fälle häufiger vorkommen, wie dieß an der Bahnlinie nicht ausbleiben kann."

Der Begriff „Eisenbahnarbeiter" umschloß alle mit Handwerk beim Bahnbau beschäftigten Berufsgruppen, also die Handwerker, die Tagelöhner, die Vorarbeiter und Aufseher. In einer Sektion waren zum Beispiel tätig: 14 Aufseher und Vorarbeiter, 18 Schmiede, Schlosser und Dreher, 26 Zimmerleute, 52 Maurer, 78 Steinhauer, 126 Steinbrecher und 938 Tagelöhner. Die Fluktuation war beträchtlich, zumal viele den Anstrengungen nicht gewachsen waren. Ein Teil der Eisenbahnbauarbeiter, vor allem die Erdarbeiter, rekrutierte sich aus dem Dienstboten- und bäuerlichen Bereich sowie aus kaum oder gerade noch existenzfähigen gewerblichen Kleinbetrieben. Oft meldeten sich ganze Familien mit ihren Kindern zur Arbeit. Die Eisenbahnarbeiter wurden oft als „große Masse von Proletariern", als „Leute aus den untersten Klassen der Bevölkerung", als „Hefe des Volkes", als „rohes Gesindel" abqualifiziert.

Die Disziplinierungsmaßnahmen waren streng, gleichermaßen die Arbeitszeit wie das Freizeitverhalten betreffend. Die Arbeiter mußten sich jeweils vor Arbeitsbeginn, vor der Mittagspause und vor Feierabend zum „Verlesen" einfinden; wer nicht bei diesem Appell anwesend war, wurde mit Lohnabzug bestraft (Abwesenheit vor der Mittagspause hatte den Verlust des ganzen, Abwesenheit vor Feierabend den des halben Tageslohns zur Folge). Polizeilich angezeigt wurden Vergehen wie Zechen und Trunkenheit, Streit und Rauferei, „jede unsittliche Handlung" sowie die Entwendung irgendwelchen Materials von den Baustellen.

Nach der Arbeit mußten die Arbeiter sich unmittelbar in ihre Unterkunft begeben und durften sich nicht außerhalb des Herbergsortes auf den Straßen herumtreiben oder entfernte Wirtshäuser aufsuchen. Den Polizeibehörden blieb es vorbehalten, den Besuch von Wirtshäusern innerhalb der Herbergsorte ebenfalls zu verbieten. Nach 20 Uhr im Winter und 21 Uhr im Sommer mußten sich die Arbeiter in ihrer Unterkunft befinden. Im Sommer wurde über 10 Stunden, nach einigen Quellen 14 bis 16 Stunden gearbeitet; die Anmarschwege waren zusätzlich lang. Der Eisenbahnbau brachte vielerlei Unfälle mit sich, hervorgerufen durch Erdniedergänge, Sprengungen, Abstürze (bei den Hochbauten).

Die Nahrungsversorgung war in Deutschland in den 40er Jahren sehr schlecht. Mißernten, unter anderem durch die Kartoffelkrankheit hervorgerufen, führten zu einer Ernährungskrise, in der die Versorgung der Bevölkerung nicht mehr gesichert war. Die vielen Menschen beim Eisenbahnbau bewirkten eine zusätzliche Knappheit an Lebensmitteln bei entsprechender Teuerung. In einer Quelle heißt es, daß die Nahrung der Arbeiter vor allen Dingen auf Brot und Bier beschränkt sei; der Genuß von Fleisch, Hülsenfrüchten und Kartoffeln sei selten, weil diese Nahrungsmittel schwer zu bekommen seien und außerdem vor dem Genuß erst noch zubereitet werden müßten, was in den Quartieren nicht geschehen könne. Die besser gestellten Eisenbahnarbeiter suchten zumindest einmal am Tag eine nahegelegene Wirtschaft auf. Zur Erhaltung ihrer physischen Existenz waren die Eisenbahnbauarbeiter häufig auf Betteln, Schuldenmachen und Zechprellerei angewiesen; die Kleinkriminalität stieg dadurch an. Oft stand der erforderliche Raum zur Unterbringung der Arrestanten nicht zur Verfügung; die Gefängnisse waren überbelegt.

Ähnlich wie beim Eisenbahnbau südlich von Nürnberg vollzog sich der Eisenbahnbau in den anderen Gegenden

Deutschlands. Von verschiedenen Orten ausgehend, nahm der Umfang des Eisenbahnnetzes rasch zu. Hatte die erste Eisenbahnstrecke 1835 zwischen Nürnberg und Fürth sechs Kilometer betragen, so belief sich fünf Jahre später die Länge aller Linien bereits auf 500 Kilometer; 1845 betrug die Gesamtlänge 2300 Kilometer. So unterschiedlich bei den einzelnen Strecken aufgrund technischer, ökonomischer und politischer Probleme auch der Baufortschritt war – die Hoffnung zielte auf eine „Gesamtvernetzung" mit Anschluß an die Bahnsysteme des benachbarten Auslandes. Die Optimisten rechneten damit, daß im Verlauf von zehn Jahren ein sehr beträchtlicher Teil Deutschlands mit Eisenbahnen „bedeckt" sei. 1865 waren 14700 Kilometer Schienen verlegt, um die Jahrhundertwende etwa 50000 Kilometer; 1917 wurde die Ausdehnung von 65000 Kilometern erreicht. Nach dem verlorenen Krieg ging die Streckenlänge, wegen der Abtretung von Gebieten, auf rund 53000 Kilometer zurück. Im Januar 1920 wurde ein Reichsverkehrsministerium geschaffen. Durch Staatsvertrag, der von den acht deutschen Ländern mit Eisenbahnbesitz und dem Reich unterschrieben wurde, gingen die Staatsbahnen auf das Reich über, und zwar 34443 Kilometer aus dem Besitz Preußens, 8526 Kilometer von Bayern, 3370 Kilometer von Sachsen, 2156 Kilometer von Württemberg, 1899 Kilometer von Baden, 1307 Kilometer von Hessen, 1177 Kilometer von Mecklenburg-Schwerin und 681 Kilometer von Oldenburg. Als Folge des Krieges waren jahrelang keine Erneuerungen vorgenommen worden; an die Sieger von 1918 mußte rollendes Material in beträchtlichem Umfang abgetreten werden; die Inflation verstärkte die Notlage der deutschen Eisenbahn. In dieser Situation wurde 1924 die Deutsche Reichsbahn als selbständiges Unternehmen gegründet. Die Betriebsführung auf ihrem Streckennetz wurde jedoch der Deutschen Reichsbahn-Gesellschaft übertragen, die im Rahmen des Dawes-Plans verpflichtet war, zur Zahlung der Deutschland auferlegten Reparationen beizutragen. Trotz dieser letztlich politischen Indienstnahme und trotz einer wachsenden Konkurrenz durch den Lastkraftwagenverkehr erwirtschaftete die deutsche Reichsbahn jährlich einen beträchtlichen Überschuß (von 1925 bis 1936: 5346 Milliarden Reichsmark).

Angesichts des heutigen Defizits der Bundesbahn, das zu immer weiteren Einstellungen von Nebenstrecken führt, wirkt eine solche Zahl geradezu „legendär". Doch hat man es, zum Nutzen der Gesamt-Infrastruktur vermieden, in den Fehler der USA zu verfallen – nämlich das „Verkehrsmittel Schiene" weitgehend aufzugeben.

2.

Im Eisenbahnsystem wie im Zollverein sah Friedrich List die Grundlagen für einen glanzvollen Aufstieg Deutschlands (die „Vervollkommnung der deutschen Nationalzustände"). Zur gleichen Zeit geboren, körperlich aneinander gewachsen, eines Geistes und Sinnes, würden beide Einrichtungen sich wie Zwillinge wechselseitig unterstützen und einem und demselben großen Ziel zustreben: nämlich der Vereinigung der deutschen Stämme zu einer großen und gebildeten, reichen, mächtigen und unantastbaren Nation. Auf der einen Seite wäre ein deutsches Eisenbahnsystem ohne den Zollverein nie zur Sprache, geschweige zur Ausführung gekommen; auf der anderen vermöchte die gesellschaftliche Ökonomie der Deutschen sich nur mit Hilfe eines deutschen Eisenbahnsystems zur nationalen Größe emporschwingen. Das deutsche Eisenbahnsystem wirke nicht bloß durch Förderung der materiellen Nationalinteressen, es wirke auch durch Stärkung aller geistigen und politischen Kräfte – und zwar:

– als „Nationalverteidigungsinstrument", denn es erleichtere die Zusammenziehung, Verteilung und Direktion der Nationalstreitkräfte;

– als „Kulturbeförderungsmittel", denn es beschleunige die Distribution aller Literaturprodukte und aller Erzeugnisse der Künste und Wissenschaften; es bringe Talente, Kenntnisse und Geschicklichkeit jeder Art in Wechselwirkung; es vermehre die Bildungs- und Belehrungsmittel aller Individuen, von jedem Stand und Alter;

– als „Assekuranzanstalt" gegen Teuerung, Hungersnot und übermäßige Fluktuationen in den Preisen der ersten Lebensbedürfnisse;

– als „Gesundheitsanstalt", denn es vernichte die Entfernungen zwischen den Leidenden und dem Heilmittel;

– als Vermittler des gemütlichen Verkehrs, denn es verbinde den Freund mit dem Freund, den Verwandten mit dem Verwandten;

– als „Stärkungsmittel des Nationalgeistes", denn es ver-

nichte die Übel der Kleinstädterei und des provinziellen Eigendünkels wie Vorurteils;
– als „fester Gürtel um die Lenden der deutschen Nation", denn es halte deren Glieder zu einem streitbaren und kraftvollen Körper zusammen;
– als „Nervensystem des Gemeingeistes wie der gesetzlichen Ordnung", denn es verleihe in gleichem Maße Kraft der öffentlichen Ordnung wie der Staatsgewalt.[5]
Lists weiträumige Perspektiven – durch konkrete sozioökonomische Erkenntnisse fundiert und überwölbt von einem national-romantischen Ideenhimmel – hatten sich in Nordamerika ausgebildet. Als junger Tübinger Professor für Staatspraxis (1789 in Reutlingen geboren) hatte er wegen seiner liberalen Anschauungen auswandern müssen; als Initiator des Deutschen Handels- und Gewerbevereins war er zu Festungshaft verurteilt worden. – 1832 kam List aus Amerika zurück und trat in Wort und Schrift für den Eisenbahnbau ein. Politische Streitigkeiten und vergebliche Anstrengungen zermürbten List so, daß er 1846 bei Kufstein Selbstmord verübte.

1833 erschien Lists Abhandlung „Über ein sächsisches Eisenbahnsystem als Grundlage eines allgemeinen deutschen Eisenbahnsystems"; im gleichen Jahr baten Leipziger Bürger das Sächsische Staatsministerium um Genehmigung zum Bau einer Eisenbahn von Leipzig nach Dresden mit Hilfe einer Aktiengesellschaft. In Köln wurde durch preußische Kabinettsordre einem Komitee die Bildung einer Aktiengesellschaft zum Bau einer Eisenbahn von Köln an die belgische Grenze, 1835 dann durch Sächsisches Dekret der Bau einer Eisenbahn von Leipzig nach Dresden genehmigt und ein entsprechendes Enteignungsgesetz geschaffen; im gleichen Jahr wurde die Rheinische Eisenbahn-Gesellschaft gegründet.

Die Nürnberger aber waren schneller: am 7. Dezember 1835 fuhr die erste deutsche Eisenbahn zwischen Nürnberg und Fürth. Das war 10 Jahre nach dem denkwürdigen Ereignis der Eröffnung der ersten englischen Eisenbahnstrecke zwischen Stockton und Darlington, da die von George Stephenson gebauten Dampflokomotiven nach mancherlei Vorlaufprojekten der Welt vor Augen führten, welche technische Innovation und Revolution die „eisernen Züge auf Kunststraßen" darstellten. In Deutschland hatte 1806 der 1763 in München geborene und 1835 dort verstorbene Joseph Ritter von Baader (1785 Doktor der Medizin; 1808 Geheimer Oberstbergrat; 1826 Professor für Mechanik und Maschinenwesen) nach einem mehrjährigen Aufenthalt in Frankreich und England, wo er reiche Kenntnisse in Berg-,

Maschinen- und Verkehrswesen erwarb, vorgeschlagen, Rhein und Donau durch eine „Straße mit Eisenbahn" zu verbinden. 1812 verfaßte er eine Denkschrift über die „Einführung der eisernen Kunststraßen im Königreich Bayern" und 1814 regte er an, zwischen Nürnberg und Fürth eine Schienen-Pferdebahn einzurichten. Im folgenden Jahr erhielt Baader das erste deutsche Eisenbahnpatent für einen Wagen, der sowohl auf Schienen als auch auf der Straße fahren konnte.

Was ist eine Eisenbahn? fragte der Nürnberger Journalist Erhard Friedrich Leuchs in der von ihm herausgegebenen „Allgemeinen Handlungszeitung mit den neuesten Erfindungen und Verbesserungen im Fabrikwesen, und in der Stadt- und Landwirtschaft" am 2. Januar 1833. „Ein vollkommen ebener glatter Weg für die Räder der Wagen, mit einer gewöhnlichen Landstraße verbunden, auf der die Pferde laufen. Leztre können daher auf derselben wenigstens 8–12 mal mehr und darüber ziehen, ungleich schneller laufen, als auf einer gewöhnlichen Chaussee, denn alle Anstrengungen, welche Unebenheiten, Löcher, Steine auf dieser verursachen, fallen weg; sie verhält sich zur besten Schlittenbahn, die sie weit übertrifft, wie diese zur Landstraße im Sommer, und das Fahren geht noch schneller, leichter und angenehmer als auf einer Schlittenbahn … Daß man diese möglichst ebenen glatten Wege Eisenbahnen nennt kommt daher, weil das Eisen, das wolfeilste und zwekmäßigste Material zu ihrer Anlegung ist, obgleich man auch Holzbahnen (in Bergwerken) und Steinbahnen gehabt hat und noch hat, und überhaupt jedes andre glatte feste Material oder Metall anwenden könnte. Selbst die alten Römer hatten schon eine Art verbesserter glätterer Straßen, welche mit einer Mischung von Steinen und Mörtel ausgegossen waren. Soll man Eisenbahnen errichten? heißt demnach nicht viel anders als fragen: ist es den Straßenbaumeistern erlaubt, eine bessere und nach unsern jezigen Kenntnissen bessere Straße zu bauen? Und die Frage, ob sie für das Allgemeine vortheilhaft ist, ist gelöst, wenn man fragt, ob für die Konsumenten Reisenden, Fuhrleute, Wirthe, ob für den Verkehr überhaupt eine schlechte Landstraße oder gewöhnliche Chaussee oder eine gute Schlittenbahn vortheilhafter sind. Man verlangt allgemein nach guten Chausseen, warum nicht nach den besten, den Eisenbahnen? Von den Eisenbahnen hat man zwei Arten, die in der Mitte ausgehölten Radfelgen laufen entweder auf Eisenstangen, die auf den Boden liegen (in den Bergwerken seit Jahrhunderten schon auf hölzernen Latten) oder in platten Rinnen. Sie sind in neuester Zeit hauptsächlich auch durch unsern verdienstvollen Landsmann Hrn. Joseph Ritter von Baader, k. bayer. Oberstbergrath, Akademiker und Maschinendirektor in München, bedeutend verbessert worden, so daß alle Unbequemlichkeiten, die sie hatten, z.B. beim Ausweichen der Wagen, beim Fahren aufwärts und wenn andere quer über die Bahn fahren wollen, wegfallen, und haben dadurch an praktischem Werth viel gewonnen."[6]

Nun sei es an der Zeit, solche großartigen Erfindungen zum allgemeinen Nutzen zu bauen. Leuchs rief zur Gründung einer Eisenbahn zwischen Nürnberg und Fürth auf: Die Strecke bot sich aus lokaler Sicht gut an, denn täglich passierten sie viele Fußgänger und Fuhrwagen; die Chaussee zwischen den beiden Städten wies den bedeutendsten Personen- und Warenverkehr im ganzen Königreich Bayern auf. Nürnberg, diese Stadt, die die Wiege deutscher Gewerbsamkeit und des Erfindergeistes gewesen sei, sollte nicht hinter dem kleinsten Orte und Dorfe Amerikas zurückbleiben in einer den Gewerben so frommenden Sache. ,,Eilen wir uns, Süddeutschland den Ruhm der ersten deutschen Eisenbahn zu sichern."

Bereits zehn Tage später kamen im Hause des Kaufmanns und Mitglieds des Handelsvorstandes Georg Zacharias Platner der Fürther Bürgermeister Bäumen, der Marktvorsteher Merkel und der Leiter der Polytechnischen Schule zu Nürnberg, Johannes Scharrer, zu einem vorbereitenden Treffen zusammen. Am 14. Mai 1833 erfolgte der Aufruf zur Gesellschaftsgründung der neuen Bahn; innerhalb von sechs Monaten waren 1320 Aktien für das Kapital von 132000 Gulden gezeichnet (53% davon kamen aus Nürnberg, der bayerische Staat erwarb zwei Aktien); am 18. November des gleichen Jahres wurde die erste Versammlung der Aktionäre gehalten und die ,,Ludwigs-Eisenbahn-Gesellschaft" in Nürnberg gegründet; Direktor wurde G. Z. Platner, sein Stellvertreter J. Scharrer. Ein Jahr später stellte der Techniker Paul Camille von Denis innerhalb von drei Monaten die gesamte Bauplanung fertig; am 1. Mai 1835 begann der Bau, am 7. Dezember erfolgte die feierliche Eröffnung. Der Jubel war groß. Bayerische Ärzte stellten freilich in einem Gutachten fest, die raschen Bewegungen würden bei den Passagieren geistige Unruhe, ,,delirium furiosum", hervorrufen. Auch wenn sich Reisende freiwillig dieser Gefahr aussetzten, müsse der Staat wenigstens die Zuschauer beschützen, denn der Anblick einer Lokomotive, die in voller Schnelligkeit dahinrase, genüge, diese schreckliche Krankheit zu erzeugen. Unumgänglich nötig sei deshalb, eine Schranke, wenigstens sechs Fuß hoch, auf beiden Seiten der Bahn zu errichten.

3.

Ein lyrisches Resümee der zwar zügigen, aber ansonsten mit mancherlei Unverständnis und Schwierigkeiten belasteten Planungsphase zog Jakob Schnerr mit seinem Gesang zur Feier der Eröffnung der ,,Ludwigs-Eisenbahn" (so genannt, da König Ludwig I. von Bayern 1834 ein auf 30 Jahre befristetes Privileg erteilt und die Genehmigung gegeben hatte, seinen Namen zu verwenden):

,,Glück auf, mit Gott! Der Anfang ist geschehen,
es liegt die Strecke Bahn! –
Und soll's nach Ost und Westen weitergehen
so knüpft man eben an."

Angesichts des Zauberpfades aus Eisen und des langen Wagenzuges, der mit wunderbarer Schnelle im adlergleichen Flug dahingleite, solle man hinfort die gebändigten Elemente Feuer und Wasser zum Nutzen der Menschen wirken lassen. Das edle Erz werde nun nicht mehr zu Kriegs- und Mordgewehren vergeudet, sondern für den friedlichen Bahnbau herangezogen.

,,Ja, alle Ketten fesseln Wehr und Waffen
aus roher harter Zeit,
sie werden einst in Schienen umgeschaffen,
zum Preis der Menschlichkeit! –

Mit Schienen, Freunde, webet ohne Bangen
ein Netz von Pol zu Pol!
sieht sich Europa einst darin gefangen,
dann wird es ihr erst wohl."

Die Vervollkommnung der deutschen Nationalzustände war freilich, wie dann die Entwicklung des 19. Jahrhunderts lehrte, keineswegs auf dem Weg des Friedens zu erreichen. Schon Friedrich List hatte von der Bedeutung der Eisenbahn als „Nationalverteidigungsinstrument" gesprochen. Bald entdeckten auch Staatsmänner und Militärs, daß die Eisenbahn ein vorzügliches Mittel war, große Truppenmassen schnell zu mobilisieren und an die Front zu bringen. Bereits vor 1848 spielten dementsprechend staatspolitische Rücksichten beim Bau bzw. der Linienführung neuer Eisenbahnen eine große Rolle. 1852 schuf sich Preußen eine sichere, schnelle, von Hannover unabhängige Ost-West-Verbindung an den Rhein. Die preußische Bahn, die nach Bromberg führte und Jahr für Jahr weiter ausgebaut wurde, diente der strategischen Absicherung der Ostgrenze. Ähnlich bauten die anderen Länder ihre Eisenbahnen unter besonderer Berücksichtigung militärischer Gesichtspunkte. Als 1870 der Krieg bevorstand, erfolgte der deutsche Aufmarsch an den französischen Grenze mit Hilfe der Eisenbahnen in erstaunlicher Schnelle. In rund 1300 Transporten rollten 550000 Mann und 160000 Pferde in den Westen. Die Geschwindigkeit und Präzision des deutschen Aufmarsches in den ersten drei Wochen des Krieges sind mit eine Ursache für den deutschen Sieg gewesen – zumal vom französischen Militär die Eisenbahn vergleichsweise schlecht genutzt wurde. Nach dem gewonnenen Krieg wurden die Bahnen Elsaß-Lothringens mit einer Streckenlänge von 766 km als Reichseisenbahnen dem neugegründeten Reich, und zwar dem Reichskanzler unmittelbar, unterstellt.

Bismarck war überhaupt daran interessiert, daß alle Bahnen der Reichsgewalt unterstanden, wobei vor allem Bayern, Württemberg und Sachsen Widerstand leisteten. Auch die Existenz eines ausgedehnten Privateisenbahnwesens stand der Schaffung einer Reichseisenbahn entgegen. Innerhalb der Einzelstaaten wurde jedoch die Konzentration der Bahnorganisation systematisch vorangetrieben. 1870 hatten in Preußen die Staatsbahnen nur etwa ein Drittel der Gesamtstreckenlänge inne; 1885 war die Betriebslänge der Privatbahnen auf 1650 km zusammengeschrumpft, während die Staatsbahnen die Länge von 21624 km erreicht hatten. Die Eisenbahnen in den Einzelstaaten müßten – so hieß es in einem Grundsatz der Reichsverfassung von 1871 – den Anforderungen des Reiches zum Zwecke der Landesverteidigung entsprechen. Bei einer Mobilmachung würde das gesamte deutsche Eisenbahnnetz in den Kriegsbetrieb übergeführt; der Chef des Feldeisenbahnwesens erhielt diesbezüglich Vollmachten. Der Erste Weltkrieg brachte die entsprechende Bewährungsprobe. Auf den dreizehn nach Westen führenden Linien fuhren während des Aufmarsches täglich 660 Transporte; in 11000 Transporten wurden über 3 Millionen Mann und 860000 Pferde an die Front im Westen geschafft. Dazu kam der Transport des Nachschubs. Zentrum der Planung war die Eisenbahnabteilung des Großen Generalstabs, der die Linienkommandanturen, die sich am Sitz der einzelnen Eisenbahndirektionen befanden und mit diesen zusammenarbeiteten, unterstanden. Auch an anderen Fronten, in Italien, in Polen, Rußland und Rumänien, in der Türkei, Mesopotamien und Palästina waren deutsche Eisenbahner und deutsche Eisenbahn-Betriebsmittel eingesetzt. „Nur bei voller Ausnutzung der Schienenwege der Heimat und der besetzten Gebiete sowie in innigster Zusammenarbeit mit den Eisenbahnorganisationen der verbündeten Mächte war die deutsche Heeresleitung befähigt, die ungeheuren Räume des Weltkrieges zu beherrschen und den Anforderungen des Mehrfrontenkrieges zu entsprechen", heißt es im Vorwort zur Darstellung des Feldeisenbahnwesens, dem zwei Bände des Generalstabswerkes „Der Weltkrieg 1914–1918" gewidmet sind. „Bei rückhaltsloser Anerkennung der Mitwirkung unserer Verbündeten darf von dem deutschen Feldeisenbahnwesen mit Recht gesagt werden, daß es das Rückgrat und die Lebensader des ausgedehnten Netzes gemeinschaftlicher Verbindungen darstellte. Es besaß von Anfang an eine Ausdehnungsfähigkeit und Biegsamkeit, die es zur Anpassung und Beherrschung auch der schwierigsten operativen, technischen und wirtschaftlichen Lagen befähigte. Wie auf allen Gebieten kriegerischer Betätigung spielte auch auf dem des Feldeisenbahnwesens die Persönlichkeit die entscheidende Rolle. Hier war es neben dem leitenden Chef der deutsche Eisenbahner in allen seinen Dienstgraden. Pflichttreu und selbstlos, ein Muster des gewissenhaften Beamten und Soldaten, so trat er in den Krieg, so legte er die nie rastende Hand an seine letzte Aufgabe bei der Zurückführung des Heeres in die Heimat."[7]

Die Väter des deutschen Eisenbahnwesens hatten freilich, wenn sie an die nationale Einheit dachten, nicht die kriegerische, sondern die auf wirtschaftlicher Nutzung beruhende Bedeutung des Eisenbahnwesens im Auge. Goethe war, wie er in einem Gespräch mit Eckermann bemerkte, nicht bange, daß Deutschland nicht eins werde; die guten Chausseen und künftigen Eisenbahnen würden schon das Ihrige tun. Liberale und nationale Motive gingen eine Verbindung ein; die Eisenbahnen machten partikularistische Grenzziehungen mit entsprechenden ,,Aufenthalten'' anachronistisch; sie ,,transportierten'' auch antifeudale Tendenzen, indem sie für die ,,Durchmischung des Volksganzen'' sorgten. Die Eisenbahn sei der Leichenwagen des Absolutismus und Feudalismus, so formulierte es Friedrich Harkort. Als Abkomme westfälischer Hammerwerksbesitzer 1793 in Harkorten geboren, stellte er in seiner mechanischen Werkstätte Dampfmaschinen her; als Abgeordneter und im öffentlichen Leben trat er unermüdlich für die Entwicklung der Dampfschiffahrt und der Eisenbahnen ein. 1833 erschien seine Schrift ,,Die Eisenbahn von Minden nach Köln'', 15 Jahre vor deren Verwirklichung.

Harkort starb 1880; bis in seine letzten Tage trat er als unermüdlicher Verfechter der nationalen Belange des Eisenbahnwesens in Erscheinung. Freilich spricht auch viel für die Gegenthese: daß nämlich, zumindest in der ersten Phase der Eisenbahnentwicklung, die Eisenbahnen von ihrer Anlage und Aufgabenstellung her, die einzelstaatliche Entwicklung und damit die ,,Kleinstaaterei'' sogar förderten. Die Eisenbahn verhalf den kleinen Staatsgebilden zu einer gewissen eigenständigen Entwicklung. Zum Teil ermöglichten bilaterale Verbundsysteme eine größere politische und ökonomische Selbständigkeit.

Überwölbende patriotische Vokabeln wie ,,Nationalsache'', ,,Gemeingeist'', ,,Vaterland'', wie sie im Zusammenhang mit den ersten Bahnbauten (z. B. von Festrednern) gern verwendet wurden, kontrastierten mit kleinräumigen, partikularistischen Interessen. Die Trassenführung der Eisenbahnen war zunächst weniger als nationales Kommunikationsnetz angelegt, denn als Versuch, den Binnenraum des jeweiligen Landes auf die Residenzstadt hin zu orientieren. Friedrich List meinte, daß der Bau der Eisenbahn die sonst kaum lebensfähigen thüringischen Kleinstaaten gerettet hätte. Auch war es in diesem Sinne bezeichnend, daß List seine Vision von der Vernetzung Deutschlands durch Eisenbahnen vor allem dadurch lancierte, daß er 1833 die Chancen eines *sächsischen* Eisenbahnsystems herausstellte. Das von Leipzig aus nach allen Richtungen sich weithin erstreckende ebene und feste Terrain lade seine Bewohner geradezu ein, ohne Vorbereitung die Schienen auf den Boden zu legen; die Gegend sei für die Anlegung von Eisenbahnen besonders geeignet. Wenn man die Schienen hier unmittelbar auf denjenigen Teil der Heerstraße lege, der jetzt von den zum

Chausseebau erforderlichen Steinen versperrt sei, so würde eine sehr starke Bahn von eichenen, mit Eisen beschlagenen Schienen kaum mehr als 15000 Taler per deutsche Meile kosten. Dazu trete ein weiterer, bei den sächsischen Lokalverhältnissen besonders in Betracht kommender Umstand: nämlich die Eigenschaft Leipzigs als Herzkammer des deutschen Binnenverkehrs, des Buchhandels und der deutschen Fabrikindustrie.

Die Zahl der Hin- und Herreisenden und der Durchreisenden mit Einschluß der Messebesucher sei hier größer als an irgend einem anderen Ort in Deutschland und würde für sich schon die Anlegung von vier Eisenbahnen, jede 20 Meilen lang, lohnend machen. Gegenwärtig schon rechne man, einschließlich der Durchreisenden, mit 50000 Fremden. Auf die doppelte Zahl würden diese steigen, könne man eine Reise nach Leipzig von 40 Meilen hin und her für 5 Taler machen, ohne mehr als 10 Stunden auf dem Weg zuzubringen; der Bruttoertrag wäre also in diesem Falle 500000 Taler. Schließlich komme die Konsumtion am Platze selbst in Betracht. Alle Arten von Lebensmitteln nebst den Brennmaterialien seien hier teurer als in den Seestädten und dabei bedeutend schlechter. Holz koste 100% mehr in der Stadt als 4 bis 5 Meilen entfernt. Während bei so hohen Preisen der großen Masse der Bevölkerung das Brennmaterial äußerst spärlich zugemessen sei, lägen 8 Meilen südlich der Stadt alle Berge voll Steinkohle. An Fabriken, die Wasserkraft und Brennmaterial erfordern, sei nicht zu denken. Kaum reichten die vorhandenen Wasserwerke, das erforderliche Semmelmehl zu liefern; das Schwarzbrot werde dem ärmeren Teil der Bevölkerung vom Lande zu Markte gebracht. Überall gewahre man, wie der Mangel an wohlfeilen Transportmitteln die Bevölkerung und die Gewerbsindustrie niederhalte. Das Eisenbahnwesen würde dem abhelfen und die wirtschaftliche Lage der Hauptstadt wesentlich verbessern.[8]

List argumentierte ,,beispielhaft'', mit der Hoffnung, man werde vom Besonderen (dem einzelstaatlichen Bahnwesen) zum Allgemeinen (dem nationalen Bahnwesen) fortschreiten. In der Praxis jedoch plante man lange Zeit kleinräumig. Der ,,Eisenbahnnationalstaat'' war ein Ergebnis der weiteren Entwicklung; auch die Aufwertung Friedrich Lists zum ,,Nationalhelden'' erfolgte zu einem späteren Zeitpunkt – vor allem durch Historiker (wie Treitschke), die in der Eisenbahn ein geeignetes Vehikel sahen, die nationale Idee zu befördern. So war es also weniger die Idee der Nation, trotz vieler hochgemuter Postulate, die das Eisenbahnwesen in Gang setzte und ausweitete, als vielmehr kleinstaatliches

Sonderinteresse. Erst die strategisch-militärischen Erfahrungen mit der Eisenbahn werteten diese im Sinne eines nationalen Interesses auf. Die Frage, ob die Eisenbahn die nationale Einigung „auf die Schiene" brachte oder nicht, bedarf zumindest einer ambivalenten Antwort.

4.

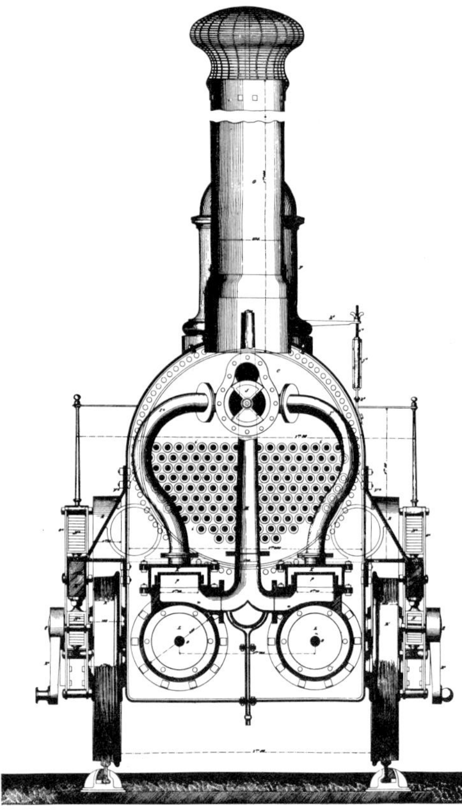

Die Lokomotive, die – wie es in dem Gesang zur Feier der Eröffnung der Ludwigsbahn zwischen Nürnberg und Fürth von Jakob Schnerr hieß – mit wunderbarer Schnelle den langen Wagenzug zog (es handelte sich um neun Wagen, im Prinzip auf Schienenfahrgestelle gesetzte Postkutschen) und die für die sechs Kilometer lange Strecke zwischen den beiden fränkischen Städten etwa 13 Minuten benötigte, hieß „Adler". Die Fabrik von George Stephenson & Co in Newcastle/England hatte die Lokomotive gebaut; in 19 Kisten verpackt, war sie per Schiff bis Köln und von da ab per Fuhrwerk nach Nürnberg gebracht worden. Ein Mitarbeiter der Firma Stephenson, William Wilson, baute die in rund 100 Einzelteile zerlegte Lokomotive wieder zusammen.

Dies erfolgte in der Werkstatt des J. W. Späth, aus der sich später eine bedeutende Maschinenfabrik entwickelte. Der „Adler" hatte drei Achsen, sechs Räder, zwei Zylinder; seine Leistung betrug 25 PS; die größte zulässige Geschwindigkeit war 23 Kilometer in der Stunde; bei Probefahrten erreichte er 40 km/h; er kostete 850 Pfund Sterling. Der (wahrscheinlich) 1809 geborene Wilson, Mechaniker in der von George Stephenson und seinem Sohn Robert betriebenen Fabrik, sollte ursprünglich nur für eine befristete Zeit bei der Ludwigsbahn tätig sein; doch blieb er in Nürnberg und verheiratete sich dort (er starb 1862). Zunächst fungierte er als alleiniger „Dampfwagenführer" mit einem Gehalt, das höher war als das des Direktors der Bahngesellschaft; zugleich war er als Ingenieur der maschinentechnische Leiter des kleinen Bahnunternehmens.

Der technische und finanzielle Erfolg der Ludwigsbahn erwies sich als Antriebsmotor für eine industrielle Entwicklung, die selbst von den kühnsten Propagandisten des Eisenbahnwesens kaum vorausgesehen worden war. Die Eisenbahn wurde auch in Deutschland zu einer wesentlichen Triebkraft der technischen und wirtschaftlichen Revolution. Die Bodenschätze konnten von ihren naturgegebenen Standorten verhältnismäßig leicht zu entfernter liegenden Verarbeitungsplätzen transportiert werden. Die Zirkulation der Roh- und Fertigprodukte wurde wesentlich billiger und nahm an Umfang erheblich zu. Entlang der Schienen entstanden Industrieanlagen, was wiederum die Stadtentwicklung beeinflußte. Vor allem aber brauchten die Eisenbahnen Schienen, Lokomotiven und Waggons, die ihrerseits viel Eisen und Stahl benötigten – mit entsprechender Auswirkung auf die Erz- und Kohleproduktion. „Wie in England und Belgien hat auch in Deutschland und später auch in anderen Ländern der Bau der Eisenbahnen und sonstigen Verkehrsanlagen zur industriellen Entfaltung in einem Umfang beigetragen, der nicht hoch genug bewertet werden kann. Nach den ersten Ansätzen der Industrialisierung, die sich bis etwa 1840 auf wenige Gewerbezweige beschränkten, bedeutete der Ausbau des Eisenbahnsystems einen mehr als vier Jahrzehnte hindurch andauernden ständigen Impuls zu immer neuer Leistungssteigerung und Kapazitätserweiterung der Eisen- und Stahlindustrie, des Maschinenbaus und der Bauwirtschaft, die ihrerseits weiteren Wirtschaftszweigen Beschäftigung und Anreiz zu neuen Investitionen gaben. Der riesige Bedarf der Eisenbahnen hat das Entwicklungstempo stoßartig beschleunigt, so daß von der Mitte des 19. Jahrhunderts ab die Industrialisierung Deutschlands voll einsetzte und sich nach der Reichsgründung bis zum Ausbruch des Ersten Weltkrieges weiter verstärkte." (Rudolf Rübberdt)[9]

Die Eisenbahnschienen waren in den Anfangsjahren zumeist aus England und Belgien bezogen worden. Eines der ersten Hüttenwerke, das das Walzen von Schienen in Deutschland aufnahm, war die Firma Hoesch; ihr folgten die Gutehoffnungshütte, der Hörder Bergwerks- und Hüttenverein, der Bochumer Verein, die Burbacher Hütte und die Firma Krupp. In der Frühzeit des Eisenbahnzeitalters wurden auch die Lokomotiven zunächst aus dem Ausland bezogen. Die erste in Deutschland gebaute brauchbare Maschine, die Lokomotive „Saxonia", fuhr auf der Strecke Leipzig-Dresden; sie wurde von J. A. Schubert 1839 gebaut. Mitte der 40er Jahre gab es 207 Lokomotiven ausländischer Herkunft, aber erst 38 in Deutschland hergestellte. Die deutschen Firmen, darunter Maffei in München, Egestorff (später Hanomag) in Hannover, Henschel & Sohn in Kassel, vor allem Borsig in Berlin, holten jedoch bald auf.

Am Beispiel der Maschinenbauanstalt Borsig kann man exemplarisch nachvollziehen, welche Zukunftschancen der Eisenbahnbau aufstrebenden Industrieunternehmen bot. Johann Friedrich Karl August Borsig hatte vor dem Oranienburger Tor außerhalb Berlins 1836 seine Eisengießerei und Maschinenbau-Anstalt gegründet; er begann mit der Produktion von Kippwagen für den Bahnbau Berlin-Potsdam, nahm dann den Dampfkesselbau auf und baute schließlich Lokomotiven; dabei orientierte er sich an amerikanischen Konstruktionen. 1847 beschäftigte Borsig bereits 1200 Mann; bis Ende 1851 hatte er 330 Lokomotiven produziert. 1847 lieferte er 67 Lokomotiven mit Tendern. Im gleichen Jahr gründete er ein Eisenwalzwerk in Moabit, das 1849 in Betrieb gesetzt wurde. Anfang der 50er Jahre erwarb er die ersten Kohlefelder in Oberschlesien und errichtete dort ein Hochofenwerk. „Damit waren sämtliche Produktionsbereiche von der Eisenerzeugung bis zur fertigen Dampfmaschine in der Hand eines Unternehmers vereint. Dieses Verbundsystem mit dem Vorteil der Unabhängigkeit einer Produktionskette war für Preußen östlich der Elbe eine Neuheit. 1857 lieferte das Werk in Berlin 131 Loks an sämtliche europäischen Eisenbahngesellschaften, und insgesamt 3000 Arbeiter verhalfen der Firma dazu, eine der bedeutendsten Lokomotivfabriken der Welt zu sein." (Dieter Vorsteher)[10]

Das Fest der tausendsten, von der Firma Borsig hergestellten Lokomotive (1858) vermittelt einen tiefen Einblick in die Mythologie des Eisenbahnwesens, die sich vor allem in den Lokomotiven verdinglichte bzw. von den Lokomotiven als „Eisernen Engeln" dampfschnaubend verkündet wurde. Die Lokomotive symbolisierte die Vermählung des natürlichen mit dem künstlichen Lebensprinzip. Mit der Bändigung des Dampfes war eine gewaltige Naturkraft domestiziert – ein Triumph des Geistes über den Willen, disziplinierten Fleißes über anarchisches Aufbegehren. Dieses Grundmuster des Technikverständnisses spricht auch aus den „feinen, schönen Reimlein", mit denen der Festzug zu Ehren der tausendsten Lokomotive, genannt „Borussia", erklärt wird. Die humoristischen Formulierungen dürfen nicht darüber hinwegtäuschen, daß das darin zum Ausdruck kommende Lebensgefühl – wie viele zeitgenössischen Zeugnisse beweisen – ganz ernst gemeint war (lediglich in der Form paßte man sich „heiterer Festlichkeit" an). Aus der Feindschaft getrennter Naturen, aus der „Wut des Elementenkampfes" ist das friedliche Wunder des Dampfes hervorgegangen. Deshalb zieht dem Festzug „auf Schiffes-Schnabel" Herr Neptun mit seiner Gabel voran – Herrscher über Wolken und Wasser. Darauf folgt Vulkan, der „brave Mann, / der Wasser nicht vertragen kann." Er ist der Gott des Feuers und der Berge. Bald erscheint ein Dampfschiff: Neptun und Vulkan haben sich hier zusammengetan; der Dampf brachte zunächst die Schiffe „auf Fahrt".

„Sie schnaubten schaufelnd auf nasser Bahn
und trotzten dem Sturm auf dem Ocean,
und ohne Segel und ohne Wind
entflogen sie über die Meere geschwind."

Hoch- und Niederdruck versprachen, die Welt in „Bewegung" zu setzen. Das Fortschrittsdenken ist gewissermaßen in Dampf gehüllt, aus dem sich die Konturen eines irdischen Paradieses herausbilden. Die nachfolgenden Strophen des Festgedichts variieren diesen für die Weltanschauung und Kultur der Epoche zentralen Begriff.

„Was keines Menschen Arm vollbringt,
der Dampf ist's, dem es leicht gelingt,
worauf der Mensch sonst Jahre verbracht –
der Dampf erzwingt's in einer Nacht.
Wo sonst im Sand der Berliner schritt
im blätterleeren Moabit,
wohin die Gefangenen man verwies –
schuf Borsig's Dampf ein Paradies.
Bewegung! Es stiegen vor jedem Thor
die hohen Dampf-Schornsteine empor,
es stiegen der Menschheit Interessen
empor und wurden größer durch – Essen ...

Wohin wir auch blicken im Lebenskampf –
die Welt will vorwärts mit Dampf, mit Dampf!
Das war's, was Vater Borsig bedacht,
als er die erste That vollbracht,
als er die Erze, die fern von uns schliefen,
erweckte zu feurigen Locomotiven.
Heil Ihm! Er lebet in Werk und Wort,
und in unsern Herzen lebendig fort.
Heil ihm, der durch seines Geistes Ruf,
hier Licht und Flammen und Leben schuf!"

Solcher Tenor kennzeichnet auch die Taufrede, die mit wür-
devollem Pathos gehalten wurde, als die „Borussia" (drei-
achsig, mit angekoppeltem Tender) von 70 Arbeitern aus
der Montagehalle über den Fabrikhof zum Hebewerk gezogen wurde. „Ziehe hin, ‚Borussia', Du Kind der Preußischen
Industrie, ziehe hin in Frieden und erzähle dem Rheine von
dem Wachsthume unserer Fabrik, von dem Fleiße, der
Treue und Ausdauer der Berliner Arbeiter! Sei behütet vor
Unglück und behüte vor Unglück! Hilf dem Menschen vorwärts kommen und verhilf ihn zu den Gütern des Lebens.
Wandle rasch und glücklich Deine Wege, ‚Borussia', und
komme niemals aus dem rechten Gleise!"
Wie „eine Braut im hellen Festschmuck", „spiegelblank, die
keusche, von noch keinem Hauch getrübt", weihte Borsig in
dem mit Fahnen geschmückten Hofe dieses neue Produkt
seiner Fabrik und verbreitete ein Gefühl von Andacht in
den Seelen der Zuhörer „bei diesem Kultus der Arbeit und
des Menschenfleißes". Der preußische Handelsminister er-
nannte den Fabrikbesitzer zum Kommerzienrat und verlieh
an zwei Werkführer Medaillen – stellvertretend für alle Arbeiter. Ein Triumphzug schloß sich an, der entlang eines
Spaliers, das von sämtlichen Borsig-Arbeitern gebildet wurde, zum Stettiner Bahnhof führte. Die „Borussia" wurde
dann von einer anderen Lok über die Gleise der Verbin-
dungsbahn gezogen: in Begleitung von drei Musikkapellen
und zahlreichen Arbeiterzügen rollte sie durch den Tiergar-
ten, am Brandenburger Tor vorbei, zum Potsdamer Bahnhof. Überall hatten sich Schaulustige eingefunden, um dem
Industrieprodukt, den Arbeiterzügen und Kapellen zuzuju-
beln.
Fortgesetzt wurde das Fest am Nachmittag im Garten der
Villa Borsig. Die Festrede des nunmehrigen Kommerzienra-
tes Albert Borsig stellte gewissermaßen das ideologische
Herzstück des Tages dar. In Preußen hätten Wohlstand und
Glück des Volkes im gleichen Schritt mit der Industrie zu-
genommen. Nicht nur aus den hohen Schornsteinen der

Dampfmaschinen steige der Rauch, nein, auch aus allen
Hütten und Häusern der Arbeiter, wohin die schöpferischen
Gedanken der Erfinder und Industriellen Leben, Brot, Arbeit und Wohlstand getragen hätten. „Die enge Verknüp-
fung zwischen Aufbau der Industrie und persönlichem häus-
lichem Glück erhob die Maschine zum Fortschrittssymbol
einer neuen, durch die ‚industrielle Kultur' bestimmten und
durch die ‚Ehre der Arbeit' verbesserten Gesellschaft.
Zünftlerische Romantizismen waren allerdings bei den Maschinenbauern vom ‚Feuerland' auch nicht zu erwarten. In
der Jubiläumsadresse der Arbeiter und Beamten an den Fir-
menchef bedankten sich diese ausdrücklich für die ‚in be-
deutendem Maße vergrößerten Werkstätten' und für die
‚zweckmäßigen Hülfsmaschinen', welche in den letzten Jahren angeschafft worden seien. Als gesuchte und angesehene
Industriearbeiter glaubten sie an den Segen des industriellen
Fortschritts, der sich bei ihnen in einem relativ hohen Lohn
niederschlug. Gerade die Maschinisierung der Arbeit in allen Gewerbezweigen bedeutete für sie die Sicherung der
Arbeitsmöglichkeiten, für die Unternehmen die Expansion
ihrer Werke. Für das Handwerk und für die im Textilgewer-
be Arbeitenden wurde die zunehmende Maschinisierung zu
einer existentiellen Bedrohung. Dennoch ließ man nicht ab,
die Maschine als Spenderin des öffentlichen Glücks zu preisen, denn – so Albert Borsig – ‚wer theile heute noch das
Vorurtheil, daß durch die Maschinenkraft die Kraft des
Einzelnen, durch den eisernen Arbeiter die Arbeit des
Menschenarmes gelähmt und Armut erzeugt werde.' Eine
deutliche Absage an die Maschinenstürmer und proletari-
sierten Handwerker, die um den ‚Kulturwert' ihrer hand-
werklichen Produkte zu Recht fürchteten. Die Versöhnung
der Klassen als Ziel und die Integration der Arbeiter in die
bürgerliche Gesellschaft wurden durch die Verbreitung der
Maschine in Aussicht gestellt. Das kollektive Fest der 1000.
Lokomotive mit den gesellschaftlich so unterschiedlichen
Gästen war bestrebt, beim fortschrittlichsten Produktions-
stand, bei den Maschinenbauern, dieses Ziel als greifbar
vorzustellen." (D. Vorsteher)[11]
Ein buntes Volksfest schloß sich an, das dann in den mit
Fanfaren angekündigten Festzug, der unter dem Motto
„Wunder des Dampfes" stand, einmündete. Der Festzug
ist im historischen bzw. historistischen Bewußtsein des
19. Jahrhunderts dominanter Ausdruck des bürgerlichen
Kulturverständnisses; Fortschrittsglaube offenbart sich hier
als Glaube an die Geschichte. Die Errungenschaften von
Kunst, Wissenschaft und Technik werden in allegorischer
Überhöhung und mythologischer Verdichtung dargestellt.

Suggeriert wird eine alle Stände und Schichten überwölbende und damit die Klassenunterschiede aufhebende Gemeinsamkeit, die sich als nationale Identität begreift. Im Festzug kulminiert die Projektion der Gesellschaft auf ein Höheres hin, welches das Realitätsprinzip in die Schranken weist. Als der Borsig-Festzug in den Hof des Walzwerkes zurückgekehrt war und die Dunkelheit über Moabit hereinbrach, entzündeten sich „wie auf einen Zauberschlag tausende von bunten Lampen und schwebenden Laternen; zugleich flammten in rotem und grünem Glanz die Schornsteine des Borsig'schen Walzwerkes von elektrischen Sonnen beleuchtet auf, ein feenhafter Anblick, ein verkörpertes Märchen aus ‚Tausend und eine Nacht'. Von Haus zu Haus, von Baum zu Baum schienen flammende Schmetterlinge, riesige Leuchtkäfer und Glühwürmer zu schwärmen … Wohin das Auge sah, schimmerte, strahlte und leuchtete der ganze Ort wie eine kolossale Weihnachtspyramide, deren Spitze der Schornstein mit seinem elektrischen Lichte bildete." Apotheose der Technik: sie bedeutete mehr magische Illumination denn erhellende Aufklärung. Die Lokomotive vernebelte mit dem Dampf ihres Fortschrittsoptimismus die Niederungen des Daseins; darüber prangte das Sternbild einer magisch-faszinierenden Utopie, eines auf der Schiene der Technik erreichbaren Paradieses.

5.

An einer Stelle des Borsig-Festzuges tritt freilich die wirtschaftliche Realität des Maschinenzeitalters gerade auch in ihrer Fatalität zutage. Im 9. und 10. Bild erscheint die Börse. Als vor jedem Tor die hohen Dampfschornsteine emporwuchsen, machten sich die Profiteure ans Werk und nutzten der Menschheit Interessen zu eigenem Nutzen aus. Aus Dampf wurde Kapital.

„… und schneller fast als des Dampfes Rosse,
trieb vorwärts und vorwärts die wüthende Hausse,
fing an, Paradiese sich vorzugaukeln,
und sich mit der Baisse gemüthlich zu schaukeln,
bis eines Tags sie den Schwindel bekam,
und ein kritisches Ende mit Schrecken nahm.
Schaut hier, wie auf diesem Börsenwagen,
die Herren sich bemühen, loszuschlagen,
Mercur sitzt da als Lenker des Bocks,
das Ganze nennt man: die Börse des Stocks."[12]

In seinem Aufruf zur Gründung einer Eisenbahn von Nürnberg nach Fürth am 2. Januar 1833 hatte Erhard Friedrich Leuchs davon gesprochen, daß „alle aufgeklärten, patriotischen und spekulativen Privatpersonen in allen gebildeten Ländern" mit Eisenbahnunternehmen beschäftigt seien; der Nutzen fürs Allgemeine sei einleuchtend – die privaten Geldgeber hätten keine Risiken einzugehen; die zu bildende Aktiengesellschaft stelle eine Dividende von 12½ bis 16% in Aussicht. Innerhalb von 6 Monaten wurden 1320 Aktien, das Stück zu 100 Gulden, gezeichnet und damit das Startkapital für den Bahnbau sichergestellt. Das Neuland (die erste Aktiengesellschaft in Bayern) erwies sich als fruchtbar. Vom 7. 12. 1835 bis 1. 11. 1836 stieg die 100-Gulden-Aktie von 80 auf 130 Gulden und erreichte am 26. 1. den doppelten Nennwert. Für das erste Jahr (1836) konnte eine enorme Dividende von 20% ausbezahlt werden; der niedrigste Stand während der Krisenjahre 1848/49 war 12%. Der glänzende finanzielle Erfolg des Bahnbaus Nürnberg-Fürth überzeugte mehr als die häufig anzutreffende patriotische Suada.

Bei den kommenden großen Eisenbahnprojekten wurden die lokalen Handelsstände bald von den großen Bankiers in den Hintergrund gedrängt. Die hohen Profitraten bewirkten einen Sturm des Publikums auf die Eisenbahnaktien. Die für die Linie Augsburg-Nürnberg aufgelegte Summe von 2 Millionen fl. war bereits am ersten Tag um das Doppelte überzeichnet; um das Dreifache war am ersten Tag die aufgelegte Anleihe für die dann nicht zustandegekommene Linie Nürnberg-Hof überzeichnet. Den großen Ansturm bei der Aktiensubskription für die geplante Nürnberg-Bamberger-Linie am 1. 12. 1837 kommentiert eine Nürnberger Chronik mit der Bemerkung, daß die Interessenten wohl nicht das Unternehmen selbst unterstützen wollten, sondern bloß beabsichtigten, „die Actien mit Agio wieder zu verkaufen, und sich damit ohne Müh und Plage Geld zu verschaffen." Selbst „Personen aus den niedrigsten und ärmsten Ständen", vom Spekulationsfieber erfaßt, zeichneten bis zu fünf Aktien und versuchten, die darauf erhaltenen Scheine mit 3 bis 5% Gewinn loszuschlagen. Zudem waren aus dem In- und Ausland bedeutende Aufträge eingegangen, so daß an einem Tag anstelle der geforderten Summe von 8 Millionen Gulden über 24 Millionen gezeichnet wurden. Infolge der deshalb erforderlichen Reduktion stiegen die Aktien noch am gleichen Abend um 1 bis 1,5%. Ein Anonymus klagte: „Der Himmel hat unser schönes Vaterland vor jener verheerenden Seuche, der Cholera geschont, möge er uns auch vor dieser neuen, noch schrecklicheren Seuche des Aktienwuchers bewahren." Verächtliche Bezeichnungen wie „Börsianer", „Schieber" haben in dieser Zeit ihren Ursprung.[13]

Die „Wuth nach Eisenbahnaktien" grassierte bald in ganz Deutschland. Freilich hatten die staatlichen Behörden in der Zeit des Vormärz oft ein prinzipielles Mißtrauen gegenüber der Unternehmungsform der Aktiengesellschaft. Einmal verurteilte man aus moralischen Gründen die durch Spekulation gemachten raschen und damit scheinbar unseriösen Gewinne; zum anderen konnte man Aktiengesellschaften nicht so kontrollieren wie Privatbesitz. Die Idee des mittelalterlichen Patrimonialstaats, der auf dem Fundament des Grundbesitzes ruhte, war durch die Mobilität des Geldes und dessen Konzentration in den Händen einiger Bankiers und Unternehmer gefährdet; man befürchtete, daß Macht und Einfluß des Bürgertums zu einem Nebenregiment im Staat sich auswachsen und damit die Gesellschaftshierarchie, an deren Spitze der Adel stand, erschüttern könnten. Wenn nun, wie Egon Friedell es formulierte, in den Städten mächtige Haupttheiligtümer namens Börsen und Scharen kleiner Tempel, Banken genannt, entstanden und in ihnen etwas Magisches, Allmächtiges, Allgegenwärtiges, aber Unsichtbares angebetet wurde, nämlich das Geld, zahllose Gläubige opferfroh ihre Habe darbrachten, in heiliger Scheu unverständliche Beschwörungsformeln einer fremden Sprache, nämlich des Börsenjargons, murmelnd –, wenn dergestalt aus dem Credo Credit geworden war, geriet eine Welt in Bewegung, die bislang nicht auf kapitalistischen Transaktionen, sondern auf feudaler Legitimität gegründet war.[14]

Nicht zuletzt aber setzte die Eisenbahn einen Kapitalismus in Gang, der jung und verwegen, zugleich aber auch riskant und „fallsüchtig" war. Das Schicksal des Eisenbahn-Königs Bethel Henry Strousberg, 1823 in Ostpreußen als Sohn eines verarmten jüdischen Anwalts geboren, kann das Schillernde des Eisenbahn- wie Gründerzeitfiebers illustrieren.[15] Nachdem Strousberg gewisse Erfolge im Versicherungsgeschäft gehabt hatte, stieg er ab 1855 in das preußische Eisenbahngeschäft ein. Der Staat war an Eisenbahnen dringend interessiert, verfügte aber nicht über die Gelder, um den Bau selbst zu betreiben. Unternehmer, die bereit waren, den kompletten Bahnbau einschließlich der Beschaffung des Geländes, durchzuführen, waren selten und dementsprechend beliebt. Strousberg, orientiert an englischen Praktiken, ließ sich die Gesamtleistung mit Aktien bezahlen, die er an der Börse verkaufte. Der Erlös wurde in die Gesellschaftskasse eingezahlt, aus der der Unternehmer, je nach Fortgang der Bauarbeiten, bezahlt wurde. Das Risiko war groß, zumal die Bauarbeiten schwer kalkulierbar waren und ihr Fortgang von der Beschaffenheit des Geländes abhing. Außerdem war offen, wie die Börse auf die Bahnaktien jeweils reagierte. Strousberg reüssierte. Nach der ostpreußischen Südbahn baute er die Bahn Berlin-Görlitz, die Rechte-Oder-Ufer-Bahn, die Märkisch-Posener Bahn, die Linie Halle-Sorau und schließlich die Linie Hannover-Altenbeken; insgesamt ein Streckennetz von weit über 1000 Kilometern.

Da er mit der Lieferung der benötigten Lokomotiven durch Borsig nicht zufrieden war, kaufte er die konkurrierende Lokomotivenfabrik Egestorff bei Hannover, erhöhte ihre Kapazität durch gewaltige Investitionen von etwa 40 auf rund 300 Lokomotiven pro Jahr und vergrößerte die Belegschaft von 600 auf 2500 Arbeiter. Damit er die für seine Bahnen benötigten Eisenbahnschienen im eigenen Haus herstellen konnte, erwarb er an der Ruhr das Stahl- und Walzwerk „Dortmunder Hütte". Der Berliner Bankier Gerson Bleichröder urteilte über den Eisenbahn-König, der sich immer mehr Unternehmen und einen riesigen Privatbesitz erwarb und dabei den Lebensstil eines regierenden Fürsten demonstrativ zur Schau stellte: „Der Mann ist sehr gescheut, aber die Art und Weise, Geschäfte zu entarieren, um alte Löcher zu stopfen, ist gefährlich, und im Moment einer Hemmung kann sein ganzes Gebäude zusammenstürzen und unter den Trümmern Millionen leichtgläubige Aktionäre begraben." Der Übermut, mit dem Strousberg sein Wirtschaftsimperium ausbaute, stieß auch auf den Unmut des einfachen Volkes; ihm verlieh die „Gartenlaube" Ausdruck, wenn sie davon sprach, daß dieser die Presse, die Beamtenwelt und den Adel korrumpiere, die Gesetze umgehe und der Moral öffentlich ins Gesicht schlage. Er besolde Literaten, beschenke Journalisten und setze ihnen Pensionen aus. „Seine Eisenbahnen waren von frevelhafter Beschaffenheit, konnten entweder gar nicht in Betrieb gesetzt werden oder verursachten bald mancherlei Unglücksfälle."

Als Strousberg in Rumänien den Bau mehrerer Eisenbahnlinien übernahm und die Fertigstellung bis 1872 garantierte, scheiterte er; die Obligationen konnten nicht erfüllt werden. Schließlich wurde der Mann, der sich rühmte, pro Monat mehr als eine Million Taler zu verdienen, wegen geplatzter

Wechsel in Petersburg arretiert. Er kehrte 1882 völlig verarmt nach Berlin zurück und starb dort zwei Jahre später. Bismarck schrieb in einem Brief an seinen Freund Carl Comte de St. Vallier, damals Frankreichs Botschafter in Berlin, mit der ihm eigenen Ironie und Direktheit: „Unsere größten Magnaten und unsere Stiefelputzer glaubten, daß Strousberg ihnen eine Goldmine präsentieren würde, und eine Menge Leute riskierten den größten Teil ihres Besitzes, weil sie sich auf die Versprechungen dieses Abenteurers verließen. Das alles liegt nun im rumänischen Dreck begraben, und eines schönen Tages sahen sich alle möglichen Leute ruiniert: zwei Herzöge, ein Generaladjutant, ein halbes Dutzend Hofdamen, zweimal so viele Kammerherren, hundert Kaffeehausbesitzer und alle Droschkenkutscher von Berlin . . .“

6.

Die Erfahrung der Eisenbahn vermittelte der Biedermeierzeit, die mit ihrem Kult der Innerlichkeit und Gemüthaftigkeit sozusagen vertikal ausgerichtet war, die Faszination von „Ausdehnung“. Ein „horizontales“ Weltbewußtsein und Lebensgefühl griffen um sich. Auch wenn am Anfang die Geschwindigkeit des dahingleitenden Zuges (etwa 35 km/h) im Vergleich zum Pferdebetrieb (15–20 km/h) „nur“ doppelt so schnell war, so war sie doch von ganz anderer Qualität: es schien, als könne man sie „unbegrenzt“ steigern; sie vermittelte zudem den Eindruck „irdischen Losgelöstseins“. Die wundersam wirkende, wundersam gebändigte Dampfkraft rief zudem das Gefühl „anstrengungsloser“ Bewegung hervor; nun konnten auch große Mengen von Menschen und Gütern auf dem Lande so bewegt werden, wie man es sonst nur auf dem Wasser – dort viel langsamer! – gewohnt war.

Die zeitgenössischen Berichte bei Eröffnung der Nürnberg-Fürther Eisenbahn 1835 loben die Bequemlichkeit und Preiswürdigkeit des neuen Verkehrsmittels; die Eisenbahn hinterlasse das Gefühl, daß nun eine neue Zeit anhebe. Die Menschen, so der Berichterstatter des „Stuttgarter Morgenblattes“, erlebten ein Wunder – „ein Wunder, an das sie glauben, weil sie es sahen . . .“ Der gleiche Korrespondent empfindet den Anblick des vorüberfahrenden Zuges sogar noch beeindruckender als das Mitfahren, weil sich dabei „das Gefühl der gewaltigen, wundersam wirkenden Kraft“ wesentlich stärker aufdränge; „es imponiert, wenn man den Wagenzug mit seinen 200 Personen wie von selbst, wenn auch nicht pfeilgeschwind, doch gegen alle bisherige Erfahrung schnell, unaufhaltsam heran, vorüber und in die Ferne dringen sieht. Das Schnauben und Qualmen des ausgestoßenen Dampfes, der sich sogleich als Wolke in die Höhe zieht, verfehlt auch seine Wirkung nicht. Pferde auf der nahen Chaussee sind daher beim Herannahen des Ungetüms scheu geworden, Kinder haben zu weinen angefangen und manche Menschen, die nicht alle zu den ungebildeten gerechnet werden dürfen, haben ein leises Beben nicht unterdrücken können. Ja, es möchte wohl keiner, der nicht völlig phantasielos ist, ganz ruhigen Gemütes und ohne Staunen beim ersten Anblick des wunderwürdigen Phänomens geblieben sein.“[16]

Als der dänische Dichter Hans Christian Andersen 1840 nach Deutschland kommt, lernt er hier zum ersten Mal die Eisenbahn kennen. Eine Großtat des Geistes stelle diese Erfindung dar; man fühle sich so mächtig wie ein Zauberer der alten Zeit. Die Menschen hätten nun ein magisches Pferd, das sie vor den Wagen spannen könnten – und der Raum entschwinde. Ein redendes Beispiel für die Jugendlichkeit des ehrwürdigen Nürnberg stelle die Eisenbahn von Nürnberg nach Fürth dar. „Das alte Nürnberg war die erste Stadt, die in den gigantischen Gedanken der jungen Zeit miteinstimmte, Städte durch Dampf und eiserne Bänder zu verbinden.“[17]

Die Sprache, mit der man das neue Geschwindigkeitserlebnis beschreibt, ist nicht nur bei Dichtern metaphorisch; beliebt sind Vergleiche, die von einem „pfeilschnellen Dampfroß“, vom „Feenzug“, von der „Windsbraut“ sprechen; Vogelarten werden herangezogen; man spricht auch vom „schnaubenden Ausatmen eines riesenhaften antediluvianischen Stieres“, von einer „wandelnden Cyklopen-Werkstätte“, von einem „furiosen Drachen“. So real die Eisenbahn war und so realistisch ihr Nutzen eingeschätzt wurde, die Evokation, die sie auf das Bewußtsein und Unterbewußtsein der Menschen ausübte, ist derjenigen eines Kunstwerkes vergleichbar. Raum- und Zeitgefühl erfuhren eine revolutionäre Verwandlung. Johannes Mahr, dem die umfassendste Darstellung der Rolle der Eisenbahn in der deutschen Dichtung zu danken ist, spricht von ,,literarischen Eisenbahnen", was die Verschränkung von Wirklichkeit und Phantasie bei diesem Medium unterstreicht. Die neue Geschwindigkeit erschien als Phantasieprodukt. Mit Verwunderung konstatierte man, daß das Wunder real war. Die Wirklichkeit wurde zum Wunder. In der Eisenbahn trat das zutage, was ein englischer Autor ,,die Herrschaft des Geistes über die Welt" nannte, und zwar eine Herrschaft, die unbeirrt und unaufhaltsam vorwärts schreite.

Sprachlich – das zeigt eine poetologische Analyse – war es zunächst schwer, adäquate Worte fürs ,,Jahrhundert der Bewegung, des Fortschreitens, der Wunder" zu finden. Die vorgegebenen Sprachformen hinkten der Phantastik der Eisenbahn nach. Kam dann noch der Versuch hinzu, mit hohem Pathos ,,festlich" zu reagieren, blieb die Essenz des neuen Mediums, eben ihre Raum und Zeit überwindende Bewegung, auf dichterischem Abstellgleis stehen.

,,Seht, nun liegt er auf Schwellen gebreitet und steinernen
    Stühlen,
    Liegt in Schienen gestreckt dauernd der eherne Weg.
Brücken wölben für ihn sich über die Schluchten und
    Ströme,
    Dämme laufen mit ihm über das breitere Thal.
Höhen hemmen ihn nicht; wo Umgehung und Durchschnitt
    nicht frommte,
    Leitet der Tunnel ihn kühn durch die Sohle des
    Bergs.
Nicht als Lokomotiven des Menschen und seines Geräthes
    Müh'n und verzehren sich mehr Sehnen des Rosses,
    denn seht,
Seht, dort fliegt er heran, der Zug der Wagen, und vor ihm
    Dampfend aus hohem Schlot braus't die mechanische
    Kraft.
Festlich mit Fahnen und klingendem Spiel empfängt ihn die
    Festschaar
    Aus den Thoren ergießt froh sich der Schauenden
    Schwarm . . .[18]

Solche Trivialpoesie, hier gedichtet von einem C. M. Winterling zur Eröffnung der Bamberger Bahn 1844, illustriert die Schwierigkeit, eine exorbitante Wahrnehmung angemessen zu artikulieren; doch wird zugleich der tief-prägende Eindruck der Eisenbahn bei aller Unbeholfenheit von Sprache und Form deutlich. Die kopernikanische Wende war eingetreten; aber es dauerte eine längere Zeit, bis sich eine neue dichterische Sprache für die neue Welt der Technik ausgebildet hatte. Vor allem impressionistische, expressionistische und surreale Gestaltungsprinzipien verhalfen dem Medium Eisenbahn schließlich zu einer poetischen Form, die seiner ,,Flüchtigkeit", Geschwindigkeit, seinem transitorischen Charakter mehr entsprachen. Frühe Versuche ebneten den Weg.

,,Das Dampfroß schnaubt entlang der Halde,
da, plötzlich, öffnet sich das Thal,
und ferne dämmert über'm Walde
ein Schloß empor im Abendstral.
Mit Thurm und Erkern seh' ich's ragen,
es naht, es grüßt, es fliegt vorbei; –
mir aber träumt von alten Tagen,
von einem schönen Monat Mai."[19]

Bei einem solchen Gedicht von Emanuel Geibel, veröffentlicht 1864, kann man gut erkennen, wie sich rückwärts gewandter, einer ganzheitlichen Ästhetik verpflichteter romantisch-nostalgischer Gestaltungswille quasi unter dem Anruf der Eisenbahn ,,auflöst" und am ,,Vorüberziehenden" sich orientiert . . . es naht, es grüßt, es flieht vorbei . . . Das war es eben, was technische Ingeniosität nun zum (bisherige Erfahrung hinter sich lassenden) Erlebnis machte: Das Gegenständliche löste sich beim Vorüberrasen in Bruchstücke auf; die ,,Kompaktheit" von Welt zerfiel. Raum und Zeit waren nicht mehr festgefügte Kategorien, innerhalb derer das Weltbild entstand, innerhalb derer es statisch ruhte. Die Eisenbahn durchschnitt ,,wie ein Projektil" Raum und Zeit; die Orientierungspunkte lösten sich auf; ,,huschten" vorüber. Kaum ist das Auftauchende ins Auge gefaßt, ist es schon wieder verschwunden. Der einzige ,,Halt" liegt in der Bewegung selbst.

Da bei der Zugfahrt, die immer mehr zum Symbol für ,,Modernität" wird, in den Fenstern nur ,,Gleitendes", ,,Verfließendes" erscheint, die Dinge ,,im Fluge" vergehen, ehe sie ,,fixierbar" sind, geht für den Passagier die Identifikation mit der Welt ,,da draußen" verloren. Das beobachtende Individuum wird ganz auf sich selbst zurückgeworfen; es ist abgekapselt; es steht nicht mehr auf dem ,,Boden der Wirklichkeit", hat keinen Stand mehr im Hier und Nun, ist der Fortbewegung ganz ausgeliefert.

In Ernst Stadlers Gedicht ,,Fahrt über die Kölner Rheinbrücke bei Nacht" (erstmals erschienen am 23. April 1913 in der ,,Aktion") wird der Schnellzug zur Chiffre einer Welt, deren Substanz in Bewegung aufgelöst ist, dem Flimmerbild des Films vergleichbar. Beständig ist lediglich das Sich-Verändernde.'

,,Der Schnellzug tastet sich und stößt die Dunkelheit entlang.
Kein Stern will vor. Die ganze Welt ist nur ein enger, nachtumschienter Minengang,
Darein zuweilen Förderstellen blauen Lichtes jähe Horizonte reißen: Feuerkreis
Von Kugellampen, Dächern, Schloten, dampfend, strömend
. . . nur sekundenweis . . .
Und wieder alles schwarz. Als führen wir ins Eingeweid der Nacht zur Schicht.
Nun taumeln Lichter her . . . verirrt, trostlos vereinsamt . . .
mehr . . . und sammeln sich . . . und werden dicht.
Gerippe grauer Häuserfronten liegen bloß, im Zwielicht bleichend,
tot – etwas muß kommen . . . o, ich fühl es schwer
Im Hirn. Eine Beklemmung singt im Blut. Dann dröhnt der Boden plötzlich wie ein Meer:
Wir fliegen, aufgehoben, königlich durch nachtentrissne Luft,
hoch übern Strom. O Biegung der Millionen Lichter, stumme Wacht,
Vor deren blitzender Parade schwer die Wasser abwärts rollen.
Endloses Spalier, zum Gruß gestellt bei Nacht!
Wie Fackeln stürmend! Freudiges! Salut von Schiffen über blauer See! Bestirntes Fest!
Wimmernd, mit hellen Augen hingedrängt! Bis wo die Stadt mit letzten Häusern ihren Gast entläßt.
Und dann die langen Einsamkeiten. Nackte Ufer. Stille. Nacht.
Besinnung. Einkehr. Kommunion. Und Glut und Drang
Zum Letzten, Segnenden. Zum Zeugungsfest. Zur Wollust. Zum Gebet. Zum Meer. Zum Untergang.‘‘[20]

In expressiver Ekstase als Formprinzip versucht Stadler zusammenzuhalten, was auseinanderfällt. In Gottfried Benns 1912 erschienenem Gedicht ,,D-Zug‘‘ – Menschen, die aus der Sommerfrische in die Stadt zurückkehren – wird die Dekomposition des Raum-Zeit-Kontinuums durch den dahinrasenden Zug in Form einer dichterischen Montage von Wirklichkeitsbruchstücken eingefangen. Sommerliche Lebenslust. Atavistischer Aufstand der Triebe. Zielgerichtete Fahrt – letztlich eine Fahrt von nirgendwo nach nirgendwo-

hin. Entfaltungen des Blutes. Taumel. Bewegung. Fährt man ab, bleibt nur das Bei-sich-selbst-sein. Ist man angekommen, sind die neuen Abfahrtssignale schon wieder gestellt. Bahnfahrten als Vergeblichkeiten. Nur die Ahnung von Erinnerung. Im Fallen ein letzter Geruch aus den Gärten. ,,Der hier spricht, ist resignierend einbezogen in die Vergeblichkeit der Fahrt. Ein Wir-Gefühl entsteht, das durch alle hindurchgeht; das erfahren läßt, das etwas ,in uns‘ lechzt und ,uns‘ wirr macht, nach einer Gemeinschaft suchend, die aber nur herzustellen ist in purer Sexualität.‘‘ (J. Mahr)

,,Braun wie Kognak. Braun wie Laub. Rotbraun. Malaiengelb.
D-Zug Berlin-Trelleborg und die Ostseebäder.

Fleisch, das nackt ging.
Bis in den Mund gebräunt vom Meer.
Reif gesenkt, zu griechischem Glück.
In Sichel-Sehnsucht: wie weit der Sommer ist!
Vorletzter Tag des neunten Monats schon! –

Stoppel und letzte Mandel lechzt in uns.
Entfaltungen, das Blut, die Müdigkeiten,
Die Georginennähe macht uns wirr.

Männerbraun stürzt sich auf Frauenbraun:

Eine Frau ist etwas für eine Nacht.
Und wenn es schön war, noch für die nächste!
Oh! Und dann wieder dies Bei-sich-selbst-sein!
Diese Stummheiten! Dies Getriebenwerden!

Eine Frau ist etwas mit Geruch.
Unsägliches. Stirb hin! Resede.
Darin ist Süden, Hirt und Meer.
An jedem Abhang lehnt ein Glück.

Frauenhellbraun taumelt an Männerdunkelbraun:

Halte mich! Du, ich falle!
Ich bin im Nacken so müde.
Oh, dieser fiebernde süße
letzte Geruch aus den Gärten. –‘‘[21]

Exemplarisch machen die beiden Gedichte deutlich: literarische Eisenbahnen transportieren die Befindlichkeiten und Seelenbilder einer Menschheit, die mit dem Eisenbahnwesen eine tiefgreifende Wandlung ihrer Welt-anschauung und ihres Lebensgefühls erfuhr.

7

Das deutsche Eisenbahnsystem, so Friedrich List bei seinem Bemühen, das neue Medium als „Vervollkommnung der deutschen Nationalzustände" zu interpretieren, wirke als „Vermittler des gemütlichen Verkehrs"; denn es verbinde den Freund mit dem Freund, den Verwandten mit dem Verwandten. Ein paar Jahrzehnte später artikuliert Sigmund Freud sein Unbehagen in der Kultur unter anderem auch damit, daß er die Vorteile des neuen Verkehrsmittels wie der dadurch bewirkten Verkehrsformen in Zweifel zieht. Diese neugewonnene Verfügung über Raum und Zeit, diese Unterwerfung der Naturkräfte, die Erfüllung Jahrtausendealter Sehnsucht habe das Maß von Lustbefriedigung, das die Menschen vom Leben erwarteten, nicht erhöht, sie in ihren Empfindungen nicht glücklicher gemacht. „Gäbe es keine Eisenbahn, die die Entfernungen überwindet, so hätte das Kind die Vaterstadt nie verlassen, man brauchte kein Telephon, um seine Stimme zu hören."[22]

Die Grundstruktur des Eisenbahnwesens wird generell als ambivalent empfunden:

– Ambivalenz der Reisezeit. Nervöser Aufbruch. Unruhe angesichts des Unerwarteten; denn daß in kurzer Zeit weite Räume überwunden werden, komprimiert sozusagen Schicksal; jede Sekunde birgt Gefahr; in einem *Augenblick* z. B. ereignet sich das Eisenbahnunglück. Aber das Reisen macht nicht nur nervös, es beruhigt auch. Wer auf dem Perron noch aufgeregt hin- und hergeeilt ist, auf der Suche nach einem guten Platz, in Sorge, ob alles Gepäck angeliefert und dann gut verstaut wurde, lehnt sich zufrieden und beruhigt zurück, wenn das Zeichen zur Abfahrt gegeben wird und der Zug sich in Bewegung setzt. Der auf Schienen dahinrasende Zug erweist sich als ein geschlossener, von außen kaum mehr zu beeinträchtigender kleiner Kosmos, als eine Welt für sich, die durch Aufenthalte zwar irritiert, aber erst bei der Ankunft wieder aufgelöst wird.

– Ambivalenz der Vernetzung. Der Fernverkehr läßt bei allem Komfort, wie ihn die Express- und D-Züge anbieten, Gemütlichkeit nicht eigentlich aufkommen; im Coupé, im Speisewagen, im Schlafwagen – man ist durch die vorüberziehenden Landschaften ständig abgelenkt; die Nacht verwirrt mit ihrem Lichterfilm. Der Zug schlängelt sich auf schmalem Pfade den Berg hinauf; er rast über Brücken, die schwindelerregende Abgründe überspannen, dahin; er legt sich, kaum gebremst, in die Kurve; taucht in Tunnel ein … Der Singsang der Räder verführt zum Schlafe, aus dem man jedoch immer wieder aufschreckt. Gemütlich dagegen die Nebenbahnen. Die Gegend ist wohl vertraut, das Tempo gering; die Stationsaufenthalte dehnen sich aus; man wird nicht durch ferne, unbekannte Gegenden transportiert; man verbleibt im angestammten Raum, durch den man sich, ohne Bedrohung durch Unbekanntes, gemächlich bewegt.

– Ambivalenz entlang der Strecke. Der vorbeirasende Zug; der verbleibende Bahnwärter. Der Bahnwärter hat sich im Häuschen und Gärtchen gemütlich eingerichtet; aber seine Aufmerksamkeit darf nicht erlahmen; die Strecke muß beobachtet, Signal und Schranke müssen bedient werden. Während er die Beete seines Gärtchens beharkt, mag das Numinose hereinbrechen. Kommt der Zug pünktlich? Warum kommt er nicht pünktlich? Droht Gefahr? Welche Gefahr droht? Schläfrig die kleinen Bahnhöfe an der Strecke. Nichts ereignet sich. Der Stationsvorsteher döst vor sich hin. Plötzlich ein Dröhnen von ferne; der Zug rast vorbei; Staub wirbelt auf; nach kurzer Zeit kehrt wieder Ruhe ein. Anders die großen Bahnhöfe. Kommen und Gehen bestimmen sie Tag und Nacht.

– Ambivalenz der Hauptbahnhöfe: Willkomm und Abschied. Angespannte Erwartung beim Anreisen wie Abreisen. Geschäftigkeit der Reisevorbereitungen; Hektik bei wirtschaftlichen Transaktionen. Freunde, Bekannte, Verwandte haben den Abschied überwunden; Ruhe kehrt auf dem Bahnsteig ein; der Verabschiedete atmet auf; der Zug hat freies Land erreicht. Die Angekommenen verlassen mit denjenigen, die sie empfangen haben, den Bahnhof, dessen Lärm bald nicht mehr zu hören ist.

Der Eisenbahnreisende ist der nervöse Charakter par excellence; dieser, so Alfred Adler, zeige große Empfindlichkeit, Reizbarkeit, Suggestibilität, Hang zum Phantastischen, Entfremdung von der Wirklichkeit; zugleich sei er von reizbarer Schwäche, egoistisch, ängstlich, feig, zerstreut, mißtrauisch, neidisch, auch grausam. Natürlich ist ein solches allgemeines Psychogramm nicht das Psychogramm des Eisenbahnreisenden schlechthin: aber die immense Steigerung des Transitorischen beim Eisenbahnreisen bringt mentale Gleichgewichtsstörungen mit sich. In einem seiner Aufsätze – ,,Ich widme diesen Essay dem Leningrad-Expreß über Warschau und Berlin nach Paris, mit Kurswagen nach Kassel, meinem Zug, in dem auch der Essay geschrieben wurde" – hat Gerd Mattenklott die Exorbitanz des Reisens herausgestellt: Wer reist, ist dem Rhythmus der Arbeit und ihrem despotischen Anspruch entzogen. Die Hast, das Hecheln im Bahnhof nimmt die Beschleunigung der Zeit beim Antritt der Fahrt schon vorweg. Hier beginnt bereits der Wettlauf mit der Zeit, deren Maß, die Bahnhofsuhr, majestätisch und unbestechlich über allem thront – ein ubiquitäres Auge, das alles sieht. In der Bahnhofshalle bereits läßt sich erfahren, was Reisezeit ausmacht: Turbulenz und Beschleunigung, die wir freilich oft gar nicht als solche erkennen, weil wir Akteure in der Orgie des Aufbruchs sind. Reisezeit ist ein Vibrieren und Oszillieren. Wir erwarten das Neue, Überraschende, Unerwartete und kapseln uns zugleich von der Welt da draußen ab; werden egoistisch; verdrängen, indem wir uns entfernen. Genießen den Stillstand in der heftig beschleunigten Zeit, zeigen unverkennbar die Nervosität, die durch immer wieder neue ,,Vergewisserungen" (Blick auf Abfahrtspläne und Informationstafeln) beruhigt wird. ,,Der wahre Reisende verhält sich wie ein Kavalier: er schweigt und genießt – mit geschlossenen Augen. Der wahre Reisende reist inkognito und er reist mit unbekanntem Ziel. Wiederum ein Zusammenzucken, wenn die Fahrkarte abgefragt wird. Die heimliche Angst gar, der Kontrolleur, ein Eindringling in unser Intimstes wie ein Arzt, vor dem wir uns entkleiden, ein Beichtvater, dem wir uns öffnen, dieser in unser Geheimnis Eingebrochene, könnte nun auch gar den Zielort halblaut noch repetieren, ihn den Mitreisenden preisgeben, uns gemein machend mit ihnen. – Dabei ist doch jeder Zielort ein Irrtum, sein Name beliebig, nicht mehr als ein Alibi. Im Grunde ist der Zwang, die Karte vor Fahrtantritt zu lösen, ein plumper Versuch, uns den Fluchtweg abzuschneiden, uns den Weg zu verlegen mit einem Namen."[23]

8.

,,Fortfortfortfortfort drehn sich die Räder / rasen dahin auf dem Schienengeäder." Aber die Regelmäßigkeit der Vibration, hervorgerufen durch die Zwischenräume der Schienen, über die die Eisenräder dahingleiten, wird jäh unterbrochen durchs ,,Gegenbild": ,,Halthalthalthalthalthalthalthalthaltein / ein anderer Zug fährt schräg hinein."[24]

Das Unglück hat sich ereignet; die Unruhe als Antizipation der Gefährdung hat Recht behalten. 1899 war in England ein sehr detailliertes System zur Erfassung von Eisenbahnunglücken entwickelt worden. Man unterschied: den Zusammenstoß von Zügen auf demselben Gleise, gegeneinander oder hintereinander fahrend, jeweils ein Zug in Stillage oder beide in Bewegung; den Zusammenstoß von Zügen in der gleichen Art, nur von verschiedenen Gleisen kommend; den Zusammenstoß von Eisenbahnzügen mit Hindernissen auf der Fahrbahn oder wegen des Überfahrens von Gleisabschlüssen; Entgleisung durch Mängel in der Fahrbahn oder bei den Fahrzeugen, bei Fahrt über falsch gestellte Weichen und schadhafte Brücken, aufgrund von Beladungsfehlern, Sturm, übermäßiger Fahrgeschwindigkeit. Ferner wurden als Möglichkeiten für Unglücke angegeben: Brand, Explosionen, Sturz aus fahrendem Zug, Überfall, Attentat, sonstige unerwartete Ereignisse. Die Unglücke wurden veranlaßt durch menschliches Versagen oder technische Mängel.

Eine beliebig herausgegriffene Monatsstatistik – hier November 1893 – besagt, daß in diesem Zeitraum auf Deutschen Eisenbahnen, ausschließlich Bayern, sich 9 Entgleisungen und 3 Zusammenstöße auf freier Bahn, 24 Entgleisungen und 22 Zusammenstöße in Stationen und 259 sonstige Unfälle (Überfahren von Fuhrwerken, Feuer im Zuge, Kesselexplosionen und andere Vorkommnisse) ereigneten. 277 Personen verunglückten; 62 Eisenbahnfahrzeuge wurden erheblich und 177 unerheblich beschädigt. Von den beförderten Reisenden wurden 5 getötet und 19 verletzt. Von Bahnbeamten und -arbeitern im Dienst wurden 40 getötet und 187 verletzt; an fremden Personen 13 getötet und 13 verletzt. Außerdem wurden bei Nebenbeschäftigungen 34 Bahnbeamte und Bahnarbeiter verletzt. Die von Hans Joachim Ritzau minuziös erfaßten und beschriebenen deutschen Eisenbahnunglücke bis 1945[25] machen es verständlich, daß das Eisenbahnunglück, häufig als „Eisenbahnkatastrophe" bezeichnet, im Bewußtsein und Unterbewußtsein der Menschen eine große Rolle spielte – auch wenn, in Hinblick auf die Zahl der beförderten Menschen und die Quantität der transportierten Güter, die Sicherheit des Eisenbahnwesens verhältnismäßig groß war, zudem stetig durch technische Vorsichtsmaßnahmen und bessere Ausbildung des Zugpersonals verbessert werden konnte. Von Beginn des Eisenbahnzeitalters bis zur Gegenwart haben die zuständigen Behörden Unglücke stets zu verharmlosen versucht; dementsprechend informieren auch die anläßlich der deutschen Eisenbahnjubiläen von offizieller oder offiziöser Seite herausgegebenen Festschriften entweder überhaupt nicht oder höchst unzulänglich über diese dunkle Seite. Freilich mißlang solche Beschwichtigungspolitik aus zweierlei Gründen: Fast jedes Eisenbahnunglück wurde umfangreich in Wort und Bild dokumentiert; neben professionellen Berichterstattern gab es auch viele Laien, die die Unglücksszenen festhielten; vor allem nach der Einführung der Photographie und der Perfektionierung des Zeitungsdruckes konnten die Bilder vom Ort des jeweiligen Unglücksgeschehen rasch und weit verbreitet werden und größter Aufmerksamkeit gewiß sein.

Das Eisenbahnunglück mit den entgleisten, ineinandergeschobenen, zerquetschten Lokomotiven und Waggons wurde zum negativen „Mythos", der die Gefährdung des Menschen durch die Technik allumfassend symbolisierte.

Der nachfolgende Bericht über die schlimmste Katastrophe des ersten Eisenbahn-Jahrhunderts im Deutschen Reich mit insgesamt 64 Toten und 225 Verletzten, die sich im Badischen am 3. 9. 1882 ereignete, kann einen Einblick in die technischen und menschlichen Unzulänglichkeiten geben, die zu Eisenbahnunglücken führten. Ein Auszug aus Thomas Manns Erzählung „Das Eisenbahnunglück" – „keines vom ersten Range, keine allgemeine Harmonika mit ‚unkenntlichen Massen' und so weiter" – kann etwas von der Stimmung wiedergeben, die den Reisenden, der jäh aus seiner „dahinrollenden Geborgenheit" gerissen wird, anfällt.

Beim Unglück im Badischen (auf der Strecke Freiburg-Hugstetten-Breisach)[26] war eine Long-boiler-Lokomotive auslösendes Element. Ihre wesentlichsten Konstruktionselemente gingen auf Stephenson zurück, der 1842 zur Erhöhung der Leistung zum Bau von sogenannten „Langkessel-Lokomotiven" übergegangen war. Da der Radstand, um ein Zwängen in den Kurven zu vermeiden, kurz gehalten wurde, hatte diese Maschine vorne und hinten erhebliche Überhänge, was sich auf die Laufruhe ungünstig auswirkte. Insbesondere bei höheren Geschwindigkeiten und Gleisunebenheiten neigte diese Bauart zu starken Nickbewegungen, wodurch abwechselnd Entlastung der vorderen und hinteren Achse eintrat. Akute Entgleisungsgefahr bestand, sobald die zulässige Höchstgeschwindigkeit überschritten wurde; bei der Unglücksmaschine war sie auf 40 km/h festgesetzt worden. Zur Zeit des Hugstetter Unglücks wurden die Long-boiler-Typen nur noch vereinzelt auf deutschen Bahnen eingesetzt – meist nicht im Personenzugdienst, da sich ihre Entgleisungsanfälligkeit mehrfach gezeigt hatte. Begünstigt wurde das Unglück dadurch, daß der Gleisunterbau der Strecke (ursprünglich Privatbahn, 1878 verstaatlicht) erhebliche Mängel aufwies; der Einbau von schwererem Gleis war deshalb bereits vorgesehen. Die Betriebsleitung wiederum hatte unterlassen, für eine ordnungsgemäße Bremsbesetzung des Unglückszuges zu sorgen. Der Zug bestand aus 26 Personen- und je einem Güter- und Gepäckwagen; er war mit 1200 Fahrgästen voll besetzt. Für die sieben Bremswagen fuhren lediglich sechs Bremser mit; zwei der sechs Bremser kassierten zunächst Fahrgeld; ein Bremser erklärte seinem des Bremsens völlig unkundigen Kollegen Funktion und Handhabung der Bremse; ein fünfter wußte nicht, wann er bremsen mußte, und der einzige Bremser, der das tat, wofür er bestellt war, zog in Unkenntnis der Strecke die Bremse nur leicht an. Der Zug überschritt auf dem Gefälle bald die zulässige Höchstgeschwindigkeit; das in Panik geratene Lokpersonal versuchte mit der Tenderbremse vergeblich, die Situation zu meistern. Die Lokomotive deformierte das Gleis, das bei der Unglücksstelle kurvenlos durch Wiesengelände führte, auf 226 Meter Länge, ehe sie entgleiste und neben dem, offensichtlich durch längere Regenfälle aufgeweichten Bahndamm, aufrecht zum Stehen kam. Von den 28 Wagen blieben nur 4 auf den Schienen; von einigen fand man nur noch Einzelteile. Der Unfall ereignete sich 20.20 Uhr, bald darnach bemühten sich Anwohner um die Opfer der Katastrophe. Ein Hilfszug ging erst zwei Stunden nach dem Unfall in Freiburg ab, ohne Ärzte, die erst gegen 23 Uhr mit Pferdefuhrwerken nachgesandt wurden und zur praktischen Hilfeleistung am Unfallort zu spät kamen (die Telegraphenleitung war mit zerstört worden). Die großherzogliche Staatsanwaltschaft Freiburg erhob Anklage gegen den Bahnamtsvorstand, den zuständigen Fahrdienstbeamten und den Zugführer. Ihnen wurden organisatorische Fehler und Überwachungsversäumnisse, die Bremsbesetzung bzw. -bedienung betreffend, vorgeworfen. Ferner wurde der Wagenwärter angeklagt, weil er sich nicht auf seinem Platz aufgehalten und nicht in dienstgemäßer Weise betätigt hatte; schließlich der Lokführer wegen unzulänglicher Aufmerksamkeit und nicht rechtzeitiger Abgabe von Warnsignalen. Die Angeklagten wurden freigesprochen, da das Gericht die Verfehlungen als nicht ursächlich für den Unfall erkannte; die Entgleisung wäre auch ohne die Fehlleistungen der Angeklagten möglich gewesen, ein Schuldnachweis bei diesen somit nicht zu erbringen. (Die Sachverständigenkommission war zur entgegengesetzten Auffassung gekommen!)

In Thomas Manns „Eisenbahnunglück" erlebt der Erzähler ein „ganz richtiges Eisenbahnunglück mit Zubehör und obendrein zu nächtlicher Stunde"; er fährt nach Dresden, eingeladen von Förderern der Literatur. (Er ist wohl identisch mit dem Dichter selbst; bei dem Zug handelt es sich um den Nachtexpreß D 21 nach Dresden vom 1. Mai 1906.) „Ich reise gern mit Komfort, besonders, wenn man es mir bezahlt. Ich benützte also den Schlafwagen, hatte mir tags zuvor ein Abteil erster Klasse gesichert und war geborgen. Trotzdem hatte ich Fieber, wie immer bei solchen Gelegenheiten, denn eine Abreise bleibt ein Abenteuer, und nie werde ich in Verkehrsdingen die rechte Abgebrühtheit gewinnen. Ich weiß ganz gut, daß der Nachtzug nach Dresden gewohnheitsmäßig jeden Abend vom Münchener Hauptbahnhof abfährt und jeden Morgen in Dresden ist. Aber wenn ich selber mitfahre und mein bedeutsames Schicksal mit dem seinen verbinde, so ist das eben doch eine große Sache. Ich kann mich dann der Vorstellung nicht entschlagen, als führe er einzig heute und meinetwegen, und dieser unvernünftige Irrtum hat natürlich eine stille, tiefe Erregung zur Folge, die mich nicht eher verläßt, als bis ich alle Umständlichkeiten der Abreise, das Kofferpacken, die Fahrt mit der belasteten Droschke zum Bahnhof, die Ankunft dortselbst, die Aufgabe des Gepäcks hinter mir habe und mich endgültig untergebracht und in Sicherheit weiß. Dann freilich tritt eine wohlige Abspannung ein, der Geist wendet sich neuen Dingen zu, die große Fremde eröffnet sich dort hinter dem Bogen des Glasgewölbes, und freudige Erwartung beschäftigt das Gemüt." So schien es auch diesmal. Der Träger des Handgepäcks ist reichlich entlohnt; der Reisende steht mit seiner Abendzigarre an einem Gangfenster des Schlafwagens, um das Treiben auf dem Perron zu betrachten. Zischen und Rollen, Hasten, Abschiednehmen und das singende Ausrufen der Zeitungs- und Erfrischungsverkäufer. Der Zug setzt sich sanft in Bewegung; der Reisende bleibt noch ein wenig am Fenster stehen, sieht die zurückbleibenden, winkenden Menschen, die eiserne Brücke; sieht die Lichter schweben und wandern und zieht sich dann ins Innere des Wagens zurück. Dort macht er sich's auf eine friedliche Lesestunde bequem. Dann, gegen zehn oder halb elf Uhr, geht der Reisende in sein Schlafkabinett, ein „richtiges, luxuriöses Schlafzimmerchen, mit gepreßter Ledertapete, mit Kleiderhaken und vernickeltem Waschbecken. Das untere Bett ist schneeig bereitet, die Decke einladend zurückgeschlagen. O große Neuzeit! denke ich. Man legt sich in dieses Bett wie zu Hause, es bebt ein wenig die Nacht hindurch, und das hat zur Folge, daß man am Morgen in Dresden ist. Ich nahm meine Handtasche aus dem Netz, um etwas Toilette zu machen. Mit ausgestreckten Armen hielt ich sie über meinem Kopfe. In diesem Augenblick geschieht das Eisenbahnunglück. Ich weiß es wie heute.

Es gab einen Stoß, – aber mit ‚Stoß' ist wenig gesagt. Es war ein Stoß, der sich sofort als unbedingt bösartig kennzeichnete, ein in sich abscheulicher krachender Stoß und von solcher Gewalt, daß mir die Handtasche, ich weiß nicht, wohin, aus den Händen flog und ich selbst mit der Schulter schmerzhaft gegen die Wand geschleudert wurde. Dabei war keine Zeit zur Besinnung. Aber was folgte, war ein entsetzliches Schlenkern des Wagens, und während seiner Dauer hatte man Muße, sich zu ängstigen. Ein Eisenbahnwagen schlenkert wohl, bei Weichen, bei scharfen Kurven, das kennt man. Aber dies war ein Schlenkern, daß man nicht stehen konnte, daß man von einer Wand zur andern geworfen wurde und dem Kentern des Wagens entgegensah. Ich dachte etwas sehr Einfaches, aber ich dachte es konzentriert und ausschließlich. Ich dachte: ‚Das geht nicht gut, das geht nicht gut, das geht keinesfalls gut.' Wörtlich so. Außerdem dachte ich: ‚Halt! Halt! Halt!‘ Denn ich wußte, daß, wenn der Zug erst stünde, sehr viel gewonnen sein würde. Und siehe, auf dieses mein stilles und inbrünstiges Kommando stand der Zug.“

Entgleisung durch Schuld einer defekten Weiche! Der Schnellzug war auf ein falsches Gleis geraten und in voller Fahrt einem Güterzug, der dort hielt, in den Rücken gefahren, hatte ihn aus der Station hinausgeworfen, seinen hinteren Teil zermalmt und dabei selbst schwer gelitten.

„Die große Schnellzugsmaschine von Maffei in München war hin und entzwei. Preis siebzigtausend Mark. Und in den vorderen Wagen, die beinahe auf der Seite lagen, waren zum Teil die Bänke ineinandergeschoben. Nein, Menschenverluste waren, gottlob, wohl nicht zu beklagen. Man sprach von einer alten Frau, die ‚herausgezogen‘ worden sei, aber niemand hatte sie gesehen. Jedenfalls waren die Leute durcheinandergeworfen worden, Kinder hatten unter Gepäck vergraben gelegen, und das Entsetzen war groß. Der Gepäckwagen war zertrümmert. Wie war das mit dem Gepäckwagen? Er war zertrümmert.

Da stand ich ...

Ein Beamter läuft ohne Mütze den Zug entlang, es ist der Stationschef, und wild und weinerlich erteilt er Befehle an die Passagiere, um sie in Zucht zu halten und von den Gleisen in die Wagen zu schicken. Aber niemand achtet sein, da er ohne Mütze und Haltung ist. Beklagenswerter Mann! Ihn traf wohl die Verantwortung. Vielleicht war seine Laufbahn zu Ende, sein Leben zerstört. Es wäre nicht taktvoll gewesen, ihn nach dem großen Gepäck zu fragen.“[27]

Solche und ähnliche Erfahrungen, durch Reportagen, Berichte, Gedichte, Erzählungen, Bilder, Photos einem breiten Publikum vermittelt (das sich aus realen oder potentiellen Eisenbahnreisenden zusammensetzte), verstärkte das individuelle wie kollektive Gefühl von der Ambivalenz des Eisenbahnwesens. War die Bahnreise auf der einen Seite durch Leichtigkeit, Bequemlichkeit, Sicherheit gekennzeichnet, so war sie auf der anderen von einer stets präsenten unterschwelligen Angst begleitet. Mit der kulturellen und psychischen Assimilation der Bahn gingen nun diese Beunruhigungserscheinungen zwar zurück; aber die Unfälle und Unglücke brachten die Bedrohlichkeit wie Gewalttätigkeit des technischen Fortschritts immer wieder in Erinnerung. „Krach des Zusammenstoßes, Knall der Explosionen, Schreie zerschmetterter Menschen, kurz ein Ensemble, das keinen zivilisierten Fahrplan hat.“ (Ernst Bloch)[28]

„Man kann auch sagen, je zivilisierter der Fahrplan, je effektiver die Technik, umso katastrophaler die Destruktion

im Kollaps. Es besteht ein genaues Verhältnis zwischen dem Stand der Technik, der Naturbeherrschung und der Fallhöhe der Unfälle dieser Technik. Das vorindustrielle Zeitalter kennt die technischen Unfälle in diesem Sinne nicht. ‚Accident‘ ist in der Diderotschen Encyclopédie ein grammatikalischer und philosophischer Begriff, der Unfall ist ein Synonym für den Zufall. Die vorindustriellen Katastrophen sind Naturereignisse, Naturunfälle. Sie kommen auf die Gegenstände, die sie vernichten, von außen zu, als Sturm, Flut, Blitzschlag, Schlagwetter usw. Demgegenüber kommt die Vernichtung durch den technischen Unfall, die die industrielle Revolution beiträgt, gleichsam von innen. Die technischen Apparaturen zerstören sich durch ihre eigene Kraft. Die Energien, die die Dampfmaschine bändigt, um sie als Arbeitsleistung reguliert abzugeben, schlagen im Unfall gegen sie selber aus. Die mit immer höherer Geschwindigkeit sich bewegenden Verkehrsmittel vernichten sich im Fall der Kollision tendenziell bis zur Selbstpulverisierung. Je höher die technische Intensivierung (Druck, Spannung, Geschwindigkeit usw.) einer Apparatur, um so gründlicher die Destruktion in der Dysfunktion.“ (Wolfgang Schivelbusch)[29]

Die Eisenbahnkatastrophe löst sozusagen die Wiederkehr des Verdrängten aus; durch den Unfall als die plötzliche Unterbrechung des gewissermaßen „natürlich“ gewordenen technischen Vorgangs, an den man sich gewöhnt hat („technische Alltäglichkeit“), wird die Dämonie der Maschinerien und Apparaturen erneut evident; die Dämonie scheint jetzt das „Eigentliche“ der Technik zu sein. Die Opfer der Eisenbahnunfälle, so stellte ein medizinischer Autor fest, nähmen durch die ungeheure Wucht des Eisenbahnzusammenstoßes auch am Nervensystem Schaden; aber nicht nur die real Verunglückten, auch die Anteilnehmenden – und das waren sehr viele – erlitten stellvertretend einen Schock, ein Trauma. Der Schock erweist sich als extremste Ausprägung der dem Eisenbahnreisenden immanenten Nervosität. Er ist nicht nur „Stoß“ oder „Schlag“, sondern Gewaltakt, der sich aus der Konzentration vieler Einzelmomente zusammensetzt. „Mit Schock wird derjenige plötzliche und heftige Gewaltvorgang beschrieben, der die Kontinuität einer künstlich-mechanisch hergestellten Bewegung oder Situation durchschlägt, sowie der darauffolgende Zustand der Zerrüttung.“[30]

Reisezeit: das bedeutet kontinuierliche Abfolge von „Mikroschocks“ – denn die durch eindrucksvolle Unglücksbilder sensibilisierte Phantasie „unterlegt“ auch harmlose Vorkommnisse mit der Antizipation von Gefahr.

Der bei der Eisenbahn (wie bei der Schiffahrt) dem Reisenden angebotene Komfort hat, tiefenpsychologisch gesehen, die Funktion einer Beschwichtigungsgeste. Der Reisende, der nicht nur die Unannehmlichkeiten des Reisens, sondern auch die Gefährdung durch technische und menschliche Unberechenbarkeit auf sich nimmt, wird dadurch in seiner Angst abgelenkt. Nimmt er die Annehmlichkeiten, die man ihm bietet, an, spinnt er sich sozusagen in einen Kokon des Wohlbehagens ein, der die Signale der Gefährdung nicht mehr recht durchdringen läßt. (Ähnlich funktioniert heute der „Service" im Flugzeug als Beruhigung der Flugangst.)

9.

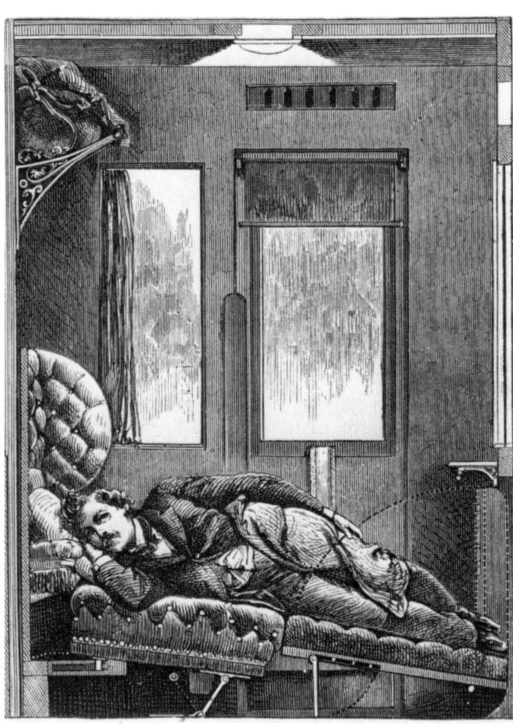

Komfort in der Eisenbahn: ein relativer Begriff; es kam darauf an, welcher Klasse man angehörte, welche Klasse man fuhr. Die Wagenreihe, so berichtet Hans Christian Andersen aus der Frühzeit der Eisenbahn, bilde drei Abteilungen: „die beiden ersten sind bequeme, geschlossene Wagen, ganz wie unsere Diligencen, nur viel breiter, die dritte ist offen und unglaublich wohlfeil, so daß selbst der ärmste Bauer damit fährt, denn das kommt ihn weniger teuer, als wenn er den langen Weg gehen und sich unterwegs im Wirtshaus stärken – oder übernachten müßte."[31]

Bei den ältesten Personenwagen enthielt die 1. Klasse meist 4–6 gut gepolsterte Sitze quer zur Wagenlängsrichtung, manchmal auch 8 Plätze in Richtung der Wagenlängsachse. Die Wände waren mit Tuch ausgeschlagen und die Türen hatten Glasfenster. In der 2. Klasse gab es nur eine einfache Polsterung, und an Stelle der Fenster Wetterschutzvorhänge. Die 3. Klasse hatte einfache Holzbänke; die Wagen waren vielfach ohne Dach und an den Seiten über der Brüstung vollständig offen; doch wurden nach einigen Jahren auch für die 3. Klasse geschlossene Wagen gebaut, da die Belästigung durch Ruß und Funken zu stark war. Heizung kannte man zunächst nicht; allmählich ging man dazu über, in der 1. und 2. Klasse eiserne Fußwärmer aufzustellen, die mit heißem Wasser oder mit heißem Sand gefüllt waren und dann durch eiserne Kohleöfen, später durch Dampfheizung ersetzt wurden. Als man auch in der Dunkelheit fuhr, erhielten die höheren Klassen eine Kerzen- oder Öllampe; dem folgten Gas-, Ölgas-, Gasglühlicht- und schließlich elektrische Beleuchtung.

Aborte gab es zunächst nur im Packwagen, so daß die Benutzer auf einer Zwischenstation umsteigen mußten; später entschloß man sich, Sitzraumplatz zu opfern und die Aborte so einzubauen, daß sie von allen Abteilen zugänglich waren. Die Entlüftung wurde vor allem über verstellbare Lüftungsschieber in Türen und Fenstern vorgenommen.

In den 70er Jahren wurden die ersten Schlafwagen gebaut; der erste deutsche Speisewagen entstand 1880. Für Fürstlichkeiten schuf man besondere Salonwagen mit prunkvoller Ausstattung. Der Standard hob sich in allen Klassen, aber eine Egalisierung erfolgte doch nicht. Man führte sogar eine 4. Klasse ein, die nur Stehplätze enthielt; sie wurde in Süddeutschland bald wieder aufgegeben, hielt sich aber bei Personenzügen in Norddeutschland bis 1928. Dazu kam, daß der Komfort in den oberen Klassen im Rahmen des technischen Fortschritts überproportional anstieg, so daß der Unterschied zwischen den oberen und unteren Klassen sich sogar verstärkte.

Besondere D-Zug-Wagen, wie die 1928 gebauten stählernen Wagen des Rheingold-Zuges, der zwischen Hoek van Holland und Basel bzw. Luzern verkehrte, hatten in der 1. Klasse bewegliche Clubsessel mit hohen Lehnen; die Innenausstattung der Wagen war von namhaften deutschen Innenarchitekten entworfen worden; jeder Wagen enthielt ein besonderes Gepäckteil für Koffer wie für Kleidungsstücke und einen Waschraum mit fließendem kalten und warmen Wasser. Elektrisch angetriebene Ventilatoren sorgten für die Entlüftung.

Bei den von der Mitropa betriebenen Schlafwagen konnte man je zwei Abteile zu einem Raum vereinigen; in jedem Abteil gab es eine Waschgelegenheit. Die Innenwände hatten polierte Edelholzverkleidung.

Wer in den höheren Klassen reiste, wurde zudem mit besonderer Höflichkeit behandelt. Die Eisenbahnen waren allerdings insofern „demokratisch", als jedermann in der Klasse fahren konnte, die er zu bezahlen in der Lage war, mochte er auch ein Hochstapler (wie Felix Krull) sein: „Der Zug hatte Paris um sechs Uhr verlassen. Die Dämmerung sank, das Licht ging an, und noch schmucker erschien darin meine Privat-Behausung. Der Schaffner, schon höher an Jahren, erbat sich die Erlaubnis zum Eintreten durch sachtes Klopfen, legte salutierend die Hand an die Mütze und wiederholte die Ehrenbezeigung, als er mir meine Fahrkarte zurückgab. Dem biederen Manne, dem eine loyale und bewahrende Gesinnung vom Gesichte abzulesen war und der auf seinem Gang durch den Zug mit allen Schichten der Gesellschaft, auch mit ihren fragwürdigen Elementen, in dienstliche Berührung kam, tat es sichtlich wohl, in mir ihre wohlgeraten-vornehme, das Gemüt durch bloße Anschauung reinigende Blüte zu grüßen ... Auch der Mann, welcher Platzkarten für das Diner im Speisewagen anzubieten hatte, meldete sich durch behutsames Klopfen. Ich nahm ihm eine Nummer ab; und da wenig später draußen ein Gong zur Mahlzeit rief, zog ich zwecks einiger Erfrischung meine wohl eingerichtete Handtasche für den Nacht- und Toilettebedarf zu Rate, verbesserte vor dem Spiegel den Sitz meiner Krawatte, und begab mich ein paar Wagen weiter zum Waggon-Restaurant, dessen korrekter Vorsteher mich unter einladendem Gestenspiel zu meinem Platz geleitete und mir den Stuhl unterschob."[32]

In der vierten Klasse sah es dagegen so aus:

„... Im Wagen schwankt die Dämmerung,
und Gaslicht schwankt und Schattensprung;
aus rotgewürfeltem Bettzeug sticht
so spitz heraus das kleine Gesicht.

Von Kisten und Kasten eingezwängt,
von Säcken und Decken überdrängt,
schaukelt die Mutter ihr Kind zur Ruh
und summt ein Wiegenlied dazu.

Und rund herum, bedrückt und schwer,
verworrene Worte, hin und her;
Gesichter furchig, knochig, stumpf,
und Menschendünste, dick und dumpf .."[33]

Als Apotheose des vornehmen, komfortablen Reisens im Eisenbahnzeitalter galt der Orient-Expreß (London – Paris – München – Wien – Budapest – Belgrad – Istanbul). Als König der Züge war er zugleich Zug der Könige, „Inbegriff des luxuriösen Reisens, verbunden mit dem geheimnisvollen Zauber illustrer Namen und Geschehnisse, eine beglückende Synthese zwischen blitzender Technik und lässiger Behaglichkeit."[34]

Der Orient-Expreß kann stellvertretend für die Welt der berühmten Expreßzüge der Vergangenheit insgesamt stehen; erlesene Ausstattung, kulinarische Speisen, höflichster Service, ein „erlauchtes Publikum" (unter Einschluß der Demi-Monde) machten deren bis heute strahlende Berühmtheit aus.

Sicher ist, daß die Verkehrsbedeutung der legendären Züge recht gering war. Die meisten namenlosen Fernschnellzüge beförderten mehr Passagiere als die bekannten Luxuszüge, die insgesamt nur minimal am Verkehrsaufkommen beteiligt waren. Exakte Statistiken über die Zahl der auf den großen Linien beförderten Passagiere liegen nicht vor. Um welch geringe Größenordnung es sich dabei jedoch handeln dürfte, ergibt sich bereits aus der Tatsache, daß z. B. der Orient-Expreß ab einer Belegung mit vierzehn Reisenden schon rentabel war.

Rechtfertigt also die verkehrswirtschaftliche Realität keinesfalls die Verklärung der großen Luxuszüge, so muß der Grund hierfür anderswo gesucht werden, etwa auf der Ebene symbolhafter Zuordnungen.[35] Hierbei erweisen sich die großen Expreßzüge unzweifelhaft als ein mikroskopisches Abbild der ‚Belle Epoque', ihrer ökonomischen und sozialen Verhältnisse, aber auch ihres Geistes. Umgekehrt erkannte sich die Epoche in den Luxuszügen wieder: Deren Schnelligkeit, Pünktlichkeit und Komfort waren in den Augen der Zeitgenossen Gradmesser des vergötterten zivilisatorischen Fortschritts. Ähnlich wie bei den berühmten Passagierdampfern der gleichen Zeit kam es als Folge dieser Identifikation auch bei den Luxuszügen zu einer mythischen Überhöhung, die heute noch fühlbar ist.

Die Bedeutung der großen Expreßlinien erschöpft sich aber keinesfalls in einer kultur- und geistesgeschichtlichen Reminiszenz an die Belle Epoque. Eine weitere, zumeist übersehene Bedeutungsebene ist politisch bestimmt. Bis in die unmittelbare Gegenwart hinein waren und sind grenzüberschreitende Fernzugverbindungen nämlich ein Gegenstand internationaler Politik, bestimmt vom allgemeinen Klima der außenpolitischen Beziehungen. Dies trifft in besonderem Maße auf den Orient-Expreß zu, der geradezu ein Paradigma für die außenpolitische Ambivalenz von grenzüberschreitenden Verkehrsträgern darstellt. Gerade die Geschichte dieses Zuges beweist, daß die Eisenbahn im Sinne zweier einander widersprechender Ziele politisch instrumentalisiert werden konnte. Das eine Ziel war von Natur aus übernational, das andere war streng an Erfordernissen nationaler Machtpolitik ausgerichtet.

Der übernationale Aspekt bestimmte das Entstehen des Orient-Expreß: Im Gefolge des Berliner Kongresses von 1878, der eine lange Zeit stabiler europäischer Friedensordnung etablierte, wurden Serbien und Bulgarien verpflichtet, den Bahnbau zwischen Ungarn und Konstantinopel zu betreiben und später mindestens einen internationalen Zug täglich zu übernehmen. Am Beginn des Orient-Expreß stand also ein Akt europäischer Gemeinsamkeit. Aus dem gleichen Geiste heraus erfolgte im Jahre 1886 auch der Abschluß des ‚Berner Abkommens‘ (L'Unité technique de Chemins de fer = Festlegung internationaler Normen für den technischen Eisenbahnbetrieb) – ein Meilenstein für die internationale Vernetzung des Eisenbahnverkehrs.

Die gegenläufige Tendenz zur Nutzbarmachung der internationalen Linien in streng nationalstaatlichem Sinne zeigte sich massiv nach 1918, als die Sieger des Ersten Weltkrieges den ‚Simplon-Orient-Expreß‘ schufen, der unter Umgehung Deutschlands das Eisenbahnmonopol auf der Strecke Paris-Istanbul besaß. Die Motive Frankreichs lassen sich dabei verkürzt, aber treffend auf den Nenner: Revanche und Sicherheit (gegenüber Deutschland) bringen. Die Bedeutung von grenzüberschreitenden Zügen als Mittel nationalstaatlicher Machtpolitik hatte freilich auch Deutschland erkannt. So hatte sich bereits Bismarck jahrelang beharrlich gegen die Gründung des ‚Nord-Expreß‘ (Paris – St. Petersburg) gewehrt, um eine außenpolitische Union Frankreich–Rußland zu erschweren. Im Ersten Weltkrieg schließlich verfolgte der auch aus konfisziertem Wagenmaterial der ‚Compagnie Internationale des Wagon-Lits‘ zusammengestellte ‚Balkanzug‘ (Berlin – Istanbul) nichts anderes als die verkehrsmäßige, wirtschaftliche und politische ‚Durchdringung‘ des Balkans. Eben diese Funktion hatte nach Auffassung des preußischen Außenministers, die dieser 1915 gegenüber Reichskanzler von Bethmann-Hollweg äußerte, bis 1914 der ‚Orient-Expreß‘ im Dienste der französischen Politik erfüllt. Wie sehr die Geschichte des Orient-Expreß Spiegelbild der europäischen Politik ist, zeigte sich schließlich noch einmal mit großer Deutlichkeit im Jahre 1932. Seit dieser Zeit verkehrten wieder Salon- und Schlafwagen der ‚Compagnie Internationale des Wagon-Lits‘ auf der Route des alten Orient-Expreß, d. h. über Deutschland. Gegen Ende der Zwanziger Jahre aber kehrte auch Deutschland mehr und mehr als gleichberechtigter Partner in die internationale Politik zurück.

Zwei Abschnitte aus einem Augenzeugenbericht von der offiziellen Eröffnungsreise des Orient-Expresses, der am 4. Oktober 1883, 7 Uhr abends, vom Pariser Bahnhof Gare de Strasbourg abfuhr, den Beginn wie das Ende der Reise beschreibend, können stellvertretend die in den großen Expreßzügen in Erscheinung tretende Verdinglichung des Fernwehs der Epoche charakterisieren (reisten auch nur wenige Menschen mit ihnen – sie waren Projektionsobjekt vieler Sehnsüchte!):

,,Die neuen Wagen, die wir einweihen, sind geräumig und bequem. Man kann sich darin nach Belieben ausstrecken, selbst wenn man viel beleibter ist als ich. Der gedämpfte Ton der Räder hinter den geschlossenen Türen und den zugezogenen Vorhängen dringt wie ein ungewisser und monotoner Rhythmus leise an das Ohr des Schlafenden und wird ihm zum Wiegenlied. Der Schlummer nimmt uns auf. Einige entfernte Geräusche übertönen den Lärm des Zuges und zeigen, daß unsere Mitreisenden der Schlaf des Gerechten umfängt. Bevor wir ganz entschlummern, hat die diskrete Hand des Schaffners, der die Tür leise öffnet und wieder schließt, den Vorhang vor der Lampe heruntergezogen. Das Abteil, in transparente Dämmerung gehüllt, rollt durch die Nacht; nur der Pfiff der Lokomotive unterbricht die Ruhe . . .

In den Schlafwagen der internationalen Gesellschaft befinden sich Klappsitze am Ende des Korridors, welcher vor den Abteilen der Fahrgäste entlangläuft. Dieser Korridor ist wie die Rue de la Paix von Paris. Die schönen Damen, welche in diesen Wagen reisen, begeben sich hier nur ‚voll bewaffnet‘ unter die prüfenden Blicke der Passagiere. Hier entfalten sie ihre Grazie, genauso wie auf dem Asphalt, und es geschieht mit gespannten und koketten Mienen, wie sie durch die polierten Scheiben hindurch die Pracht des Grüns der Blumen und des Schnees betrachten, welche der liebe Gott, dieser unsterbliche Meister, vor den Augen der Passanten ausgebreitet hat. Ich habe auf dem rückwärtigen Klappsitz Platz genommen. Das ist ein köstlicher Beobachtungsposten. Die Landschaft flieht unter Ihren Füßen; die Bäche scheinen sich unter die Räder des Wagens zu ergießen; die Gipfel der Berge neigen sich Ihnen zu; die Dörfer und Häuser schmücken sich für Ihre Vorüberfahrt mit einem morgendlichen Sonnenstrahl und vor Ihnen, entlang der Rue de la Paix, bewegt sich der mikroskopische Ausschnitt der Bevölkerung, welcher die kleine, Ihren Beobachtungen ausgesetzte rollende Welt bewohnt."[36] Die komfortablen Wagen der Luxuszüge transportierten eine „geschlossene Gesellschaft" durch Europa. Der gedämpfte Ton der Räder vermittelte Geborgenheit; aber es war auch ein gleichermaßen monotoner wie ungewisser Rhythmus; denn in dieser „geschlossenen Gesellschaft" fuhr nicht nur die technische Gefahr mit, sondern auch das Verbrechen (und so wurde denn der Orient-Expreß zum Schauplatz manchen Kriminalromans). Im geräumigen und bequemen Abteil – „in transparente Dämmerung gehüllt" – war ein Stück jener Sicherheit zu Hause, die das Europa der Vorkriegszeit auszeichnete. Doch der Pfiff der Lokomotive unterbrach die Ruhe; im Aufschrecken erlebte der Reisende, daß er unterwegs und nicht zu Hause war. Die Landschaft floh vorüber; der Zug verband die Ausschnitte zu einem Kolossalgemälde für diejenigen, die für Mobilität „ausgestattet", also wohlhabend waren. Doch der Orient-Expreß wurde auch ausgeraubt und war eingeschneit; Agenten benutzten ihn für dunkle Verschwörungen; Partisanen beschossen ihn; er entgleiste; er verunglückte. Er fuhr vor dem Ersten Weltkrieg, in der Zwischenkriegszeit, noch in der Anfangsphase des Zweiten Weltkrieges, in der Nachkriegszeit. Seine Geschichte spiegelt die Glanzzeit und den Niedergang des Eisenbahnwesens. Vor 1914 war er die technische Inkarnation eines zwar fragwürdigen, aber doch tragfähigen Bewußtseins, das als zivilisatorischer und kultureller Überbau die Gesellschaft, freilich nur diejenige der Oberklasse, zusammenhielt. Es war das Bewußtsein vom großen, weiten, schönen, sicheren, reichen Europa, Bewußtsein einer kulturellen Weltbürgerschaft. „Wen aber die Not des Lebens nicht ständig an die nämliche Stelle bannte, der konnte sich aus allen Vorzügen und Reizen der Kulturländer ein neues, größeres Vaterland zusammensetzen, in dem er sich ungehemmt und unverdächtigt erging. Er genoß so das blaue und das graue Meer, die Schönheit der Schneeberge und die der grünen Wiesenflächen, den Zauber des nordischen Waldes und die Pracht der südlichen Vegetation, die Stimmung der Landschaften, auf denen große historische Erinnerungen ruhen, und die Stille der unberührten Natur. Dies neue Vaterland war für ihn auch ein Museum, erfüllt mit allen Schätzen, welche die Künstler der Kulturmenschheit seit vielen Jahrhunderten geschaffen und hinterlassen hatten. Während er von einem Saale dieses Museums in einen anderen wanderte, konnte er in parteiloser Anerkennung feststellen, was für verschiedene Typen von Vollkommenheit Blutmischung, Geschichte und

die Eigenart der Mutter Erde an seinen weiteren Kompatrioten ausgebildet hatte. Hier war die kühle unbeugsame Energie aufs höchste entwickelt, dort die graziöse Kunst, das Leben zu verschönern, anderswo der Sinn für Ordnung und Gesetz oder andere der Eigenschaften, die den Menschen zum Herren der Erde gemacht haben." (Sigmund Freud)[37]

10.

Im Nahverkehr bietet sich die Welt anders dar. Die Neben- bzw. Klein- bzw. Sekundär- bzw. Lokal- bzw. Vizinal- bzw. Bimmelbahn ist kein rollendes Hotel; sie gleicht mehr einem Bauernhof auf Rädern. Die Landschaft zieht nicht im Flug vorbei, sie bleibt der Bimmelbahn auf den Fersen. Außerdem hält die Bimmelbahn sowieso jeden Augenblick; sie ist in der Tat, wie Friedrich List es formulierte, ein „Vermittler des gemütlichen Verkehrs". „Der Zug hält schon wieder, und Sie fliegen rücklings mit dem Hinterkopfe auf den Wärmeregulierungshebel, welcher sehr hart ist. Einen Moment denken Sie an ein Unglück und lassen das Fenster hastig herunter. Was gibt's?! Nichts, mein Bester. Strengen Sie Ihre Augen an, und Sie werden eine kleine Hütte sehen, vor welcher zwei leere Blechkübel stehen. Sie waren heute morgen mit Milch gefüllt und sind soeben dem Besitzer eingehändigt worden, damit er sie morgen wieder zur Bahn bringt. Beförderung der landwirtschaftlichen Erzeugnisse. Bleiben Sie ruhig sitzen, denn sonst müßten Sie nach wenigen Minuten eine neue Körperverletzung erleiden. Wir halten in Haching, Glaching, Moching, Daglfing, Kraglfing, Gscheerthausen, Woadling und Haar." So wie in Bayern (hier geschildert von Ludwig Thoma)[38], ging es auch in den anderen Regionen des Reiches zu. Nachdem bis gegen 1880 das Netz der Hauptbahnen geschaffen worden war, wandte man sich vor allem dem Ausbau der Nebenbahnen zu; zwischen 1880 und 1910 wurden fast 22000 km solcher Strekken gebaut. Dadurch konnte das wirtschaftliche und kulturelle Gefälle zwischen Orten mit und solchen ohne Bahnanschluß schrittweise abgebaut, die Verbesserung der Infrastruktur des „offenen Landes", vor allem auch von den ländlichen Grundbesitzern und Fabrikanten gefordert, erreicht werden. Der Markt für Rohstoffe, Arbeitskräfte, Fertigprodukte wurde „beweglich". Im Deutschen Reich kostete 1910 ein Tonnen-Kilometer Ware beim Fuhrwerksbetrieb durchschnittlich 30 Pfennige gegenüber 13 Pfennigen auf der Kleinbahn; beim Reiseverkehr waren 10 gegenüber 4 Pfennig je Personenkilometer zu bezahlen. Dazu kam noch die Zeitersparnis. In einer Eingabe der Gemeinde Schwiegershausen am Harz im Jahre 1911 an die Königliche Eisenbahnverwaltung heißt es: „Unsere 1301 Einwohner zählende aufstrebende Gemeinde ist von der Eisenbahn Seesen-Herzberg 7,5 Kilometer, von der Station Wulften der Eisenbahnstrecke Nordhausen-Ottbergen rund 5 Kilometer entfernt. Sie entbehrt einer eigenen Eisenbahnverbindung. Seit langen Jahren ist es der selbstverständliche und dringende Wunsch unserer Gemeinde, eine Eisenbahnverbindung zu erhalten." Die Konsequenzen eines Bahnbaus oder seiner Ablehnung werden kurz darauf in einem Gutachten zusammengefaßt. „Im Personenverkehr gibt die Bahn ihren Anwohnern die langersehnte Gelegenheit, in einem Tag in die Kreisstädte mit ihren verschiedenen Behörden fahren zu können; für Göttingen kommt dann noch hinzu, daß das ganze Bahngebiet zum Landgericht Göttingen gehört, und daß seine Bewohner auf die Universitätsstadt mit ihren Kliniken angewiesen sind. Den zahlreichen im Hinterland wohnenden Bauhandwerkern, die tagsüber oder meist die ganze Woche hindurch von Hause fort sind, oder täglich Märsche bis zu 20 Kilometer zurücklegen müssen, um zum Arbeitsort zu gelangen, wird eine bequeme Gelegenheit geboten, täglich in ihre Familie zurückzukehren und in der freien Zeit ihre Parzelle intensiver zu bewirtschaften als das heute ʼmöglich ist. Der bedenklichen Abwanderung vom Lande würde nur so gesteuert werden. (Das Dorf Waake, das vor 25 Jahren ca. 1000 Einwohner zählte, hat jetzt nur noch 536.) Die Steinbrüche dortselbst

haben wegen den teuren Landfrachten den Betrieb einstellen müssen. Ebergötzen ist im Laufe der letzten Jahre von 1000 auf 750 Einwohner zurückgegangen. Die meisten Bauhandwerker des Ortes ziehen nach Göttingen, obwohl aus wirtschaftlichen und socialen Gründen ihr Verbleiben im Heimatort wünschenswerter wäre."[39]

Vor allem konnten durch die Nebenbahnen nun auch die landwirtschaftlichen Erzeugnisse rasch zu den Zentren des Verbrauchs transportiert werden. Dementsprechend spielten die Kleinbahnen in Preußen eine besonders große Rolle – angesichts der weitgestreckten landwirtschaftlich genutzten Gebiete. 1909 gab es in Preußen 245 Kleinbahnen, auf denen 1099 Dampflokomotiven, 2557 Personenwagen und 13949 Güterwagen liefen. Das dichteste Kleinbahnnetz bestand in Pommern; dort entfielen bereits im Jahre 1905 auf je 10000 Einwohner 8,28 Kilometer Kleinbahnen. (An zweiter Stelle folgte Schleswig-Holstein mit 5,11 Kilometern.)

Franz Rehbein (1867–1909) schildert in seiner Autobiographie „Das Leben eines Landarbeiters" unter anderem auch, wie das Eisenbahnwesen „ein Stück hinterpommersche Gutswirtschaft" veränderte. Der Bürgermeister argumentierte gegenüber den Ackerbürgern, daß durch den Zuganschluß der Verkehr anwachsen, die Stadt sich vergrößern und der Wert von Grund und Boden zunehmen werde. Als die erste Lokomotive ankommt, eine winzige „Teckelmaschine", mit der die Vorarbeiten zum Bahnbau begonnen werden sollen, erläßt der Bürgermeister zur Feier dieses großen Ereignisses eine Proklamation. Honoratioren, Handwerker und auch die „hochehrenwerten Herren Ackerbürger" sollten erscheinen und das Dampfroß an den Platz seiner Tätigkeit begleiten. Alle folgen dem Rufe des Stadtoberhauptes. Die Lokomotive steht am Stadtende auf einem Rollwagen, mit vier Pferden davor gespannt. Man betrachtet staunend das kalte eiserne Ungetüm. Der Bürgermeister hält eine Rede, und der Herr Superintendent auch. Der Rollwagen wird durch die Stadt gezogen, mit der Stadtkapelle voran. Am Ende redet nochmals der Bürgermeister und die Musikanten spielen, wobei der ganze Festzug einstimmt: „Nun danket alle Gott".[40]

Die Entwicklung der Nebenbahnen wurde erleichtert durch Gesetze und Verordnungen, die die Sicherheitsbestimmungen, die für Anlagen des Fernverkehrs galten, milderten. Dadurch und durch eine oft geringere Spurweite konnten wesentliche Einsparungen beim Bau und Betrieb solcher Linien erreicht werden. Die Ansprüche an Signalanlagen und Wegekreuzungen sowie die Länge für Kreuzungs- und

Überholgeleise wurden zum Beispiel drastisch reduziert.
Der sonst verbotene kombinierte Transport von Passagieren
und Fracht in einem Zug wurde zur Regel; die Geschwindigkeit sollte nach Ansicht der Aufsichtsbehörden nicht mehr
als 20 oder 25 km auf eigenem Bahnkörper, und nicht mehr
als 15 km bei der Mitbenutzung von Straßen betragen, so
daß „in jedem Moment der Zug so rasch wie das Pferde-
fuhrwerk selbst zum Stehen gebracht werden kann".
Einerseits war die Kleinbahn ein entscheidender wirtschaftlicher und damit auch sozialer wie kultureller Faktor; die
Provinz wurde aus ihrem Abseits herausgeholt; andererseits
wurde die Kleinbahn selbst zum Teil dieser Provinz; über ihr
lag ein Hauch von Gesundheit, ländlicher Deftigkeit, Gemütlichkeit und Poesie. Die Kleinbahn strukturierte den Ta-
gesablauf; der Pfiff des Morgenzuges fiel mit dem Arbeitsbeginn zusammen; war der letzte Zug ins Städtchen gepol-
tert, fand der Tag sein Ende. „Der letzte Zug ist herein, nun
können wir zur Ruhe gehen." „Eine oft unbewußte Liebe
verband die Bevölkerung mit ihrer Kleinbahn. Man
schimpfte zwar über sie, über ihre Bedächtigkeit, über ihren
Rauch, über ihr lärmendes Gepfeif und Gebimmel, aber
man liebte sie. Man wurde gemeinsam mit den Lokomotiven
und den Wagen alt; es waren ja immer die gleichen. Man
kannte die Bahnbeamten, man kannte die Strecke, die
Klein-Kleckersdorf mit der großen Welt verband, Freud
und Leid teilte man mit seiner Bimmelbahn in guten und
bösen Tagen. Die vielen rauh-zärtlichen Bezeichnungen
sind Beweis dafür." (K. E. Maedel)
Die Bezeichnungen machen es schon deutlich: Die Neben-
bahn hat Anschluß an die Hauptbahn, die Sekundärbahn
ermöglicht das Umsteigen auf die Primärbahn – wenn diese
am Umsteigbahnhof, meist ein Klein- oder Kreisstädtchen,
überhaupt hält. An solcher „Nahtstelle" treffen Provinziali-
tät und Urbanität aufeinander: Die große Welt rauscht an
der kleinen vorüber, heftet die Sehnsucht an sich und stößt
sie mit der Weiterfahrt wieder ins Nesthockeridyll zurück.
Da geht (in Ludwig Thomas „Auf dem Bahnsteig") der
Gymnasialprofessor Hasleitner immer an den Dornsteiner
Bahnhof, um die Grande monde zu erleben: „Dort im ersten Coupé schob eine schmale Hand den Vorhang zurück,
und ein Paar müde Augen blickten entsetzt auf die Philister,
hier prallte ein entzückender Kopf entrüstet zurück. Es war
die große Welt, die eine Minute lang Dornsteiner Luft ein-
zog und Pariser Odeurs zurückgab. Und da stand es auf
weißen Tafeln und war darum kein phantastisches Märchen:
Paris – Avricourt – Wien."[41] Aber da rollt der Zug schon
wieder davon!

11.

Der junge Mann mit dem Namen Hans Castorp, der im
Hochsommer von Hamburg, seiner Heimatstadt, nach Da-
vos-Platz im Graubündischen mit der Eisenbahn fährt (in
Thomas Manns Roman „Der Zauberberg"), unternimmt eine weite Reise. „Es geht durch mehrerer Herren Länder,
bergauf und bergab, von der süddeutschen Hochebene hinunter zum Gestade des Schwäbischen Meeres und zu Schiff
über seine springenden Wellen hin, dahin über Schlünde,
die früher für unergründlich galten." Das letzte Stück der
Reise ist von besonderer Faszination. „Er sah hinaus: der
Zug wand sich gebogen auf schmalem Paß; man sah die
vorderen Wagen, sah die Maschine, die in ihrer Mühe brau-
ne, grüne und schwarze Rauchmassen ausstieß, die verflat-
terten. Wasser rauschten in der Tiefe zur Rechten; links
strebten dunkle Fichten zwischen Felsblöcken gegen einen
steingrauen Himmel empor. Stockfinstere Tunnel kamen,
und wenn es wieder Tag wurde, taten weitläufige Abgründe
mit Ortschaften in der Tiefe sich auf. Sie schlossen sich,
neue Engpässe folgten, mit Schneeresten in ihren Schründen
und Spalten." Es gibt Aufenthalte an armseligen Bahnhofs-
häuschen, Kopfstationen, die der Zug in entgegengesetzter
Richtung wieder verläßt – verwirrender Orientierungswech-
sel. Großartige Fernblicke in die „heilig phantasmagorisch
sich türmende Gipfelwelt des Hochgebirges" tun sich auf.
Der Zug verläßt die Zone der Laubbäume und die der Sing-

vögel; Castorp, angewandelt von einem leichten Schwindel und Übelbefinden, bedeckt die Augen für zwei Sekunden mit der Hand. Nun hat der Zug die Paßhöhe überwunden und rollt auf ebener Talsohle bequemer dahin.[42]

Daß die Eisenbahn als „Nervensystem des Gemeingeistes" fungieren konnte, ist in erheblichem Maße kühnen Ingenieurleistungen zu verdanken: Die Sicherheit des Dahinrollens basierte auf dem Wagemut der Eisenbahnkunst, die mit fast jedem natürlichen Hindernis fertig zu werden vermochte. Es waren Flüsse und Berge, Hügel und Täler zu überwinden; Dämme mußten aufgeschüttet, Stützmauern gebaut, Bäche und Moore gebändigt, Wälder gerodet, Felsen beseitigt werden, damit der Reisende sein Ziel sicher, geschwind und pünktlich zu erreichen vermochte. Dammaufschüttung und Einschnitt, Durchstich und Viadukt, Tunnel und Brükke dienten einer Streckenführung, bei der die Steigungen möglichst gering gehalten werden mußten und die Krümmungen nicht zu scharf gezogen sein durften. Die erste große Eisenbahnbrücke, gemauerte Pfeiler durch hölzerne Bogen verbunden, wurde 1837 über die Elbe bei Riesa errichtet. Der erste deutsche Eisenbahntunnel entstand 1839 bei Oberau auf der Strecke Leipzig-Dresden; er war 513 Meter lang. Fünf Jahre arbeitete man an dem Viadukt über das Göltzschtal im Vogtland, der 1851 dem Verkehr übergeben wurde; 78 Meter hoch führte der Weg der Bahn für mehr als einen halben Kilometer auf steinernen Gewölben, die in drei, teilweise vier Stockwerken aufeinandergetürmt waren, dahin.
Die erste Gebirgsbahn baute Dr. Karl Ritter von Ghega in Österreich (1848–1851). Die Übersteigung des Semmering auf der Strecke zwischen Wien und Triest galt als Wunder des Eisenbahnbaus, zumal auf einer Strecke von nur einigen Kilometern fast alle Bauformen aus dem „Repertoire" der Eisenbahn-Ingenieurkunst aufgeboten wurden.
„Es ist gewiß nichts Geringes, eine 5½ Meilen lange Eisenbahn über die Thäler, Schluchten, Klippen und Hänge eines fast 1550 m hohen Felsengebirges zu führen, sie gegen Wildwasser, Überschwemmungen, Bergstürze zu schützen, ihre Steigung zu verringern und doch den Paß zu erreichen, Tunnels zu sprengen und turmhohe Viadukte zu bauen, deren Bogen wieder auf Bogen ruhen. Nur der Sachkundige vermag die ungeheuren Schwierigkeiten zu beurteilen, welche, unterstützt durch kenntnisreiche Baumeister, der Erbauer des Werkes, Ritter von Ghega, vorher zu berechnen und zu beseitigen hatte, ehe die Bahn ausgeführt werden konnte; mit ihr kann sich keine der vielgerühmten römischen Straßen messen, von denen auch eine über den Semmering führte, obschon die Römer den Brenner als Hauptverbindungsstraße vorzogen. Der Zug saust durch lange Tunnels, um auf der andern Bergseite in Krümmungen, über bogenreiche Viadukte, Pfeilerbaue, und an steilen Wänden entlang durch die Bergwildnis dahinzurasseln, bald in hellem Sonnenschein, bald in Finsternis, bald zwischen nackter Felswildnis, bald in kühler Waldung, bald über dem Thal, bald tief unter dem über uns sich hinziehenden Wald. In Schlangenwindungen durchs Schwarzathal über den Bayerbach-Viadukt rückwärts nach dem Eichkogel und zu den steilen Thalschluchten der beiden Adlitzgräben gelangt, sieht man vor sich schroffe und wilde Wände, vielfach ausgezackt und zertrümmert, fast senkrecht über dem engen, grünen Thalstreifen emporsteigen. Eine Zeitlang folgt die Bahnlinie in weit ausschweifendem Bogen dieser Felsenwindung, dann zeigt sie zwei gewaltige Viadukte von über 30 m Höhe, bis sie endlich über eine Felsenwand in einen 200 m langen Tunnel dringt, um aus dem unteren Adlitzgraben in den oberen zu gelangen. Nackte, zerbröckelnde Felswände von steiler Böschung, dabei von tiefen Waldgräben durchschnitten, ragen vor uns in die Lüfte empor. Da das lockere Gefüge des Gesteins befürchten ließ, daß es mit der Zeit infolge der Erschütterung, welche ein schwer bepackter Wagenzug verursacht, ganz auseinander gerüttelt werden möchte, so mußte man hier bei der Weinzettelwand den Weg tief hinein in die Felswand sprengen und diese Wand durch Pfeiler und Mauern stützen, um sie vor dem Auseinanderfallen zu sichern, so daß drei Tunnelreihen durch Galerien zu einem langen Haupttunnel vereinigt wurden. So fliegt die Lokomotive dahin an der Wand zur Kalten Rinne, über deren Klüfte sie mit Hilfe gewaltiger Viadukte gelangt, deren untere Bogen und Pfeiler nebst Eck- und Mittelpfeilern aus Quadern, die oberen aus Ziegeln aufgeführt sind. Am Ende der steilen Weinzettelwand mündet der Schienenweg unter dem Passe in einen 140 m langen ausgemauerten Tunnel, so daß er bis Mürzzuschlag, wo er an die steirische Bahn anschließt, 15 Tunnels von zusammen 4200 m Länge und 16 Viadukte von bedeutender Ausdehnung durcheilt hat. Neben der eigentlichen Bahnanlage mußte auch noch für die Bedürfnisse des Betriebes gesorgt werden, z.B. für die Wasserspeisung der Maschinen, indem die Bergwasser gesammelt, geklärt und durch Pumpwerke oder Röhren weitergeleitet wurden. Wenn bei jedem Bahnbau schon die mühevollen Vorarbeiten, als Vermessung der Höhen, Feststellung der Bahnlinie, Berechnung der Bahnkrümmungen, des Steigens und Fallens, mehr als eines denkenden Men-

schen geistige und körperliche Kräfte in Anspruch nehmen, so sind damit doch erst die Anfänge des Bahnbaus überwunden. Bald fehlt es an Wegen und Unterkunftsorten, bald stören elementare Ereignisse den Weiterbau, während doch auch die Wünsche der Bevölkerung, sowie die Gesamtwohlfahrt des Landes bei Entwurf und Ausführung billige und gerechte Berücksichtigung finden sollen.

Bei dem Bau der Semmeringbahn machten sich aber ganz ungewöhnliche Hindernisse geltend: es dauerte geraume Zeit, ehe sich nur ein Stamm tüchtiger und zuverlässiger Arbeiter in der unwirtbaren Gegend zusammengefunden hatte. Man zog solche aus Slowenien, Italien und den deutschen Provinzen heran, und so entwickelte sich an dem gewaltigen Gebirgsstocke nach und nach, hoch über den Thalgründen, in der Felseinsamkeit ein eigentümliches Volksleben unter diesen Nomaden der Industrie. Wenn das Signal zur Arbeit mit der Glocke gegeben wurde, da zogen lange Arbeiterkolonnen die schmalen, geschlängelten Pfade entlang. Einige derselben verschwinden in den Tunnels, während andre mit Bohrer, Meißel, Brecheisen und Hacke den Fels mitten an seiner senkrechten Wand angriffen und mächtige Blöcke absprengten, weiter unten italienische Steinmetzen die hinuntergerollten Felsstücke glatt behauen, steirische Fuhrleute sie auf ihre zweiräderigen Wagen luden, um sie aus dem Thale hinaufzufahren, wo sie zu Pfeilern und Viadukten gebraucht wurden.‟[43]

Der Reisende bemerkt beim Dahingleiten des Zuges auf den Schienen nichts von der ungeheuren Mühe, die aufgewandt werden mußte, um sein Verkehrsmittel bewegungsfähig zu machen. Wohl aber erschauert er, wenn er, etwa von einer Brücke, in den Abgrund blickt, oder auf schmalem Pfad den Berghang entläng fährt, oder in die Dunkelheit des Tunnels eintaucht.

Als der Waldbauernbub Peter Rosegger mit seinem Paten Jochem die Wallfahrtskirche Mariaschutz am Semmering besucht, sehen sie auch die neue Eisenbahn: eine scharfe Linie, der entlang ein brauner Wurm kriecht, mit einem Rauchwölkchen darüber. Sie nähern sich und treffen zunächst auf einen „ungeheuren Schutthaufen‟ mit einem kohlfinsteren Loch dahinter. „Das Loch war schier so groß, daß darin ein Haus hätte stehen können, und gar mit Fleiß und Schick ausgemauert; und da ging eine Straße mit zwei eisernen Leisten daher und schnurgerade in den Berg hinein. Mein Pate stand lange schweigend da und schüttelte den Kopf; endlich murmelte er: ‚Jetzt stehen wir da. Das wird die neumodische Landstraßen sein. Aber derlogen ist's, daß sie da hineinfahren.'‟ Bald donnert es; auf eiserner Straße kommt ein kohlschwarzes Wesen heran; es scheint anfangs stillzustehen, wird aber immer größer und naht mit mächtigem Schnauben und Pfustern und stößt aus dem Rachen gewaltigen Dampf aus. „Und wahrhaftig, wenn wir sonst gedacht hatten, an das Lokomotiv wären ein paar Steirerwäglein gespannt, auf denen die Reisenden sitzen konnten, so sahen wir nun einen ganzen Marktflecken mit vielen Fenstern heranrollen, und zu den Fenstern schauten lebendige Menschenköpfe heraus, und schrecklich schnell ging's, und ein solches Brausen war, daß einem der Verstand still stand. Das bringt kein Herrgott mehr zum Stehen! fiel's mir noch ein. Da hub der Pate die beiden Hände empor und rief mit verzweifelter Stimme: ‚Jessas, Jessas, jetzt fahren sie richtig in's Loch!' Und schon war das Ungeheuer mit seinen hundert Rädern in der Tiefe; die Rückseite des letzten Wagens schrumpfte zusammen, nur ein Lichtlein davon sah man noch eine Weile, dann war alles verschwunden, blos der Boden dröhnte, und aus dem Loche stieg still und träge der Rauch.‟

Auch wenn der Pate Jochem der Meinung ist, daß die Eisenbahn Teufelswerk sei, wagt er den Ritt auf dem Dampfwagen. Am Semmering steigen beide ein; Jochem meint, sein letztes Stündlein habe geschlagen. Als der Zug abgeläutet wird, empfindet er dies als Mahnung der Totenglocke. Aber kaum sind sie durch den Tunnel, gefällt's ihm. „Richtig wahr, der Dampfwagen ist was Schönes! Jegerl und jerum, da ist ja schon das Spitalerdorf. Und wir sind erst eine Viertelstunde gefahren! Du, da haben wir unser Geld noch nicht abgesessen. Ich denk, Bub', wir bleiben noch sitzen.‟ Die Angst hat sich gelegt; was vorher eine Ausgeburt der Hölle schien, erweist sich nun als ein wichtiges Medium des gemütlichen Verkehrs. Aber da Jochem und Peter mit ihrer Fahrkarte zu weit gefahren sind und kein Geld mehr haben, werden sie stundenlang auf dem Bahnhofe zurückbehalten; nach mehreren Verhören meint der Pate am Schluß: „Beim Dampfwagen da – 's ist doch der Teufel dabei.‟[44]

Ungute Gefühle, das Unbehagen an und die Angst vor technischer Zivilisation, blieben jedenfalls dem Eisenbahnzeitalter zu eigen. Schock und Euphorie, Nervosität und Loslösung, Entfernung und Heimkehr machten seine Antinomien aus. Es waren Widersprüche, die immer wieder „aufgehoben‟ wurden durch die Faszination, die der Geschwindigkeitsrausch ausübte und durch die Sehnsucht, sich dem Unbekannten, auch und gerade weil es voller Gefahren war, auszuliefern.

Der Bahnhof ist der Ort der großen Verwandlung. Arbeitszeit schlägt um in Reisezeit. Hier gehen die Namen verloren, werden die tausend kleinen Tode des Abschieds gestorben; werden die tausend kleinen Freuden des Willkommens gefeiert. „Der Bahnhof ist der Ort der Ekstase, der Entrückung aus der Zeit, bevor noch ein Zug ihn verläßt. Als die Götter starben, haben sie hier Zuflucht gesucht. Merkur am Portal, schöne Unbekannte immer wieder zwischen den Verstrebungen hinabsehend auf des Treiben unter ihnen. Das Bündnis von Mythologie und Technik, das das 19. Jahrhundert schloß, hat hier seinen Tempel."[45] Bahnhöfe, so hat es Théophile Gautier formuliert, sind die Paläste der modernen Industrie, in denen sich die Religion des Jahrhunderts entfaltet: die Religion der Eisenbahn. Diese Kathedralen der neuen Menschheit sind die Treffpunkte der Nationen, das Zentrum, in dem alles zusammenfließt, der Kern gigantischer Sterne, mit Strahlen aus Eisen, die sich bis zum Ende der Welt erstrecken.[46]

Vergegenwärtigt man sich die Rolle des Bahnhofs im individuellen wie kollektiven Bewußtsein und Unterbewußtsein, seine städtebauliche wie architektonische Bedeutsamkeit, und denkt man daran, daß sich in ihm der „Mikrokosmos der industriellen Gesellschaft" lokalisiert, so sind die zitierten rhapsodischen Charakteristiken keineswegs überhöht; sie treffen in einem psychotopographischen Sinne Wesen und Struktur der „Welt der Bahnhöfe".

Der Bahnhof: Willkomm und Abschied. Bei der Ankunft fällt das Transitorische des Reisens wie eine Hülle ab. Die Erde hat den Reisenden wieder; die Normalität, die Tat-

sächlichkeit des Lebens kommt wieder zu ihrem Recht. Der Reisende ist, kaum daß er den Zug verlassen hat, eingebunden in die Alltäglichkeit, die Geschäftigkeit und Geschäftlichkeit seines Bestimmungsortes. Ist er zurückgekehrt, knüpft er dort an, wo er den ihm angestammten Platz und Ort verließ – freilich besorgt, je nach der Dauer seiner Abwesenheit, ob die Veränderungen, die inzwischen stattfanden, ihn berühren oder betreffen. Mit einer gewissen Spannung erwartet er, was inzwischen geschehen ist. Anders die Ankunft am fernen, unbekannten Ort. Hat der Reisende den Bahnhof verlassen, versucht er zwar, in die neue Wirklichkeit einzutauchen, sich in ihr zurechtzufinden, sich ihr anzupassen, aber die Verunsicherung bleibt.

So wichtig der Bahnhof als Ort der Ankunft und des Willkomms auch ist, für das Gefühl ist er vor allem „besetzt" als Ort der Abfahrt und des Abschieds. Dichtung und Kunst beschreiben in diesem Sinne den „Eisenbahnhof" auf realistische wie symbolische Weise. Vielfach erscheint der Bahnhof als Topos, da die „Metaphysik" des industriellen Zeitalters zutage tritt.

Hauptbahnhof München. Auf dem Bahnsteig. In wenigen Minuten geht ein Zug in die Schweiz ab. „Über den ganzen Bahnsteig hin riefen die Beamten aus, die Fahrgäste sollten einsteigen, und sofort kam mehr Bewegung – schnelles Gedräng, eiliges Gestrudel – in die wartenden Freundesgruppen. Man sah Leute einander umarmen, sich küssen, sich innig die Hände drücken, weinen, lachen, sich schnell noch einmal zu einem letzten Kuß umdrehen und dann hastig in den Wagen klettern." Thomas Wolfe, der dies erlebt – die kleinen und die großen, die harmlosen und die tragischen Abschiede, die Ausrufe, Gelübde, Versprechungen, Späße und flüchtigen Anspielungen in der ihm fremden Sprache –, Thomas Wolfe, dem amerikanischen Dichter, wird der deutsche Bahnhof zum Inbegriff von Welt und menschlicher „Geworfenheit": „Dunkel im Walde, fremd wie die Zeit." Er erlebt, sensibilisiert für das fremde Land, das ihm mit „seinen dunklen, verwunschnen Wäldern" besonders nahesteht, im Augenblick des Eisenbahnabschieds die Vereinzelung und Einsamkeit des Menschen.

Eine einzelne Szene unter vielen: „. . . eine Frau, so schön, daß die Erinnerung an sie das Gedächtnis dessen, der sie sah, auf immer heimsuchen sollte, und ein Mann, der leserlich bereits im dunklen Antlitz die Kinderschrift einer fremden, schicksalsverhängten Begegnung trug. Die Frau, fehlerlos auf der Höhe reifer, strahlender Schönheit, durchdrungen von Leben und Gesundheit bis in die letzte Röte und Ründe der Lippe, war ein Wunder an Lieblichkeit, und

die Elemente des Schönen verbanden sich in ihr zu einem
Bild von so erlesenen Ebenmaßen und mit einer so rhythmi-
schen Ausgewogenheit, daß man seinen Augen kaum traute,
wenn man sie ansah ... Der Mann sagte wenig, er sah die
Frau einfach an. Seine großen, dunklen Augen, die von den
Feuergluten des Todes brannten, hingen an ihr mit Blicken,
die sie mit unersättlich heißhungriger Liebeszärtlichkeit geradezu körperlich auffraßen. Er war Jude, ein langer, dürrer
Mensch, leichenhaft und so ausgezehrt von einer Krankheit,
daß seine Gestalt, verschlungen von einer Hülle teurer Kleidungsstücke, gleichsam verloren und vergessen wirkte."
Das mit dichterisch-sentimentaler Kraft gestaltete Bahn-
hofserlebnis weitet sich zum Gleichnis. Bahnhof, Stätte des
Abschieds: „Ungeheure und einsame Himmel wölben sich
über uns und zehntausend Menschen gehen uns im Blut
um."[47] Das Menschengewühl des Bahnhofs mit seinen Au-
gen-Blicken, da wir im Vorübergehen an fremdem Leben
teilhaben, sind existentielle Erfahrungen; es ergreift uns eine Wenn-einer-fortgeht-Stimmung, die Mascha Kaléko,
freilich nun konträr zu der mythisch-pathetischen Art Thomas Wolfes, im Berliner Understatement festgehalten hat:

„Wenn einer fortgeht, gibt man sich die Hände,
Am Bahnhof lächelt man so gut es geht.
Wie oft sind unsrer Sehnsucht Außenstände
Mit einem D-Zug schon davongeweht ...

Wenn einer fortfährt, steht man zwischen Zügen,
Und drin sitzt der, um den sich alles dreht.
Man könnte dieses ‚alles‘ anders fügen
Durch einen Blick, ein Wort vielleicht. – Zu spät.

Wenn einer fortfährt, geht das Herz auf Reisen
Und treibt sich irgendwo allein herum.
Es ist schon manchmal schwer, nicht zu entgleisen.
Die klügste Art zu reden bleibt doch: stumm.

Wenn einer fortging, kann man nichts vergessen,
Und jeder Tag ist ein Erinnerungsblatt.
Wenn einer fortgeht, braucht man nichts zu essen,
Man wird so leicht vom Tränenschlucken satt.

Wenn einer fort ist, gibt es Ansichtskarten
Und ab und zu mal einen dicken Brief.
Ein schweres Verbum ist das Wörtchen ‚warten‘
Und ‚lebe wohl!‘ ein Schluß-Imperativ ..."[48]

Der Bahnhof: Ein neuer Turmbau zu Babel. Dekor und
Dekorum. Tempel der Technik. Spiegel moderner Architektur. Drehpunkt der Stadt. Ordnung und Disziplin. Ein
strategischer Punkt.[49] Er hat nicht nur die Stadtgestaltung
und Stadtentwicklung verändert, sondern auch unser Verhältnis zum natürlichen, sozialen und kulturellen Milieu ge-
prägt; er ist eines der wenigen öffentlichen Gebäude, die aus
der industriellen Revolution hervorgegangen sind und seit
150 Jahren jede Veränderung der Gesellschaft widerspie-
geln. „Verankert in den Fundamenten unseres wirtschaftlichen Systems, erbaut auf dem Initialprinzip der Eroberung
neuer Gebiete, der Märkte und Profite, ausgerichtet auf einen Idealmythos der Kommunikation von Gütern und Menschen, zu friedlicher Vereinigung der Völker, ist der Bahnhof auf seine Weise der Turm zu Babel unserer Zeit." (Jean
Dethier) Im 19. Jahrhundert wurden beim Bau der Bahnhöfe technische Meisterleistungen vollbracht. Die technische
Progression ging freilich Hand in Hand mit stilistischer Re-
gression. Die Bahnhofsgebäude des 19. Jahrhunderts nehmen die Gestalt von griechischen Tempeln, römischen Ther-
men, romanischen Basiliken, gotischen Kathedralen, Re-
naissance-Schlössern und barocken Klöstern an. Die Bruta-
lität der industriellen Umwelt, im besonderen auch bewirkt
durch die Entfaltung des Eisenbahnwesens, wird mit den
Stilmitteln der Realitätsflucht verhüllt.
Im Bahnhof gerät nationaler Geltungsanspruch leicht zum
imperialistischen Imponiergehabe; aber auch das Bekennt-
nis zur internationalen Verständigung hüllt sich in eine
prunkvolle Architektur. „Eine durchdachte Anordnung des
Raums, dem Ritual von Abfahrt oder Ankunft angepaßt,
erlangte einen geradezu theatralischen Effekt zum Ausdruck einer gemeinschaftlichen Berufung." Der Bahnhof
wird so zum Symbol bürgerlichen Willens in der Architektur. Die bei vielen Autoren des 19. Jahrhunderts auftreten-
de Bezeichnung des Bahnhofs als „Kathedrale der modernen Zeit" trifft voll die architektonische Ästhetik, mit der
die Bahnhöfe sozusagen als „Glaubensakt technologischer
Rationalität", unter phantasievoller Verwendung von Holz,
Eisen, Glas, Gußeisen und Stahl, gestaltet werden. Erst mit
dem aufkommenden Funktionalismus geht die Monu-
mentalität des Bahnhofsbaus zurück.
„Die Geburt der Eisenbahn läßt einen neuen Konstruk-
tionstypus erstehen, der völlig neuen Anforderungen genügen muß: Es handelt sich nicht nur darum, in einem einzigen
Gebäude verschiedene Funktionen zu verbinden, sondern
auch die Probleme zu lösen, die sich durch das Zirkulieren
von Gütern und Personen ergeben, das mit diesem neuen
Transportmittel verbunden ist. Wegen dieses unvergleichlichen Programmes hat es lange gedauert, bis sich der Bahnhof eine eigene architektonische Identität geschaffen hatte.

Sie verändert sich zusehends vom rudimentären Stadium einer Abfahrtshalle zu erweiterten architektonischen Silhouetten, die der Harmonie zwischen der inneren Weite und der äußeren Umhüllung des Gebäudes entsprechen: Das zentrale Element, die Vorhalle, wird in der Fassade durch Säulen oder eine Serie von Arkaden wiedergegeben." Die Architektur des Bahnhofs soll den Überfluß der Stadt spiegeln. Die neue Bourgeoisie will sich im Bahnhofsgebäude in Szene setzen; die dort angewandte Ästhetik, ausgerichtet auf prunkhafte und luxuriöse Gestaltung, will jede Erinnerung an die industrielle Arbeitsatmosphäre verbannen. Die Suche nach dem idealen Gesicht des Bahnhofs ist dabei geteilt zwischen der Forderung nach rationeller Ausdrucksweise, die die Funktion des Gebäudes verlangt, und den irrationalen Sehnsüchten verschiedener Ideologien.

Der Bahnhof spielt eine zentrale Rolle in der Entwicklung der Stadt. Er ist einer ihrer wichtigsten Drehpunkte; Hauptumschlagplatz von Gütern und Menschen. Der Stadtkern verlagert sich auf den Bahnhof zu; Vororte werden vielfach durch Bahnlinien vom Zentrum abgetrennt. Der Bahnhof wird maßgebend für das Wachstum der Städte; wichtig ist dabei, ob der Bahnhof nur Durchgangsbahnhof oder Eisenbahnknotenpunkt ist.

Als Produkt und Spiegelbild der Klassengesellschaft ist der Bahnhof einer der ersten modernen Orte, wo die Masse der Individuen miteinander konfrontiert und vermischt wird. Die Landbevölkerung wird in die Fabriken und Büros der großen Städte transportiert; die Spitzen und Stützen der Gesellschaft fahren mit den Fernzügen in die weite große Welt hinaus, Herrschaftsstrukturen international befördernd. Trotz aller Fluktuation und „Durchmischung" erweist sich der Bahnhof als ein öffentlicher Platz, wo die Teilung der sozialen Klassen institutionalisiert ist. „Die Speisesäle und vor allem die Wartesäle sind hierarchisiert durch einen Nummerncode. Innerhalb eines Jahrhunderts hat die Demokratisierung dem Bahnhof gestattet, die Einteilung der Gesellschaft in vier soziale Klassen auf drei und später auf zwei zu reduzieren."

Andererseits erweist sich der Bahnhof als Ort für die Demokratisierung von Freizeit. Mögen die Erholungs- und Urlaubsziele auch höchst unterschiedlich sein, im 19. Jahrhundert bei den unteren Schichten innerhalb des Nahverkehrs, bei den oberen Schichten innerhalb des Fernverkehrs (Alpen und Meer) angesiedelt – der Beginn der Reise vereinigt alle im Bahnhof.

Die Bahnhofsuhren, zentral plaziert, signalisieren die Macht des Zeittakts, der die Industriegesellschaft strukturiert. Im exakten und präzisen Ritual absorbiert und emaniert der Bahnhof Menschenmassen – im besonderen die Pendler, die morgens in die Stadt strömen und sie abends verlassen.

Der Kult der Pünktlichkeit ist mit der Eisenbahn geboren worden; der Bahnhof lebt von der Rationalisierung der Zeit, von der exakten Regelung durch Fahrpläne. In dieses Raster perfekter Organisation sind freilich auch Nischen und Warteräume eingefügt, die, gewissermaßen als Kompensation von Hast und Hetze, das Ausscheren, Verweilen, die Langeweile ermöglichen. Im Bahnhof finden dementsprechend auch Menschen Asyl – Außenseiter, Verstoßene, Freaks, moderne Nomaden, Stadtstreicher.

Der Bahnhof ist Treffort der vielen. „In den Bahnhöfen, wo sich die Massen vermischen, treten die neuen Ideenströmungen und die Brüche in der Gesellschaftsordnung in Erscheinung. Sie waren in vielen Momenten der Geschichte die Stätte politischer Propaganda ... sie dienten als Schleuse für Tausende von Proletariern auf dem Weg zur Arbeit, hier konnten sich militante Energien sammeln, denen sich in der Dimension der Hallen das ideale Aktionsforum bot."

Im Krieg lokalisiert sich die Perversion von Technik auch im Bahnhof. Die Funktion von Eisenbahn hat sich verkehrt: Es geht nicht mehr um Verbindung, sondern um Trennung. Die Truppen werden eingeladen und an die Fronten verschickt; die Überwindung von Entfernung dient der Entfremdung, der Vorbereitung von Zerstörung und Vernichtung. Wo sonst das Flair internationaler Vernetzung waltet, und die Endstation sich als Ausgangspunkt einer neuen Reise erweist, ist der Kriegsbahnhof voller „toter Gleise" – auch wenn Ankunft und Abfahrt noch stattfinden: Truppentransporter fahren ab, Lazarettzüge kommen zurück. Der Bahnhof fixiert den Wahnsinn des Krieges. „Auf den Bahnsteigen, an den Zugfenstern der Mobilisierten sieht man das gequälte Lächeln der Soldaten, die zuversichtlich das Ende dieses ‚frischen und fröhlichen' Krieges erwarten. Mit Kreide auf die Waggons geschrieben, unterschieden sich nur die Ziele der Racheexpedition: ‚Nach Paris' schreien die einen, ‚Nach Berlin' antworten die anderen. Jenseits dieser Maskerade kriegerischer Männlichkeit verstecken sich die Abschiedsgesten und Blicke der ewig wartenden Frauen. Und später sehen die gleichen Bahnsteige die gleichen Männer zurückkehren, verletzt oder tot; die gleichen Bahnsteige, wo gegnerische Kriegsgefangene zur Deportation verladen werden, die gleichen Bahnsteige, von Menschenmassen mit ihrem jämmerlichen Gepäck überflutet auf der Flucht vor dem Feind, die gleichen Bahnsteige werden Sieger und Besiegte empfangen."

13.

Am 5. Mai 1843 schreibt Heinrich Heine angesichts des säkularen Ereignisses der Eröffnung zweier französischer Bahnlinien (von Paris nach Orléans und von Paris nach Rouen): „Aber die Zeit rollt rasch vorwärts, unaufhaltsam, auf rauchenden Dampfwagen, und die abgenutzten Helden der Vergangenheit, die alten Stelzfüße abgeschlossener Nationalität, die Invaliden und Inkurabeln werden wir bald aus den Augen verlieren." Die ganze Bevölkerung von Paris bilde angesichts der Erschütterung, die durch die Eisenbahn bewirkt worden sei, gleichsam eine Kette, wo einer den anderen den elektrischen Schlag mitteile. „Während aber die große Menge verdutzt und betäubt die äußere Erscheinung der großen Bewegungsmächte anstarrt, erfaßt den Denker ein unheimliches Grauen, wie wir es immer empfinden, wenn das Ungeheuerste, das Unerhörteste geschieht, dessen Folgen unabsehbar und unberechenbar sind." Wir merkten, daß unsere ganze Existenz in neue Gleise fortgerissen, fortgeschleudert werde, daß neue Verhältnisse, Freuden und Drangsale uns erwarteten und das Unbekannte seinen schauerlichen Reiz, verlockend und zugleich beängstigend, ausübe. So müsse unseren Vätern zumute gewesen sein, als Amerika entdeckt wurde, als die Erfindung des Pulvers sich durch die ersten Schüsse ankündigte, als die Buchdruckerei die ersten Aushängebogen des göttlichen Wortes in die Welt schickte. Die Eisenbahn sei wieder ein solches providentielles Ereignis, das der Menschheit einen neuen Umschwung gebe, das die Farbe und Gestalt des Lebens verändere. Es beginne ein neuer Abschnitt in der Weltgeschichte, und unsere Generation dürfe sich rühmen, daß sie dabei gewesen. „Welche Veränderungen müssen jetzt eintreten in unserer Anschauungsweise und unseren Vorstellungen: Sogar die Elementarbegriffe von Zeit und Raum sind schwankend geworden. Durch die Eisenbahnen wird der Raum getötet, und es bleibt uns nur noch die Zeit übrig."[50] Die „Vernichtung von Raum und Zeit" lautet der Topos, mit dem seit dem frühen 19. Jahrhundert, zunächst fasziniert-rhapsodisch, dann zunehmend entsetzt-angstvoll, die Wirkung der Eisenbahn beschrieben wird. Die Eisenbahn, so Wolfgang Schivelbusch in seiner „Geschichte der Eisenbahnreise", hat die psychische Struktur des Menschen entscheidend verändert. Eine gegebene räumliche Entfernung, für deren Überwindung traditionell ein bestimmtes Maß an Reise- oder Transportzeit aufzuwenden war, ist mit einem Mal in einem Bruchteil dieser Zeit zu bewältigen, oder anders ausgedrückt: in derselben Zeit kann nun ein Mehrfaches der alten räumlichen Entfernung zurückgelegt werden. Natürlich bleibt der objektive Raum von der Geschwindigkeit, mit der das eiserne Vehikel ihn durcheilt, unberührt; es verändert sich aber das Zeit-Raumerlebnis, das subjektive Raum-Zeit-Kontinuum. Die Geschwindigkeit reduziert das Wahrnehmungsvermögen; wenn Heinrich Heine davon spricht, daß, wenn nun auch die Eisenbahnlinien nach Belgien und Deutschland ausgeführt und mit den dortigen Bahnen verbunden seien, die Berge und Wälder aller Länder auf Paris anrückten und vor der Haustür dann die deutschen Linden dufteten und die Nordsee brandete – wenn er dergestalt die „Verkürzung" des Raumes und der Zeit charakterisiert, macht er deutlich, welche neuen Gleichzeitigkeiten, aber auch Ungleichzeitigkeiten entstehen. Doch geht die „Reisefähigkeit" als „Erlebnisfähigkeit" zurück. Die Menschen empfinden sich selbst als Pakete, die an ihren Bestimmungsort geschickt werden; nicht mehr die Wegstrecke „dazwischen" ist wichtig; es zählen lediglich Abfahrt und Ankunft. Reisezeit, ursprünglich Zeit für Erlebnisfülle, nimmt Warencharakter an; wenn Zeit Geld ist, wird die Reduzierung der Reisezeit zum ertragreichen Faktor: je intensiver umso rentabler. „Die Geschwindigkeit und mathematische Geradlinigkeit, mit der die Eisenbahn durch die Landschaft schießt, zerstören das innige Verhältnis zwischen Reisendem und durchreistem Raum. Der Landschaftsraum wird, mit den Begriffen, die Erwin Straus für diesen Vorgang anbietet, zum geographischen Raum. ,In der Landschaft', sagt Erwin Straus, ,gelangen wir stets nur von einem Ort zum

anderen Ort; jeder ist allein bestimmt durch sein Verhältnis zu den benachbarten Orten im Umkreis der Sichtbarkeit. Wir gelangen nur von einem Teilraum zum anderen Teilraum, unser Ort ist nie in überschaubarer Beziehung zum Ganzen. Der geographische Raum ist ein geschlossener und insofern ein in seiner ganzen Struktur durchsichtiger Raum. Jeder Ort in diesem Raum ist bestimmt durch seine Lage im ganzen, zuletzt durch seine Beziehung zum Nullpunkt des diesen Raum ordnenden Koordinatensystems. Der geographische Raum ist systematisiert.' Straus nennt die Eisenbahn den wesentlichen Agenten der Umwandlung von Landschafts- in geographischen Raum: ‚Die moderne Form des Reisens, in der ein Zwischenraum gleichsam übersprungen, durchfahren oder gar verschlafen wird, macht den systematisch geschlossenen und konstruktiven Charakter des geographischen Raumes, in dem wir als Mensch leben, eindringlich deutlich. Vor der Erfindung der Eisenbahn entwickelte sich für den Reisenden der geographische Zusammenhang aus dem Wechsel der Landschaften; der Reisende gelangte noch von Ort zu Ort; während wir am Morgen einen Zug besteigen können, uns dann 12 Stunden im Zug, also gleichsam nirgendwo befinden und am Abend in Paris aussteigen.‘[51]

„Beim Reisen in der Bahn“, heißt es in einem anonymen Text von 1844, „gehen in den meisten Fällen der Anblick der Natur, die schönen Ausblicke auf Berg und Tal verloren oder werden entstellt. Das Auf und Ab im Gelände, die gesunde Luft und all die anderen aufmunternden Assoziationen, die man mit ‚der Straße‘ verbindet, verschwinden oder werden zu tristen Einschnitten, düsteren Tunnels und dem ungesunden Auswurf der dröhnenden Lokomotive.“[52] John Ruskin bemerkt: „Es ist gleichgültig, ob Sie Augen im Kopf haben oder blind sind oder schlafen, ob sie intelligent sind oder dumm; was Sie über das Land, durch das Sie fahren, bestenfalls erfahren können, das ist seine geologische Struktur und seine allgemeine Oberfläche.“ Dieser Verlust der Landschaft betrifft alle Sinne. So wie die Eisenbahn die Newtonsche Mechanik im Verkehrswesen realisiert, „schafft sie die Bedingungen dafür, daß die Wahrnehmung der in ihr Reisenden sich ‚mechanisiert‘. ‚Größe, Form, Menge und Bewegung‘ sind nach Newton die einzigen Eigenschaften, die objektiv an den Gegenständen auszumachen sind. Sie werden nun für die Eisenbahnreisenden in der Tat die einzigen Eigenschaften, die sie an einer durchreisten Landschaft festzustellen in der Lage sind. Gerüche, Geräusche, Synästhesien gar, wie sie für die Reisenden der Goethezeit zum Weg gehörten, entfallen.“[53]

Natürlich ist eine derartig negative Einschätzung der Eisenbahnreise auf „bürgerliche Menschen“ bezogen, auf solche, die in der vorindustriellen Zeit „Bildungsreisen“ durchführen konnten. Der zivilisationskritische Aspekt fehlt bei der Beurteilung der proletarischen Reisezeit: die unteren Stände und Schichten konnten durch die Eisenbahn nicht etwas verlieren, was sie vorher nie besessen hatten. Das „Dazwischen“ (zwischen Weggang und Ankunft) war für sie ohne Bedeutung; sie „reisten“ nicht, sie wurden bestenfalls „transportiert“. Wer Arbeit sucht und mit Hilfe der Eisenbahn zur Arbeitsstätte gelangen kann, sei es im Pendelverkehr, durch Umzug oder Auswanderung, wird nun zumindest bequemer, schneller, billiger zum Bestimmungsort gebracht. Vom bürgerlichen Standpunkt aus wird der „Paketcharakter“ des Reisenden beklagt; vom proletarischen aus war es sogar ein Fortschritt, als Paket betrachtet und entsprechend befördert zu werden.

14.

Freilich – Paket ist nicht Paket. Der tiefste Punkt der Dehumanisierung des „Reisens“ ist erreicht, wenn die Eisenbahn für die Verschickung des „Menschenmaterials“ herangezogen wird – also individueller Transport durch Massentransport ersetzt wird. Der Truppentransport zum Beispiel liefert die „Masse Mensch“ zur Schlacht an und ab. Daß die Transportmittel dabei häufig Güterwagen und Viehwaggons waren, ist zum einen Folge der quantitativen Bedürfnisse (die Personenwagen reichten nicht aus); zum anderen hat es durchaus symbolische Bedeutung: beim Massentransport hat das Individuum kein Recht mehr, auf die vorüberziehende Landschaft zu schauen; es ist ganz auf „Endstation“ eingestellt; „Abwechslung“ ist überflüssig; das Reiseziel heißt: Selbstaufgabe. Kampf. Tod.

Für den patriotisch emotionalisierten Soldaten hat freilich die Verschickung an die Front immer noch einen Abglanz des ehemals bürgerlichen Reisens an sich; oft war zudem der Truppentransport die erste größere Reise, die man unternahm. Der Soldat brennt darauf, anzukommen, um seinen Dienst für Volk und Vaterland zu leisten. Die „Vorlaufzeit" erhält die Aura früherer Reisezeit, obwohl diese im Massentransport völlig pervertiert ist. In „Mein Kampf" schreibt Adolf Hitler: „Und so kam endlich der Tag, an dem wir München verließen, um anzutreten zur Erfüllung unserer Pflicht. Zum ersten Male sah ich so den Rhein, als wir an seinen stillen Wellen entlang dem Westen entgegenfuhren, um ihn, den deutschen Strom der Ströme zu schirmen vor der Habgier des alten Feindes. Als durch den zarten Schleier des Frühnebels die milden Strahlen der ersten Sonne das Niederwalddenkmal auf uns herabschimmern ließen, da brauste aus dem endlos langen Transportzuge die alte Wacht am Rhein in den Morgenhimmel hinaus, und mir wollte die Brust zu enge werden."[54]

Aufgehoben ist auch die Reise-Intention – und zwar in extremer Weise – bei denjenigen, die, in Notlage, nur noch und gerade noch mit Hilfe der Eisenbahn fliehen können: beim Flüchtlingstransport. Jeder Aufenthalt verringert die Hoffnung anzukommen. Nur in der Ankunft liegt die Rettung. Das „Dazwischen" ist voller Gefahren.

Truppentransport und Flüchtlingstransport haben mit dem Reisen immerhin noch den „Willen zur Ankunft" als Zielvorstellung gemein: auch wenn es sich, wie beim Truppentransport, um einen Inhumanität lokalisierenden Bestimmungsort handelt. Der Massentransport zur Menschenvernichtung macht das „Reiseziel" zum Ort abgründigster Hoffnungslosigkeit. Rund drei Millionen Menschen transportierte die Deutsche Reichsbahn im Rahmen der „Endlösung", der Vernichtung des europäischen Judentums durch die Nationalsozialisten, in die Vernichtungslager. Letzte Reste von Hoffnung: wenn es Verspätungen, Verzögerungen gab. Manch tapferer Eisenbahner mag ein Signal, eine Weiche falsch gestellt, einen Zug so zum Halten gebracht haben. Der Mord wurde dadurch freilich meist nicht verhindert, nur verzögert. Die Fahrpläne, ursprünglich der friedlichen Vernetzung der Menschheit dienend, waren verläßlich, auch wenn es um die Verwirklichung menschenverachtender Bösartigkeit ging; die Maschinerie des Eisenbahnwesens funktionierte bis in die Schlußphase des Krieges weitgehend exakt. Auch die Regulationen organisationstechnischer Art, wie sie die Eisenbahnreise ansonsten bestimmen, blieben erhalten; die Judendeportationen wurden von der Reichsbahn wie jeder andere Ziviltransport behandelt, nur mit dem Unterschied, daß nicht Personen-, sondern Güter- und Viehwagen verwendet wurden: „normal" war nämlich die Tarifgestaltung; Ausgangsbasis war der Personentarif für die Dritte Klasse. Es gab ein Rabattsystem. Zudem konnte die Belegungsdichte gesteigert werden; ein Teil der Transportierten, der Deportierten starb schon während der Fahrt.

Militärtransporte, Kriegsgefangenentransporte, Evakuierungstransporte, Flüchtlingstransporte, Deportationstransporte, Endlösungstransporte … „Jahre in Zügen." Eine Szene aus einem „Bericht" von Alfred Andersch mit gleichnamigem Titel spiegelt real und in symbolischer Verdichtung die oft ausweglose Verlorenheit solcher „Eisenbahnreisenden". Acht Soldaten auf dem Weg zur Frontleitstelle. Im Zug kein Licht. Sie rücken sich im Dunkel auf den Bänken zurecht. Dann wieder die Bewegung und Geräusche des fahrenden Zuges. Die Nacht draußen vom strömenden Regen völlig verfinstert. Immer mehr Menschen steigen aus, je näher sich der Zug der nördlichen Grenze nähert. Schließlich können die Soldaten sich auf die Bänke legen. Sie spüren unter sich das harte Holz wie eine vertraute Erleichterung. Türen ächzen und schlagen hart auf. Irgendwo weint ein Kind. Eine geschlossene Gesellschaft. „Reisezeit": Sinnlosigkeit der Abfahrt. Sinnlosigkeit der Ankunft. „Sie waren in Schweigen versunken und jeder für sich in seiner Verlassenheit. Sie waren ein Häuflein von Männern der verschiedensten Lebensalter, aus allerlei Landschaften und Umwelten zusammengeführt durch den Zufall, den schrecklichen Zufall, der ein Gesetz des Krieges war. Sie kannten sich allesamt nicht. Und sie kannten sich manchmal bis in die Tiefe ihrer Herzen. Sie erkannten dann die ungeheure, die karstige Einsamkeit, die in ihnen war. Sie waren Verstörte. Aber in ihnen brannte unauslöschlich die Frage nach dem Sinn ihres Lebens. Sie hatten alle Antworten, die man ihnen geben wollte, mit der rauhen Sprache der Männer, die um die Verlorenheit ihres Postens wissen, verschüttet. Waren sie Kreaturen eines übermächtigen Willens, ausgeliefert der kalten Mechanik der Gewalt? Oder war noch ein Rest von Sinn, eine winzige Insel von Wahrheit in dieser Existenz, die sie herausgeführt hatte aus jeglicher Ordnung und Bindung in die Welt des Grauens, des toten Gehorsams, des Marschbefehls, der sie in die Ziellosigkeit entsandte? Schließlich spürten sie nur noch den fahrenden Zug in ihrem Schlaf, wie er ihre Träume umrauschte, ein metallener Baum."[55]

15.

Im Sommer 1947 veröffentlichte Wolfgang Borchert eine Kurzgeschichte mit dem Titel „Eisenbahnen nachmittags und nachts"; sie gibt gewissermaßen eine Quintessenz von all dem, was, generell gesehen, die „Physik" und „Metaphysik" des Eisenbahnwesens ausmacht – die für dieses moderne Verkehrsmittel besonders charakteristische Verdinglichung des Atmosphärischen bzw. Beseelung des Verdinglichten. Denn das sollen Darstellung und Bilder deutlich machen: man begreift das Eisenbahnzeitalter nicht, wenn man in ihm vorwiegend die Materialisation technischer Rationalität (mit der Fülle der damit verknüpften Details) sieht; man versteht aber das Eisenbahnzeitalter auch nicht, wenn man dessen „Seelenbilder" aus ihrem engen Verbund mit dem technischen, wirtschaftlichen, politischen, kulturellen Tagesgeschehen löst. Bei der Suche nach dem Erscheinungsbild des Eisenbahnzeitalters kommt es somit auf jede einzelne konkrete Spur wie auch auf die überwölbenden Sternbilder an:

„Wir wollen nach Hause. Wir wissen nicht, wo das ist: Zu Hause. Aber wir wollen hin. Und Straße und Strom sind uns zu krumm.

Aber auf Brücken und Dämmen hämmern die Bahnen. Durch schwarzgrünatmende Wälder und die sternbestickten seidigen samtenen Nächte fauchen die Güterzüge heran und davon mit dem unablässigen Hintereinander der Räder. Über Millionen schwieliger Schwellen vorwärtsgerumpelt. Unaufhaltsam. Ununterbrochen: Die Bahnen. Über Dämme hinhämmernd, über Brücken gebrüllt, aus Diesigkeiten herandonnernd, in Dunkelheiten verdämmernd: Summende brummende Bahnen. Güterzüge, murmelnd, eilig, irgendwie träge und ruhlos, sind sie wie wir.

Sie sind wie wir. Sie kündigen sich an, pompös, großartig und schon aus enorm ferner Ferne, mit einem Schrei. Dann sind sie da wie Gewitter und als ob sie wunder was für Welten umwälzten. Dabei ähneln sie sich alle und sind immer wieder überraschend und erregend. Aber im Nu, kaum daß man begreift, was sie eigentlich wollen, sind sie vorbei. Und alles ist, als ob sie nicht waren. Höchstens Ruß und verbranntes Gras nebenher beweisen ihren Weg. Dann verabschieden sie sich, etwas melancholisch und schon aus enorm ferner Ferne, mit einem Schrei. Wie wir . . . Sie sind wie wir. Keiner garantiert ihren Tod in ihrer Heimat. Sie sind ohne Ruh und ohne Rast der Nacht, und sie rasten nur, wenn sie krank sind. Und sie sind ohne Ziel. Vielleicht sind sie in Stettin zu Hause oder in Sofia oder in Florenz. Aber sie zersplittern zwischen Kopenhagen und Altona oder in einem Vorort von Paris. Oder sie versagen in Dresden. Oder mogeln sich noch ein paar Jahre als Altenteil durch – Regenhütten für Streckenarbeiter oder als Wochenendhäuschen für Bürger.

Sie sind wie wir. Sie halten viel mehr aus, als alle geglaubt haben. Aber eines Tages kippen sie aus den Gleisen, stehen still oder verlieren ein wichtiges Organ. Immer wollen sie irgendwohin. Niemals bleiben sie irgendwo. Und wenn es aus ist, was ist ihr Leben? Unterwegssein. Aber großartig, grausam, grenzenlos. Eisenbahnen, nachmittags, nachts. Die Blumen an den Bahndämmen, mit ihren rußigen Köpfen, die Vögel auf den Drähten, mit rußigen Stimmen, sind mit ihnen befreundet und erinnern sie noch lange.

Und wir bleiben auch stehen, mit erstaunten Augen, wenn es – schon aus enorm ferner Ferne – verheißungsvoll herausschreit. Und wir stehen, mit flatterndem Haar, wenn es da ist wie Gewitter und als ob es wunder was für Welten umwälzte. Und wir stehen noch, mit rußigen Backen, wenn es – schon aus enorm ferner Ferne – schreit. Weit weit ab schreit. Schreit. Eigentlich war es nichts. Oder alles. Wie wir."[56]

Anmerkungen s. Seite 250

Erste Eisenbahnen

1 „Die Eröffnung der Ludwigs-Eisenbahn hat am
7. Dezember Morgens 9 Uhr mit den durch das Programm festgesetzten Feierlichkeiten unter dem Zu-
strömen einer unermeßlichen Volksmenge und ohne
irgend einen Unfall stattgefunden." (1835)

Da viele meiner Leser noch niemals eine Eisenbahn gesehen haben, möchte ich ihnen erst einen Begriff von einer solchen geben. Nehmen wir also eine gewöhnliche Landstraße, sie laufe gerade oder in Windungen, das ist einerlei, aber eben muß sie sein, eben wie ein Fußboden. Darum wollen wir jeden Berg, der sich ihr entgegenstellt, sprengen und über Sümpfe und tiefe Täler mit starken Pfeilern Brücken bauen, und wenn wir dann die ebene Straße vor uns haben, legen wir dorthin, wo sonst die Wagenspuren laufen, eiserne Schienen, um welche die Wagenräder fest greifen können. Die Dampfmaschine wird vorgespannt, ihr Meister, der sie zu lenken und anzuhalten weiß, obendrauf gesetzt, Wagen wird an Wagen gekettet, mit Menschen oder Vieh darin, und dann fährt man los.

An jedem Ort am Weg kennt man Stunde und Minute, wann die Wagenreihe eintreffen wird, und wenn der Zug dann in Bewegung ist, hört man schon meilenweit den Ton der Signalpfeife, und dort, wo für gewöhnliche Reisende befahr- und begehbare Nebenwege die Eisenbahn schneiden, schlägt die aufgestellte Wache den hölzernen Schlagbaum nieder, und die lieben Leute müssen warten, bis wir vorüber sind. Die ganze Strecke entlang, all die vielen Meilen, stehen kleine Häuschen, und sie stehen so dicht beieinander, daß die dort aufgestellten Wachen die Fähnchen der Nachbarn sehen und beizeiten dafür sorgen können, daß die Bahn rein, daß kein Stein, kein Zweig auf den Schienen liegt.

Sieh, das ist eine Eisenbahn! Ich hoffe, man hat mich verstanden.

Es war das erste Mal in meinem Leben, daß ich eine solche sehen sollte. Einen halben Tag und die darauffolgende Nacht war ich in der Diligence den entsetzlich schlechten Weg von Braunschweig nach Magdeburg gefahren, müde kam ich dort an, und eine Stunde später sollte ich mit dem Dampfwagen weiterreiscn.

Ich will es nicht leugnen: ich hatte im voraus eine Empfindung, die ich das Eisenbahn-Fieber nennen möchte, und als ich das großartige Gebäude betrat, von dem aus die Wagenreihe abfährt, erreichte dies seinen Höhepunkt. Hier war ein Gedränge von Reisenden, ein Gelaufe mit Koffern und Reisesäcken, ein Sausen und Brausen von Maschinen, aus denen der Dampf sich wälzte! Man weiß beim ersten Mal kaum, wohin zu stellen man sich wagen soll, damit nicht ein Wagen oder ein Dampfkessel oder ein Kasten mit Reisegut über einen dahergeflogen kommt. Zwar steht man in Sicherheit auf einem hervorspringenden Balkon, an welchem die Wagen, in die man hinein muß, wie Gondeln an einem Kai angelegt haben; allein unten im Hof kreuzen sich eiserne Schienen wie Zauberbänder, und Zauberbänder sind es auch, die der menschliche Scharfsinn da geschlagen; und daran müssen sich unsere magischen Wagen auch halten, denn geraten sie außerhalb, ja, da gilt es Haut und Haar. Ich starrte sie an, diese Wagen, Lokomotiven, losen Karren, wandernden Schornsteine und Gott weiß, was alles hier wie in einer Zauberwelt durcheinanderlief, alles schien Beine zu haben! Und nun dieser Dampf und dieses Brausen, dazu das Gedränge um die Plätze, der Talggeruch, das rhythmische Gestampfe der Maschinen, das Pfeifen und Schnaufen des abgelassenen Dampfes, all das verstärkte diesen Eindruck. Und wenn man, wie gesagt, zum ersten Mal hier ist, hat man nur noch den einen Gedanken: gleich schlägt man hin, bricht Arm und Bein, springt in die Luft oder wird von der zweiten Wagenreihe zerquetscht – aber ich glaube, so ist das nur das erste Mal.

Die Wagenreihe hier bildet drei Abteilungen, die beiden ersten sind bequeme, geschlossene Wagen, ganz wie unsere Diligencen, nur viel breiter, die dritte ist offen und unglaublich wohlfeil, so daß selbst der ärmste Bauer damit fährt, denn das kommt ihn weniger teuer, als wenn er den langen Weg gehen und sich unterwegs im Wirtshaus stärken oder übernachten müßte. – Die Signalpfeife ertönt – aber schön klingt sie nicht und hat viel Ähnlichkeit mit dem Schwanengesang des Schweins, wenn ihm das Messer durch die Kehle fährt. Man setzt sich in die bequemste Kutsche, die man sich denken kann, der Kondukteur schließt hinter uns die Tür und steckt den Schlüssel ein, wir können aber doch das Fenster herunterlassen und die frische Luft genießen, ohne vom Luftdruck Unannehmlichkeiten zu befürchten. Man befindet sich ganz so wie in jedem anderen Wagen auch, nur weit bequemer, und hat man zuvor eine anstrengende Reise gemacht, so ruht man sich hier aus.

Die erste Empfindung ist ein ganz leises Erschüttern der Wagen, und nun sind die Ketten, die sie zusammenhalten, gestrafft: wieder läßt sich die Signalpfeife hören, und die Fahrt beginnt, erst langsam, die ersten Schritte geht es sachte, als ob eine Kinderhand den kleinen Wagen zöge. Unmerklich wächst die Schnelligkeit, du aber liest in deinem Buch, studierst deine Karte und weißt gar nicht recht, ob die Reise überhaupt begonnen hat, denn der Wagen gleitet wie ein Schlitten über schneebedecktes ebnes Feld. Du schaust zum Fenster hinaus und entdeckst, daß du einherjagst wie mit galoppierenden Pferden, noch schneller geht es, du scheinst zu fliegen, und doch ist hier kein Schütteln, kein Luftdruck, nichts von dem, was du befürchtet hast.

Was war das Rote da, das wie ein Blitz an uns vorüberfuhr?

Es war einer der Wärter mit seiner Fahne. Schau nur hinaus!
Und die nächsten zehn bis zwanzig Ellen ist das Feld ein
pfeilschneller Strom, Gräser und Kräuter fließen zusammen,
man wähnt sich außerhalb der Erde, und diese dreht sich.
Wenn man lange in dieselbe Richtung schaut, tut es dem
Auge weh; blickst du aber ein paar Klafter weiter, so bewe-
gen sich die Gegenstände nicht schneller, als wir es sonst bei
guter Fahrt beobachten können, und noch weiter auf den
Horizont zu scheint alles stillzustehn, die Gegend bietet sich
voll in ihrer Gänze dar.
Geradeso muß man durch flache Länder reisen! Die eine
Stadt scheint dicht neben der anderen zu liegen, da kommt
eine, da schon wieder! Man kann sich recht den Flug der
Zugvögel dabei denken, so müssen auch sie die Städte hinter
sich lassen . . .
Oh, welche Großtat des Geistes ist doch diese Erfindung!
Man fühlt sich so mächtig wie ein Zauberer der alten Zeit!
Wir spannen unser magisches Pferd vor den Wagen, und der
Raum entschwindet; wir fliegen wie die Wolken im Sturm,
tun es den Zugvögeln nach! Unser wildes Pferd schnaubt
und prustet, aus seinen Nüstern quillt der schwarze Rauch.
Schneller konnte auch Mephistopheles nicht mit Faust auf
seinem Mantel fliegen! Durch natürliche Mittel sind wir in
unserer Zeit ebenso mächtig, wie man im Mittelalter es nur
vom Teufel glaubte, unser Scharfsinn hat ihn eingeholt, und
ehe er sich's noch versieht, sind wir an ihm vorbei.

Hans Christian Andersen

Lieber Frühling, sage mir,
Denn du bist Prophet,
Ob man auf dem Wege hier
Einst zum Heile geht?

Mitten durch den grünen Hain,
Ungestümer Hast,
Frißt die Eisenbahn herein,
Dir ein schlimmer Gast.

Bäume fallen links und rechts,
Wo sie vorwärts bricht,
Deines blühenden Geschlechts
Schont die rauhe nicht.

Auch die Eiche wird gefällt,
Die den frommen Schild
Ihrem Feind entgegenhält,
Das Marienbild.

Küsse deinen letzten Kuß,
Frühling, süß und warm!
Eiche und Maria muß
Fort aus deinem Arm!

Pfeilgeschwind und schnurgerad,
Nimmt der Wagen bald
Blüth' und Andacht unter's Rad,
Sausend durch den Wald.

Lieber Lenz, ich frage dich,
Holt, wie er vertraut,
Hier der Mensch die Freiheit sich,
Die ersehnte Braut?

Lohnt ein schöner Freudenkranz
Deine Opfer einst,
Wenn du mit dem Sonnenglanz
Ueber Freie scheinst?

Oder ist dies Wort ein Wahn,
Und erjagen wir
Nur auf unsrer Sturmesbahn
Gold und Sinnengier?

Zieht der alte Fesselschmied
Jetzt von Land zu Land,
Hämmernd, schweißend Glied an Glied,
Unser Eisenband?

Braust dem Zug dein Segen zu,
Wenn's vorüberschnaubt?
Oder, Frühling, schüttelst du
Traurig einst dein Haupt?

Doch du lächelst freudenvoll
Auf das Werk des Beils,
Daß ich lieber glauben soll
An die Bahn des Heils.

Amselruf und Finkenschlag
Jubeln drein so laut,
Daß ich lieber hoffen mag
Die ersehnte Braut.

Nicolaus Lenau

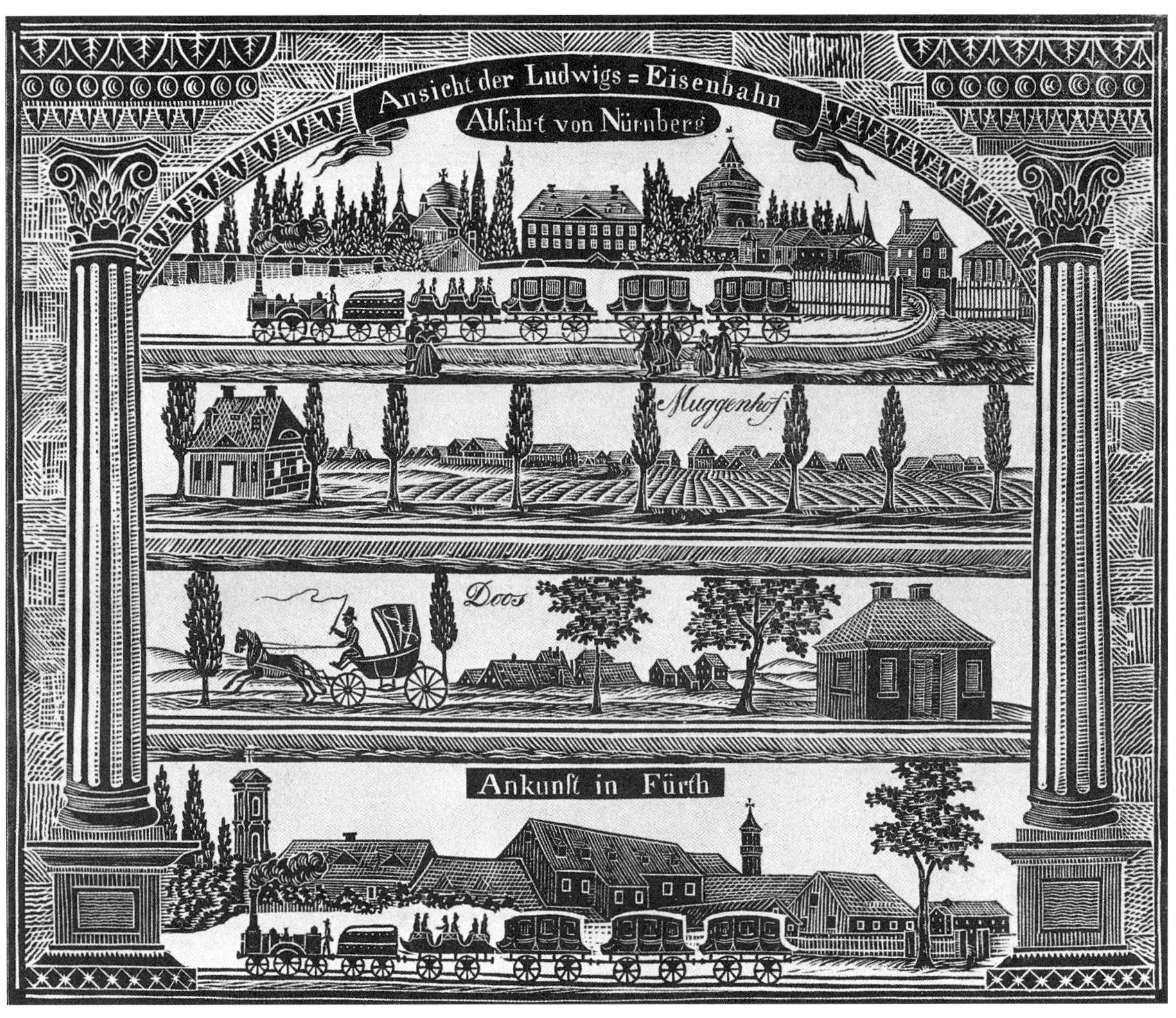

2 Nur sechs Kilometer lang war die Strecke der ersten deutschen Eisenbahn von Nürnberg nach Fürth. Zwischen den heute längst zusammengewachsenen Städten lagen damals die Orte Muggenhof und Doos.

3 *Erst 25 Jahre später konnte von Nürnberg aus die Bahn in Richtung Osten fahren. Der zeitgenössische Illustrator verbindet historisches Stadtbild, Idylle und technische Architektur.*

4 *Geradezu eine mythische Figur wurde William Wilson aus England, ,,Dampfwagenführer`` der ersten deutschen Eisenbahn. Er blieb in Nürnberg als hoch geachteter Bürger und starb dort 1862.*

Dampfschiff.

Mit künftigen Montag den 14. dieß anfangend, werden die Dampfwagen-Fahrten **täglich** in folgender Weise Statt haben:

Abfahrten in München

mit Anhalten an allen Zwischen-Stationen:

7 Uhr Morgens bis **Althegnenberg,**
11 Uhr Vormittags **nur** bis **Nannhofen,**
halb 3 Uhr Nachmittags **nur** bis **Maisach,**
5 Uhr Nachmittags bis **Althegnenberg.**

Rückfahrten

mit Anhalten an allen Zwischen-Stationen:

Von **Althegnenberg:**
halb 9 Uhr Morgens,
halb 7 Uhr Abends.

Von **Nannhofen:**
¾ auf 9 Uhr Morgens,
halb 1 Uhr Nachmittags,
¾ auf 7 Uhr Abends.

Von **Maisach:**
9 Uhr Morgens,
¾ auf 1 Uhr Nachmittags,
halb 4 Uhr Nachmittags,
7 Uhr Abends.

Allgemeine Personen-Fahrtaxen:

	bis Pasing (2 Stunden)				bis Lochhausen (3½ Stunde)				bis Olching (5 Stunden)				bis Maisach (6½ Stunden)				bis Nannhofen (8½ Stunde)				bis Althegnenberg (11 Stunden)			
	1te	2te	3te	4te Classe	1te	2te	3te	4te Classe	1te	2te	3te	4te Classe	1te	2te	3te	4te Classe	1te	2te	3te	4te Classe	1te	2te	3te	4te Classe
von München	24 fr.	18 fr.	15 fr.	9 fr.	36 fr.	30 fr.	22 fr.	12 fr.	57 fr.	45 fr.	33 fr.	18 fr.	1 fl. 15 fr.	1 fl.	42 fr.	24 fr.	1 fl. 36 fr.	1 fl. 15 fr.	57 fr.	30 fr.	2 fl.	1 fl. 36 fr.	1 fl. 15 fr.	42 fr.
von Pasing					15 fr.	12 fr.	9 fr.	6 fr.	—	—	—	—	—	—	—	—	—	—	—	—	—	—	—	—
von Lochhausen									21 fr.	15 fr.	12 fr.	9 fr.	40 fr.	30 fr.	24 fr.	15 fr.	1 fl.	48 fr.	36 fr.	21 fr.	1 fl. 24 fr.	1 fl. 6 fr.	54 fr.	30 fr.
von Olching													21 fr.	15 fr.	12 fr.	9 fr.	—	—	—	—	—	—	—	—
von Maisach																	21 fr.	18 fr.	15 fr.	9 fr.	48 fr.	40 fr.	33 fr.	18 fr.
von Nannhofen																					30 fr.	24 fr.	18 fr.	12 fr.

Ermäßigte Taxe

für bestellte Wagen zu 24 Personen oder Wagen-Abtheilungen zu 8 Personen, welche auf Voranmelden bei der Stations-Cassa in München zu haben sind:

Nach **Lochhausen** und **zurück:**
1te Classe 1 fl. — fr. die Person.   3te Classe 33 fr. die Person.
2te " — " 45 " "   4te " 21 " "

Nach **Maisach** und **zurück:**
1te Classe 1 fl. 48 fr. die Person.   3te Classe 1 fl. 6 fr. die Person.
2te " 1 " 24 " "   4te " — " 42 " "

Zur Fahrt nach anderen Stationen können unter verhältnißmäßiger Preisberechnung auch Bestellungen, jedoch nur auf ganze Wagen bei der Stations-Cassa in München gemacht werden. Wegen der Benutzung der Eisenbahn zu Waaren- und Viktualientransporten werden die Aufschlüsse wie bisher bei der Abfahrts-Station München ertheilt.

Verbindungsfahrter mit der Eisenbahn.

Mit Bruck. Mittelst Stellwagen von und nach Maisach à 9 fr. die Person.

Mit Augsburg. Mittelst Augsburger-Lohnkutscher mit der ersten und letzten Fahrt von und nach Althegnenberg zu 1 fl. die Person, mit der zweiten Fahrt von und nach Nannhofen zu 1 fl. 12 kr. die Person, incls. Trinkgeld und Einschreibgebühr. 40 Pfund Gepäck sind frei. Jedes weitere Pfund zahlt 2 kr. Diese Lohnkutscher haben sich verbindlich gemacht, zu jeder dieser eben genannten Fahrten täglich 6 viersitzige Wagen zur Weiterreise nach Augsburg in der Art zu stellen, daß je zwei Wagen um 8 Uhr Morgens und 6 Uhr Abends in Althegnenberg und um 12 Uhr Mittags in Nannhofen bereit seyn werden.

Diejenigen Reisenden, welche diese Gelegenheit benützen wollen, können sich schon hier auf der Abfahrts-Station, jedoch spätestens eine halbe Stunde vor Abgang des Dampfwagens, gegen Entrichtung der Fahrgebühren einschreiben lassen und erhalten dagegen einen mit laufender Nummer versehenen Anweisschein, der ihnen ihren Platz zur Weiterbeförderung nach Augsburg sichert.

München den 11. September 1840.

Das Directorium der München-Augsburger-Eisenbahn-Gesellschaft.

J. v. Maffei, Vorstand.   Maillinger, Geschäftsführer.

---

5 In jahrelangen, leidenschaftlich geführten Diskussionen wurde um die Antwort auf die Frage gerungen, ob in der Ausnutzung der Dampfkraft für den Verkehr dem Wasserweg oder der Schiene der Vorzug zu geben sei.

6 Bewahrheitete sich Goethes Traum von 1828, Deutschland durch ,,unsere guten Chausseen und die künftigen Eisenbahnen" zu einigen? – Immerhin: Der erste Zug passiert wenige Jahrzehnte später die bayerisch-preußische Grenze.

7 In Etappen wurde der Betrieb der München-Augsburger Eisenbahn aufgenommen. Die gesamte, 60 km lange Strecke, wurde zur Eröffnung des Oktoberfestes am 4. Oktober 1840 eingeweiht.

8 „Ein Heer von Wagen, blank lackirt, / Steht, reich im Innern tapezirt, / Bespannt mit Dampfmaschinen, / Rennfertig auf den Schienen." Dresdens erste Dampfwagenfahrt am 19. Juli 1838. Die gesamte Strecke Leipzig–Dresden wurde in nur zwei Jahren erbaut und konnte am 7. April 1839 eröffnet werden.

9 Schon 1833 vermittelte Friedrich List durch diese Zeichnung seine Vorstellung von einem Eisenbahnzug. Die englischen Vorbilder hatten dabei Pate gestanden. Darunter: Der erste Bahnhof in Leipzig 1837.

10 „Weltverbesserer" und „Räsoneur", und dennoch (oder deswegen?) der geistige Vater des deutschen Eisenbahnwesens: Der Nationalökonom Friedrich List (1789–1846) forderte ein „allgemeines deutsches Eisenbahn-System".

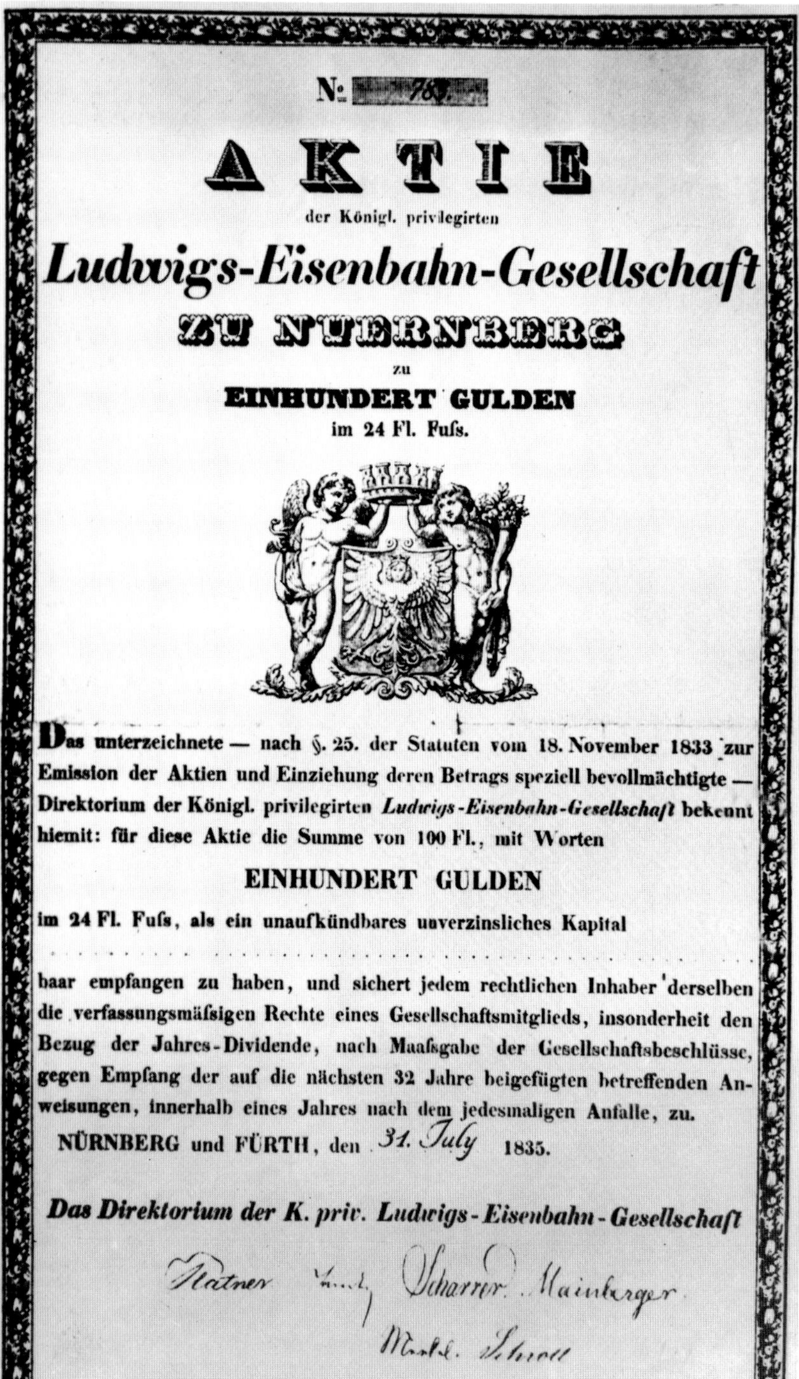

11 Am 14. Mai 1833 erging in Nürnberg und Fürth die erste Einladung zur Aktien-Subskription. Das Grundkapital, das später erhöht werden mußte, sollte zunächst 132000 Gulden betragen.

12 Mit dem Aktien-Wesen der ersten Eisenbahnjahrzehnte befaßten sich viele ,,Spottblätter'' der damaligen Zeit. Das abgebildete Exemplar hat übrigens deutlich antisemitischen Charakter.

Abraham.
Sie sind maschuker, alles reit',
Jetzt reit'n gar auch unsere Leut'.
Isaack.
Der Izig zieht die Knie ans Maul
Gebt Acht! der fällt meih Seel von Gaul.
Jakob.
Der hat doch sonst'n guten Schluß,
Räb' Izig! — was machst du für Stuß?
Izig.
Herunter bringt'r mich doch nit
Er geht am End' schon wieder Schritt.
Heruntergeworfener.
Das Pferd hat wie mein böses Weib,
5000 Teufel in den Leib!
Streicher.
Wir streichen euch, Drei oder Vier,
Dann wird es ruhig euer Thier.

Madame Pfau.
Das Zetteichen ist wirklich gut,
Es langt zum Mantel und zum Hut.
Magd.
Mein braver Herr, der an mich denkt
Hat mir die Aktie geschenkt!
Schnipp.
Komt! schnaufen wir ein wenig aus,
Und reiten hin vor's Kaffé haus.
Schnapp.
Wird's mit der Eisenbahn gut gehn
Dann weiß man wie die Gäule stehn.
Schnur.
Ich zieh den meinen in den Stall
Und decke mich für jeden Fall.
Schnepeper.
Der reit' Galopp, der Trab, der Schritt,
Ich denk', ich bleib's so in der Mitt.

Stallmeister Meseritzer.
Macht was ihr wollt, däs wahls ich doch
Mer uberreitn euch alle noch.

Eisenbahnbau

13 *,,Eine vollkommene Straße müßte glatt, eben, hart und gerade sein.'' Der Schienenweg kommt diesem Ideal nahe, aber er muß mit der Topographie in Einklang gebracht werden; dies ist das Grundprinzip des Eisenbahnbaus. Seine Rezepte sind: Einschnitte, Aufschüttungen (Dämme), Viadukte, Durchstiche, Tunnels.*

Ein tüchtiger Arbeiter hauet den Erdboden, der zum Ausgraben mit der Stechschippe zu fest seyn mag, mit der Kreuzhacke los, ein zweiter schaufelt während dem Loshacken den Boden in einen Schubkarren und ein dritter führt ihn so lange in der Richtung nach dem Abladeort vorwärts, als es währt, bis ein zweiter Schubkarren durch die beiden ersten Arbeiter fast gefüllt ist, dann macht er Halt, indem er den gefüllten Karren einem vierten Arbeiter übergibt und von demselben einen leeren empfängt, den er nun zum Aufladeort zurückführt und dagegen den gefüllten in Empfang nimmt. Während dieser Zeit hat der vierte Arbeiter den gefüllten Karren ebenso lange weiter geschafft, als der dritte Zeit brauchte, um ihn zum Wechselort zu bringen; er kehrt dann mit einem von einem fünften Arbeiter empfangenen leeren Karren zurück und liefert ihn am Wechselort dem ihm mit beladenem Karren entgegen kommenden dritten Arbeiter wieder ab. So setzt sich der Transport bis zum Abladeort fort, und wird eigentlich durch dessen Entfernung die Zahl der zu der Rotte nöthigen Arbeiter bestimmt, wiewohl, wenn der Abladeort nahe ist, auch zwei Karren von vier Arbeitern auf einmal geladen und ebenso doppelt transportiert werden können. Beim Wechseln der Karren bleiben auch den Arbeitern einige Augenblicke Zeit, um zu verschnaufen. Sind die Arbeiter von der Art ihrer Beschäftigung ermüdet, so wechseln sie und jeder nimmt den Platz seines Vorgängers ein (Es ist wohl nicht ganz ohne Interesse zu erwähnen, daß sich die Ameisen eines ganz ähnlichen Transportsystems, versteht sich ohne Schubkarren, bedienen, wenn sie ihre unterirdischen Gänge bauen)

Eisenbahn-Zeitung, 31. August 1845

Ein seltsamer Zug fährt von Badgastein nach Mallnitz: auf hintereinander gekoppelten, flachbordigen Güterwagen, jeder von einem starken Gitter überwölbt, stehen unbeweglich Räder von Autos, die samt Inhalt, Fahrern und Mitfahrern, durch einen Tunnel transportiert werden, der zwar nur 8,5 Kilometer lang ist, dem Empfinden der Reisenden zufolge aber ins Unendliche des kalten Gesteins führt, tief in die Gedärme der Erde, aus denen unverdaute Wiederkehr ausgeschlossen scheint. In absoluter Dunkelheit geht die Tunneltour vor sich; Licht anzuschalten ist untersagt, und so, aus Mangel an Wegmarken und Geschwindigkeitsmerkmalen, stellt die Zeit ihren Ablauf ein, wird rhythmisches Rattern zum stillstehenden Lärmen, das den Passagieren, passend zu dieser Höllenfahrt, um die Ohren geschlagen wird. Schreckgedanken tauchen aus der Schwärze auf: wenn jetzt die Waggonkupplung reißt, über der unser Wagen durch die Finsternis geschleppt wird, stürzten wir zwischen die malmenden, mahlenden Eisenräder hinab, um zerstückelt zu werden: Gebirgsfüllung à la Hackepeter, gewürzt mit Blechhäcksel, Glasbruch, Kofferklein. Und just eben, da die Überzeugung, ans Ziel zu kommen, sich tatsächlich erschüttert zeigt, und bereits Gewöhnung an ewige Lichtlosigkeit aufkeimt, ist die Stunde vorüber, die in Wahrheit bloß zehn Minuten dauerte, und man rollt auf der andern Seite des Berges ins ganz besonders grelle Sonnenlicht.

Günter Kunert

Rascher Blitz, der hin mich trägt,
Pfeilschnell von der Gluth bewegt,
Sausend durch des Tages Pracht,
Brausend durch die dunkle Nacht,
Donnernd über Stromesschäumen,
Blitzend an des Abgrunds Säumen,
Durch der Berge mächt'ge Grüfte,
Durch der Thäler nächt'ge Klüfte,
Durch der Saaten goldne Wogen,
Über stolze Brückenbogen,
Durch der Dörfer munter Leben,
Durch der Städte bunter Weben. –
Könnt', wie du, das freie Wort
Sausend zieh'n von Ort zu Ort!
Alle Herzen, die ihm schlagen,
Stürmisch so von dannen tragen,
So aus einem Land zum andern
Siegend die Gedanken wandern! –
Freies Wort, wer gründet Schienen,
Deinem Bahnzug stark zu dienen? –

Luise von Plönnies

Viele, die anfingen zu fahren, die hörten auch gar bald wieder auf, und thaten lieber andere Arbeit, die nicht so schwer war, und die sie aushalten konnten. Der ganze Boden, der zur Ausschachtung kam, bestand aus Lette und Steinen, und mußte alle mit der Picke oder Spitzhaue losgehackt werden. Die ersten 14 Tage hatte ich wohl ein halbes Dutzend Zottelmänner, denn ich wußte noch nicht Bescheid und mußte theils vorlieb nehmen, und theils suchte ich mir grade die Allerverkehrtesten aus. Nachher spannte ich zusammen mit einem entlassenen Husaren-Wachtmeister aus dem Posenschen und dachte wunder, was ich hätte, aber wir verdienten nichts mehr als das Tagelohn, aber das lag daran, weil der Mann solche Arbeit gar nicht gewöhnt war. Spaß war das freilich nicht, wenn der beladene Wagen den Berg heruntersauste, da mußte man mit, da lernte man „beinig" werden, wenn es in voller Fahrt abwärts ging. Neben der „vollen Fahrt" entlang führte die „leere Fahrt", da waren Bohlen gelegt, auf welchen man den leeren Wagen den Berg wieder hinaufzog, wobei man vom Markengeber jedesmal eine Marke empfing, so viel Marken man Abends abgeben konnte, so viele Wagen hatte man gefahren, aber wer den Wagen nicht ordentlich voll geladen hatte, der sollte keine Marke haben, und der Markengeber mußte dafür aufpassen. Im Laufe der Zeit hat er mich 2 Mal angehalten und verwarnt, aber die Marke hat er mir jedesmal gegeben, aber andre hat er ganz gefährlich angeschnauzt, und welche haben mehr wie einmal keine Marke bekommen. Aber wenn wir mit dem leeren Wagen wieder oben und bei unserer Ladestelle angelangt waren, da wollte sich der Wachtmeister, wie mancher andere, immer erst ausruhen, aber ich sah wohl wie die andern das machten: schnell den Wagen rumgedreht, und passend hingestellt, mit einer Hand den Zottel von der Schulter und mit der andern schon nach der Schippe gelangt; dann ging das Werfen wieder los: was hast du, was kannst du! bis der Wagen wieder voll war, und das durfte gar nicht lange dauern, bei der letzten Schippe voll sagte einer: „Gut" und da ließen sie die Schippen blos aus der Hand fallen, und im Nu hatten sie schon Beide den Zottel auf der Schulter und zottelten wieder los. Nachdem wir schon gut 8 Tage zusammen gefahren hatten, war ich eines Abends sehr verdrießlich, daß wir so wenig Marken hatten, und stellte dem Wachtmeister das ernsthaft vor, daß es so nicht fortgehen könnte, und daß wir morgen besser antreten müßten, da gab er mir Beifall. Am andern Morgen nahm er sich zusammen und mittags hatten wir 5 Marken mehr als gestern mittag. Aber Nachmittags noch vor Vesper, als wir wieder ein Mal mit dem leeren Wagen oben ankamen, da ließ er die

Stange hochgehn, und den Wagen niederkippen, wie man zum Feierabend that, und als ich ihn da fragend ansah, da sagte er: „Für heute ist es gut, ich kann nicht mehr, die Füße versagen mir den Dienst." Das glaubte ich ihm wohl, denn meine thaten mir selber weh, aber da hatten wir wieder nichts verdient. Da schlug ich vor, wir wollten uns nach Vesper ins Tagelohn melden, und diesen viertel Tag im Tagelohn arbeiten, aber er lehnte ab, und sagte, ich sollte nur mit zu Hause kommen, aber als ich das nicht wollte, da ging er allein. Da ging ich hin und gab unsere Marken ab, daß sie angeschrieben würden, und zu Vesper ging ich nach dem Schachtmeister. Der stand an einem Wagen gelehnt und betrachtete sich die Böschung. Mancher Schachtmeister sagt zu Jedem Du, und mancher sagt zu welchen Du und zu welchen Sie, und mancher sagt zu Jedem Sie, und mancher sagt auch zu Jedem Ihr, je nach Gewohnheit. Dieser sagte zu Jedem Sie und als ich mein Anliegen vorgebracht hatte, da sagte er ganz freundschaftlich: „Ja Tagelohn, Tagelohn, wo ist denn der Andere?" da sagte ich, der wäre nach Hause gegangen. Da sagte er: „So, ich dachte der wollte mir etwa auch ins Tagelohn kommen. Tagelohn, das kann mir nichts helfen, ich habe Tagelöhner genug, die Hauptsache ist, daß die Wagen alle in Bewegung sind. Warum haben Sie denn mit Dem zusammen gespannt, das ist ja kein Mann für Sie, mit Dem müssen Sie nicht wieder zusammenspannen. Wenn Ihnen das recht ist, da gehen Sie wieder hin nach Ihrer Fahrt und hacken Boden los, und in der Stunde will ich Ihnen Einen zuschicken, der kann Ihnen helfen, und mit Dem spannen Sie morgen früh zusammen." Also kam ich nicht in Tagelohn, war aber einverstanden und ging nach meinem Platz und machte mir Boden los, und später kam der neue Kamerad, den ich haben sollte, aber der wußte die Picke ganz anders zu gebrauchen wie der Wachtmeister. Dieser kam am andern Mittag erst wieder, und hat Nachmittags da umher gestanden, dann hab ich ihn nicht mehr gesehn. Der hat mir leid gethan, aber ich konnte ihm nicht helfen.

Karl Fischer

14 Wo sich die Landschaft nach oben wölbt, muß sie ,,durchstochen'' werden; ein Einschnitt entsteht. Die Abbildung aus der Frühzeit zeigt den Eisenbahn-Durchstich der Strecke Leipzig-Dresden bei Machern.

15 Arbeiten am Herbatzhofener Durchstich beim Bau der Ludwigs-Süd-Nord-Bahn (Aquarell von Karl Herrle). Mit dem Aushubmaterial werden Mulden ausgefüllt, Dämme geschüttet.

16 Eisenbahnbau der Gegenwart: Durchstich im Südabschnitt der 327 km langen Neubaustrecke Hannover-Würzburg beim Schwarzenfels-Tunnel. Hier sollen noch in diesem Jahrzehnt Züge mit über 200 Stundenkilometern fahren.

17 Bauarbeiten am Parsberger Einschnitt zwischen Nürnberg und Regensburg 1871. Die Technisierung des Eisenbahnbaus ist mittlerweile vorangekommen; in der Frühzeit überwog die Handarbeit.

18 ,,Oberbau'' nennen die Eisenbahn-Bauleute das Gleis und seine Bettung. Die Schienen der Nürnberg-Fürther Ludwigsbahn waren noch auf Steinwürfeln montiert. Im Bild: ,,Rottenarbeiter'' beim Gleisbau 1928.

19a, b Schienenprofile in unterschiedlichen Ausführungen und technischen Konzeptionen. Die Flachschiene blieb nur Episode; die pilzförmige Breitfußschiene hat sich im Prinzip bis heute erhalten.

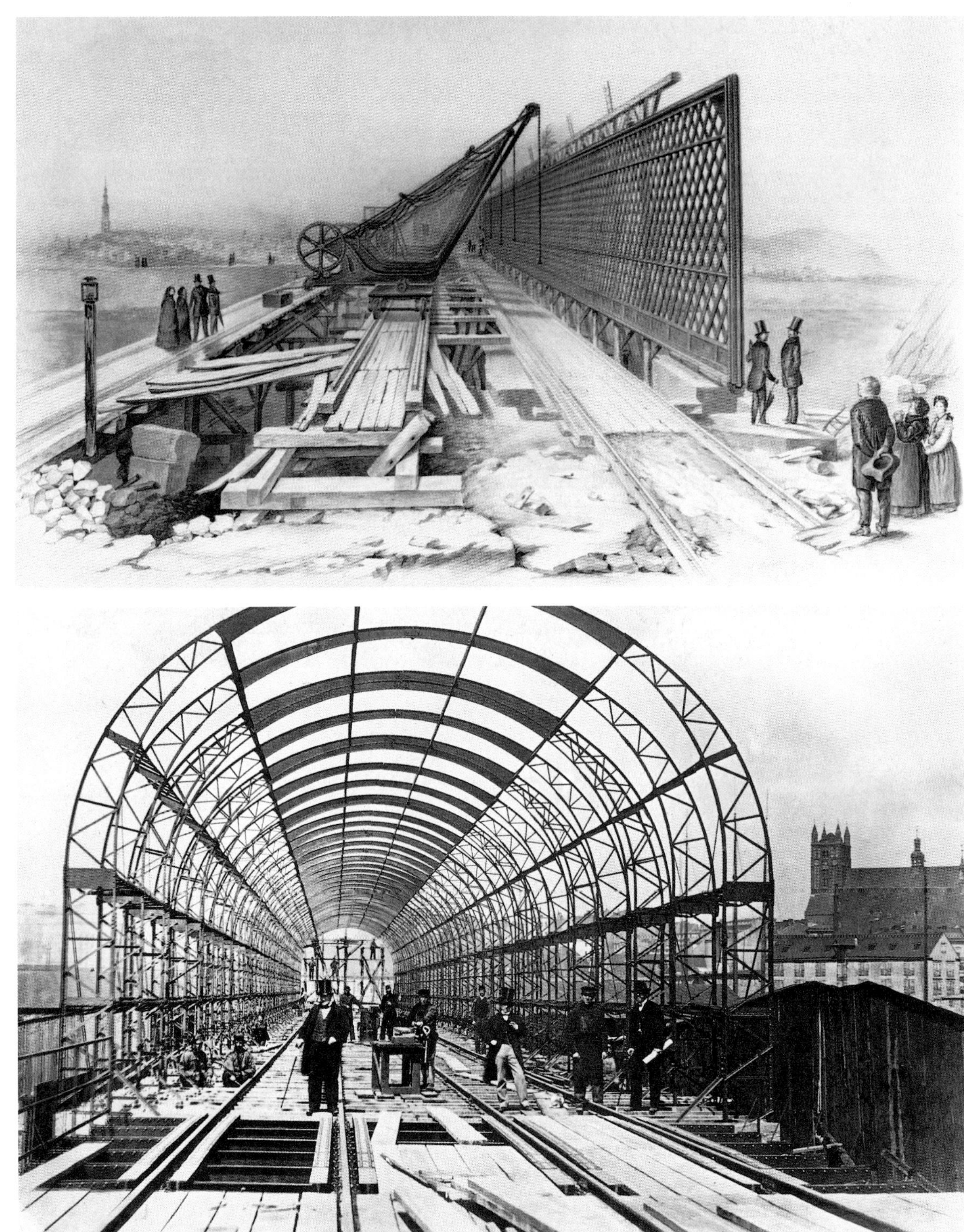

20 Die Eisenbahn trieb die Entwicklung des Brückenbaus wesentlich voran. Im Bild: Bau der eisernen Gitterbrücke über die Kinzig bei Offenburg.

21 Viadukt der Berlin-Stettiner Eisenbahn 1868 kurz nach der Fertigstellung. Anfangs behalf man sich mit Pontons. Verbesserungen bei der Eisen- und Stahlerzeugung führten zu stabileren Brücken und Viadukten.

22 Beim Eisenbahnbrückenbau entstanden Gitterkasten- und Gitterbogenbrücke, Bogen- und Ausleger- und schließlich Hängebrücke. Foto von 1890: Belastungsprobe bei einem Brückenbau in Berlin.

23 Beim Bau der ersten deutschen Eisenbahnbrücke (1837 über die Elbe bei Riesa) wurden Holzteile auf steinerne Pfeiler montiert. Bald baute man dann aber auch reine Steinbrücken wie die hier abgebildete Dresdener Elbbrücke (um 1850).

24 Mit gegeneinander gespannten Bögen und Gelenklagern nach dem „System Pauli" entstand schon 1857 die Großhesseloher Isarbrücke. In gleicher Technik wurden die Hamburger Elbbrücken ausgeführt.

25 Brückenbau 1983 über den Main auf der künftigen Schnellstrecke Hannover-Würzburg. Das Bauwerk überbrückt 135 Meter ungestützt und ist die weitestgespannte Eisenbahnbetonbrücke der Welt.

26 Der Göltzschtal-Viadukt im sächsischen
Vogtland bei Reichenbach ist knapp 80 Meter
hoch und 574 Meter lang. Er wurde 1851 fer-
tiggestellt. Baumaterial: Ziegel und Natur-
stein. Noch heute gilt der Göltzschtal-Viadukt
nicht nur als technische Meisterleistung, sondern auch als eines der schönsten, proportio-
nal besonders ausgeglichenen Eisenbahn-
Bauwerke.

27 Arbeiten im Scheiteltunnel der Semme-ring-Bahn, die zwischen 1848 und 1851 unter Leitung von Dr. Karl Ritter von Ghega erbaut wurde. Damit überwand die Eisenbahn erstmals die Alpen.

28 Der Bau des Gotthardbahntunnels begann 1871. Zwar standen schon Preßluftbohrer und Dynamit zur Verfügung, dennoch waren die Schwierigkeiten immens. Der Tunnelbau forderte mehrere hundert Todesopfer unter den Arbeitern.

29 Die soziale Lage der Eisenbahn-Bauarbeiter, besonders beim Tunnelbau, war meist deprimierend. Während der Arbeiten für die Gotthardbahn wurde ein Aufstand bei Göschenen blutig niedergeschlagen.

30 Am 29. Februar 1880, nach neun Jahren Bauzeit, fiel in dem 15 Kilometer langen Gotthardtunnel die letzte Trennwand zwischen den Arbeitern auf der italienischen und der schweizerischen Seite.

31 Zahllos, bis hin zu tiefenpsychologischen Deutungen, sind die Zeugnisse des befremdlichen, zuweilen beängstigenden Erlebnisses einer Fahrt durch den Tunnel in Kunst und Literatur. Bild: Hans Baluschek (1933).

32 *Fünfzehn Tunnels von zusammen 4200 Meter Länge, 16 Viadukte, Galerien, Bogen, Pfeiler, Böschungen: Das ganze Repertoire der Eisenbahn-Ingenieurskunst mußte für die Semmeringbahn aufgeboten werden.*

33 *„Nomaden der Industrie" nennt ein Zeitgenosse die Arbeiterkolonnen, die sich beim Eisenbahnbau verdingten. Zum Semmering kamen sie aus Slowenien, Italien und aus „den deutschen Provinzen".*

34 *Nur drei Jahre betrug die Bauzeit an der Semmeringbahn Mitte des 19. Jahrhunderts. Die Verlegung der Strecke galt als Pioniertat und als technische Meisterleistung.* ▷

Das deutsche Eisenbahn-System.

35 *Die Hauptstrecken des deutschen Eisenbahn-systems nach den Vorstellungen Friedrich Lists. Aus seiner Schrift ‚Über ein sächsisches Eisenbahnsystem als Grundlage eines allgemeinen deutschen Eisen-bahnsystems‘, Leipzig 1833*

36 *1850 entsprach das Schienennetz der deutschen Eisenbahn fast genau den Vorstellungen Friedrich Lists aus dem Jahre 1833. Bis 1880 wuchs es auf 33 865 km an. In den nachfolgenden drei Jahrzehn-ten kamen noch einmal rund 25 000 km dazu.*

37 Brücke der „Bagdadbahn" von Istanbul nach Basra über den Euphrat bei Jerablus 1913. Das Projekt, von einer vorwiegend deutschen Finanzgruppe 1902/03 in Gang gesetzt, führte zu internationalen Verwicklungen.

38 Deutsche Kolonialoffiziere, Ingenieure und Bahnbeamte in China: Erste Fahrt der von den Deutschen gebauten Bahn von Taputur nach Kiautschou in der nordchinesischen Provinz Shantung.

39 Bau der Tanganjika-Bahn 1914 (ehemals Deutsch-Ost-Afrika). Natürlich bestimmten machtpolitische und wirtschaftliche Interessen gerade auch den Bau der Bahnen in den Kolonialgebieten.

Bahnhöfe

40 Der Bahnhof – ein Januskopf in der Stadt. Dem urbanen Leben wendet er das prächtige, ornamentale Gesicht der Empfangsgebäude zu, dahinter entfaltet sich der technische Zweckbau der Bahnhofshalle. Gegenüber der Eingangspforte zur Nürnberger Altstadt entstand anstelle des 1846 in gotisierendem Stil errichteten Bahnhofs im Jahr 1906 das prunkvolle neue Empfangsgebäude, das zunächst durchaus als Fremdkörper empfunden wurde.

Welcher Wirrwarr
Auf dem großen Bahnhof.
An allen Schaltern Gedränge.
Viele Sprachen umtönen mich.
Rote Reisebücher stechen aus allen Händen.
In den Hallen und Sälen und Fluren
Wartende,
Sich Treffende,
Schwatzende,
Sich Durcheinanderschlingende,
Schubbsende,
Entwirrende.
Und im Mittelbau
Wart auch ich,
Umbrandet
Von Menschenwogen ...

Detlev von Liliencron

Funkensprühender Schienenlauf
Schimmert im Lichterstrahle.
Mächtig weitet die Halle sich auf,
Wölbt den steinernen Bogen hinauf
Über dem dunkeln Portale.

Schweigend flutet die Nacht herein,
Schwarz und märchengewaltig.
Buntfrohe Lichter brennen darein,
Werfen zu Boden in zuckendem Schein
Schatten tausendgestaltig.

Flammenzuckender Schienenstrang,
Eisengewordener Wille –
Hoffender Seele sehnender Drang
Schickt dir die hastenden Wünsche entlang
In die verglühende Stille.

Tauchen mit dir in die sprühende Pracht,
Blitzen und tanzen und glimmen,
Strecken sich hin mit unendlicher Macht,
Um in der feierlich schweigenden Nacht
Spurlos wie du zu verschwimmen!

Adalbert von Hanstein

FRAU *(kommt schwitzend, atemlos mit vielen Koffern gelaufen)*: Bitt schön, sagens mir schnell, ich hab höchste Zeit, wo muß ich einsteign nach Italien?

PORTIER: Grad is er weggfahrn.

FRAU: Jeß Marand Josef!!!

PORTIER: Wärns drei Minuten früher komma, hättens ihn noch erwischt.

FRAU: So, dann geh ich noch mal heim und komm drei Minuten früher.

PORTIER: Dann kommas ja noch später.

FRAU: Naa, sagns, warum ist denn der Zug grad ausgerechnet heut drei Minuten früher weggfahrn?

PORTIER: Naa, der Zug ist net drei Minuten früher weggfahrn, Sie san drei Minuten z'spät komma.

FRAU: Das kommt eben daher, wenn man nicht genau weiß, wann der Zug abfährt.

PORTIER: Hättens ins Kursbuch neigschaut, dann hätten Sie's g'wußt.

FRAU: Da hab ich ja neigschaut, aber das stehts nicht drin.

PORTIER: Freilich stehts drin.

FRAU: Ja, wissens, ich hab eben kein Kursbuch daheim, jetzt hab ich in mein Kochbuch neigschaut. Und da stehts nicht drin.

PORTIER: Ja, im Kochbuch steht freilich kein italienischer Zug, höchstens der italienische Salat.

FRAU: Drum hab ich ihn auch nicht g'funden, ja, nicht einmal im Telefonbuch ist er dringstanden.

PORTIER: Sie kunnten ja glei im Katechismus nachschaun.

FRAU: Meinas?

PORTIER: Nein, ich mein nur.

FRAU: Ja, ich mein auch nur. Aber ich kanns nicht glauben, daß der Zug schon weggfahrn ist.

PORTIER: Freilich ist er weggfahrn.

FRAU: Ist der einfach weggfahrn und hat die Reisenden alle dagelassen?

PORTIER: Nein, die sind alle mitgfahrn.

FRAU: Ja, warum ham denn die den Zug nicht versäumt?

PORTIER: Weil die nicht zu spät komma sind.

FRAU: Wenn aber die auch zu spät kommen wärn, wär dann der Zug auch weggfahrn?

PORTIER: Ja, aber rentiert hätte er sich dann nicht.

FRAU: Was hätten dann die Reisenden alle gemacht, wenn sie alle den Zug versäumt hätten?

PORTIER: Auch so dumm dreingschaut hättens wie Sie.

Karl Valentin

Karl bringt seine Frau zur Bahn, die beiden Kinder zieht er auf dem Schlitten, und trampfen tut er wie ein Pferd.

Er kann leider nicht mitfahren zu den Schwiegereltern, bei diesem Wetter ist er unabkömmlich . . .

Er verstaut seine Frau, die einen merkwürdigen Hut trägt, in einem Abteil dritter Klasse, und mit den beiden Kindern geht er zur „Lokomotetive", wie Robert sagt, schwarz mit roten Rädern.

Das Zischen der Ventile macht großen Eindruck auf den Jungen und auf den Vater auch. Weiße Dampfwolken in klarer frostiger Luft . . .

Der Lokomotivführer auf seinem Führerstand guckt gemütlich aus seinem Fenster heraus, der raucht seine Pfeife. Hinter ihm der Heizer, der sieht nicht so propper aus. Der wohnt vermutlich in der Werftgegend.

Ulla, die schon ein Schulkind ist, interessiert sich nicht für Lokomotiven, sie guckt lieber den süßen „Wauwi" einer Dame an: Es ist ein Fox-Terrier; ein handgestricktes Rückendeckchen trägt er und ein rotes Halsband. Das muß ja schrecklich sein: bei dieser Kälte quasi barfuß laufen . . . Jetzt hebt er das Bein. Sehr interessant. Streicheln wird man dieses Tier wohl nicht dürfen.

Ein Mann kommt den Bahnsteig entlang, in rußigem Kittel, einen Hammer hat er, mit einem langen Stiel. Er schlägt ja wohl gegen die Räder? Ob die noch alle heil sind? Auf die Reichsbahn kann man sich verlassen, das wäre ja auch noch schöner.

Nun werden die Kinder in das kühle Abteil gehoben, das die Mutter schon wohnlich gemacht hat. Sie werden in eine Decke eingeschlagen, kalt wird es werden auf der Fahrt, und Mutti wird viele Geschichten vorlesen müssen – „Vom Schwaben, der das Leberlein gegessen" –, damit die Kinder nicht zu jammern anfangen. Kinder muß man ablenken, das ist der ganze Witz. An sich ja furchtbar einfach.

Jetzt kommt ein Mann mit einem Handkarren voll Obst, Schokolade und Leibniz-Keks. Es werden Apfelsinen gekauft, und Grethe macht gleich mal eine ab, biegt die Frucht wie eine Seerose auseinander, weshalb sie dem lieben Karl zum Abschied auch nur den kleinen Finger reichen kann.

Walter Kempowski

Wir waren in jener gräßlichen Stimmung, wo man schon lange Abschied genommen hat, sich aber noch nicht zu trennen vermag, weil der Zug noch nicht abgefahren ist. Die Bahnhofshalle war wie alle Bahnhofshallen, schmutzig und zugig, erfüllt von dem Dunst der Abdämpfe und vom Lärm, Lärm von Stimmen und Wagen.

Charlotte stand am Fenster des langen Flurs, und sie wurde dauernd von hinten gestoßen und beiseite gedrängt, und es wurde viel über sie geflucht, aber wir konnten uns doch diese letzten Minuten, diese kostbarsten letzten gemeinsamen unseres Lebens nicht durch Winkzeichen aus einem überfüllten Abteil heraus verständigen . . .

Heinrich Böll

Es ist 5 Uhr 45, unausgeschlafene Autolandschaft,
   als habe damit alles endgültig seinen Platz,
   (Nichts mehr anrühren, nichts bewegen!)
Ohnmächtig schluckende Frühaufsteher, Rauch
   auf nüchternen Magen, Aktentaschen, aufmuckende
   Blicke zwischen den flappenden Pendeltüren.
Frau zieht das Rollo des Zeitungsstandes hoch. Birken.
Violetter Schaum.
Es ist noch nicht hell, ein bläulicher Abglanz
   des Himmels hängt zwischen den Bäumen.
Postkarren rattern über den Bahnsteig.
Etwas später macht die Gaststätte auf. Wer eintritt bin ich.

Ein Zug ist eingefahren; wenn er steht, hört man ihn
   knistern und stöhnen. Das Material erschöpft
   und müde.
Vor nicht langer Zeit lag hier Schnee.
Schlafende Parkuhren.
Schlafende Oberleitung.
Diesige Helligkeit schwebt ein, ohne jede Härte wie
– ich muß mich zusammennehmen – die weiche Hand mit
   der Äthermaske.
Welch ein Morgen und welch ein Auge darin.
Wie verlassen und müde ich bin.
Wie krank und verwohnt ein Schnellzug vorbeiweht.

Der Kellner nimmt mir die Tasse weg die noch nicht
   leer ist. Eine Frau raucht mit gespreizten Fingern.
Daß sie so früh daran denkt die Finger zu spreizen.
   Leere Streichholzschachtel auf dem Tisch, Zellophan
   und Silberpapier. Das Wasser rauscht im Spülbecken.
Kleine zähe Frau, deren Gesicht neben der Kaffeemaschine
   erscheint, wie die Rückblende in einem Zufallsfilm
den noch keiner gesehen hat.

Nicolas Born

41 Die Nürnberg-Fürther „Urzelle" von 1835 (später nennt Walter Benjamin den Anhalter Bahnhof in Berlin „Mutterhöhle aller Eisenbahnen") zeigt besonders deutlich den improvisatorischen Charakter in dieser Frühzeit.

42 Zweite Stufe in Nürnberg: In Material und Stil dem Stadtbild angepaßt war das 1846 fertiggestellte dreigeschossige Bauwerk, das offene Durchgänge, Dienst- und Warteräume schon in stattlicher Anzahl enthielt.

43 Hölzerne Festarchitekturen, Triumphtore und zerbrechliche Hallenkonstruktionen bildeten häufig die Anfänge der Bahnhofsgeschichte. Hier das provisorische Gebäude der Dresden-Prager Eisenbahn in Dresden.

44 Erst allmählich wichen die windigen Lattengerüste der ersten Stunde massiveren Bauwerken. Der Bahnhof der Breslau-Freiburger Eisenbahn in Breslau war noch in der Übergangszeit errichtet worden.

45 *Stil und Baumaterial der Landschaft in ihrer Umgebung prägten vielfach die Gestalt der Kleinbahnhöfe. Eine trauliche Nestwärme ging von ihnen für die Menschen aus, die sich den Fährnissen einer Eisenbahnreise aussetzten.*

46 *Die Bahnhöfe an den Nebenstrecken waren einfach und ohne Aufwand gebaut. Ihre Funktion trat schon in der Architektur klar hervor. Der Linienführung entsprechend lagen sie nicht selten weit außerhalb der Kleinstädte und Dörfer.*

47 *Im Gegensatz zu den gewaltigen Architektur-Denkmälern, zu denen die Empfangsgebäude in den Metropolen wurden, blieb der Bahnhof an der Strecke meist ein nüchterner Zweckbau. Im Bild: Der Bahnhof von Bayerisch Eisenstein.*

48 Friedrich Bürklein gestaltete den ersten Münchner Hauptbahnhof (1849) wie einen italienischen Renaissance-Palazzo. Zum Vorbild dürfte er sich den – damals noch nicht vollendeten – Pariser Gare de l'Est genommen haben.

49 In den Jahren 1876 bis 1884 wurde die Halle des Münchner Hauptbahnhofes den neuen Erfordernissen entsprechend umgebaut. Der Übergang zu einer neuen Bautradition wird deutlich: Glas und Eisen überwölben klassizistische Mauern.

50 Umbau der Bahnhalle im Münchner Hauptbahnhof, Stadium Februar 1879. Alles sollte unter ein Dach kommen. So entstanden Kathedralen des Verkehrs: „Gewollt war der Eisenbahnhimmel" (W. Schadendorf).

51 Zwei Epochen der großen Bahnhofsarchitektur signalisieren die beiden Stuttgarter Bauwerke. Auf der Fassade des Empfangsgebäudes (Abbildung aus dem Jahr 1866) dominiert klassizistischer Zierat.

52 Die Architektur des Neuen Stuttgarter Bahnhofs (1922) zitiert nostalgisch die ,,Basilika". Das Hallenprinzip der ,,Kathedrale" hatte man im Innern aber aufgegeben.

Seite 92, 93:

53 Mit seinem vorgezogenen Mittelbau und der mächtigen Haupthalle setzte der neue Frankfurter Centralbahnhof (Fertigstellung 1888, Entwurf von Hermann Eggert) für die Zeit neue Maßstäbe.

54 Jede der drei gewaltigen Hallen des Frankfurter Hauptbahnhofes war 52 Meter breit gespannt. Sie wurden als vorbildliche Ingenieur- und Architekten-leistungen bewundert. Später mußten zwei weitere Hallen angefügt werden.

55 Für den Frankfurter Hauptbahnhof, dessen vorgelagertes Empfangsgebäude hier durch die Glasfront der Mittelhalle schimmert (Aufnahme 1952), hatte die preußische Akademie des Bauwesens 1880 ihren ersten nationalen Wettbewerb ausgeschrieben.

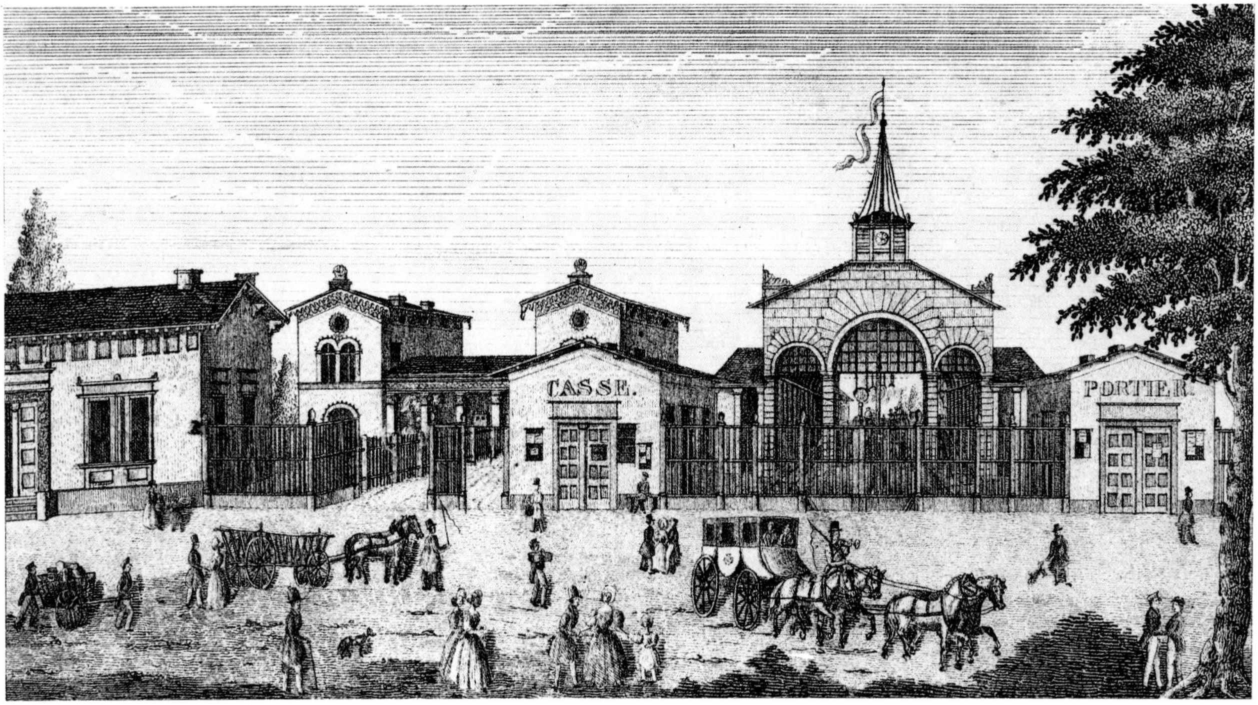
CASSE.
PORTIER.

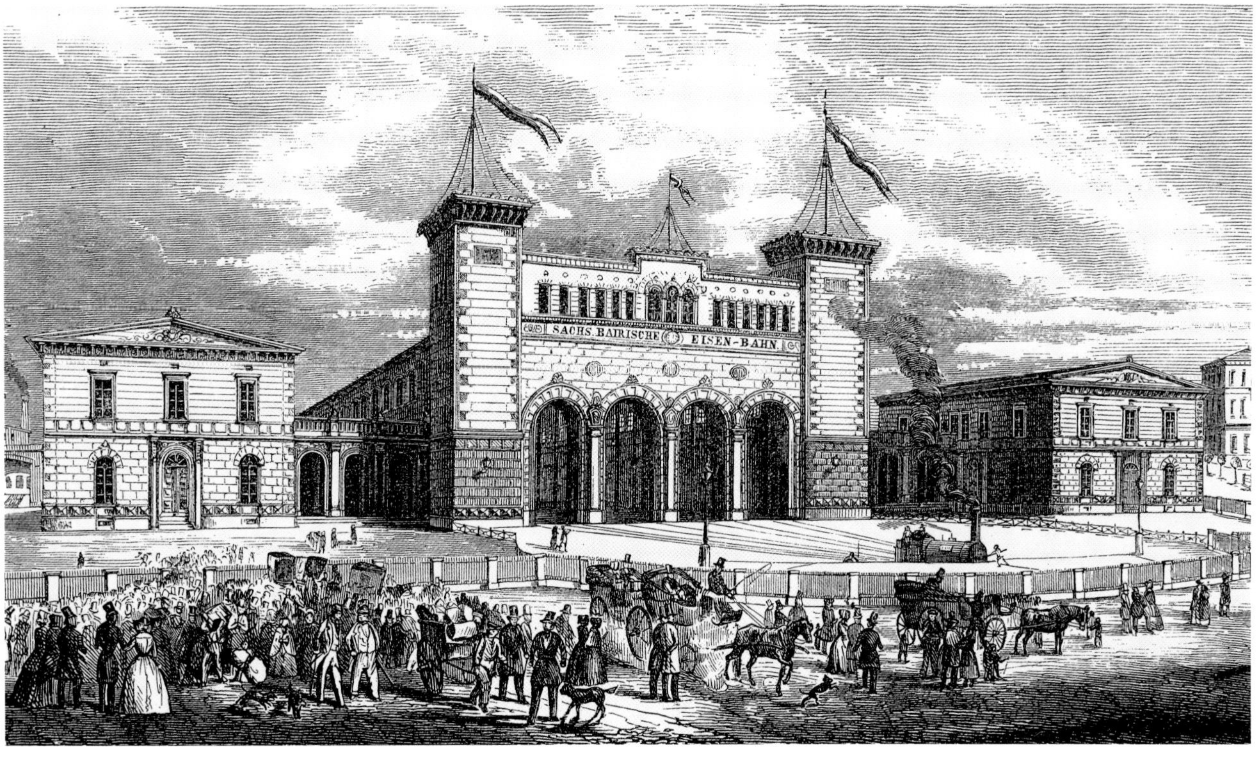
SACHS. BAIRISCHE EISEN-BAHN.

56 *Leipzig wurde zum Kristallisationspunkt des deutschen Eisenbahnwesens. Hier fügte sich – ein Kuriosum – Bahnhof an Bahnhof. Der erste (Leipzig-Dresdner Eisenbahn) wurde 1837 eröffnet.*

57 *Daneben lagen schon bald der Magdeburger, der Thüringer und der Berliner Bahnhof. Südlich des Stadtkerns fuhr vom Bayrischen Bahnhof (Bild) am 19. September 1842 der erste Zug zunächst bis Altenburg.*

58 *Als größter Kopfbahnhof Europas wurde 1915 der neue Leipziger Hauptbahnhof dem Verkehr übergeben. Hinter dem 298 Meter langen Empfangsgebäude lagen sechs Bahnsteighallen mit 26 Gleisen.*

59 Die frühen Berliner Bahnhöfe mußten sämtlich außerhalb
der Stadtgrenzen, jenseits der
1802 fertiggestellten ,,Akzise-
Mauer", errichtet werden. Der erste war der Potsdamer Bahnhof.

60 1872 wurde der Potsdamer
Bahnhof neu gestaltet und den
Repräsentationsbedürfnissen der
Gründerzeit angepaßt. Er ver-
band nun die Hauptstadt mit dem
Westen, mit Magdeburg, Hanno-
ver und Köln.

61 Mittlerweile waren alle Berliner Kopfbahnhöfe durch die
Ringbahn miteinander verbunden
worden. Das Bild zeigt eine Szene
vor dem Potsdamer Bahnhof
(Seitenansicht) von 1932.

62 Nur im Anhalter und im
Schlesischen Bahnhof in Berlin
verkehrten kurz nach dem Zwei-
ten Weltkrieg wieder Züge. Die
Ruinen des Potsdamer (Bild), des
Görlitzer, des Stettiner und des
Lehrter Bahnhofs wurden bald
gesprengt.

FRIEDRICHSTRASSE
CENTRAL HOTEL
BAHNHOF FRIEDRICHSTRASSE

98   *Bahnhöfe*

63 Berlin Friedrichstraße – ,,nur‘‘ ein Stadtbahnhof
und dennoch eine Meisterleistung des genialen Bahn-
hofsbauers J. E. Jacobsthal, abgeleitet vom Hanno-
verschen Vorbild mit dem hochgelegten Gleisniveau.

64 Das neue System, nach dem der Bahnhof Friedrichstraße errichtet wurde (Foto: Situation um 1910),
war besonders geeignet für die vom Wachstum der
Großstadt bedrängten Stadtbahnhöfe.

65 Im Innern entfaltete der Anhalter Bahnhof einschüchternden Prunk. Der Ankömmling – man dachte wohl vor allem an den Staatsgast – wurde sogleich mit den Machtsymbolen der Hauptstadt konfrontiert.

66 Jüngster, bedeutendster und monumentalster der Berliner Bahnhöfe: Der „Anhalter", eröffnet am 15. Juni 1880, entworfen von Franz Schwechten und versehen mit der Dachkonstruktion des Ingenieurs (und Schriftstellers) Heinrich Seidel. Die Bahnhofshalle des „Anhalters" galt als technische Sensation. ▷

67 Tag und Nacht flutete das Leben in der Anhalter Bahnhofshalle, in Jahrzehnten lag sie kaum je so verlassen wie auf diesem Bild, das im Januar 1919 beim Eisenbahnerstreik während des Spartakus-Aufstandes aufgenommen wurde. ▷

halter Bahnhof
Bahnsteig C
sgang u. Gepäckausgabe
Bahnsteig B

68 *Berlin, Anhalter Bahnhof 1930. Der damalige Pressetext zum 50. Geburtstag: ,,Heute gehen vom Anhalter Bahnhof rund 120 Fernzüge, davon 71 Eil- und Schnellzüge, ein und aus.''*

69 *Berlin, Anhalter Bahnhof heute: ,,Ein Ruinen-Mahnmal, über dessen ehemalige Funktion die Jüngeren heute zuweilen rätseln mögen: verdreckt und verrottet im Ödland." (Pressetext 1983)*

Staatsakte

70 *Der Bahnhof als Ort des weltlichen und des geistlichen Zeremoniells: Einsegnung von Lokomotiven für die Bayerische Staatseisenbahn aus dem Hause Maffei durch den Erzbischof in der alten Münchner Bahnhofshalle am 8. September 1860.*

Endlich war der Tag der Eröffnung gekommen. Eine ungeheure Menschenmenge von nah und fern hatte sich schon am Sonntag den 6. Dezember eingefunden, und am Montag den 7. Dezember strömte es von allen Seiten herbei, so daß der Plerrer, Gostenhof und die Chaussee bis weithin nach Fürth mit Menschen überfüllt waren, und die Landwehr mit der Polizeimannschaft Mühe hatte, bei diesem Menschengewühl die Ordnung aufrecht zu erhalten.

Ein solches Schauspiel hatte Nürnberg seit Menschengedenken nicht erlebt. Hoch und niedrig hatte sich zusammengefunden. Da sah man den Präsidenten der hohen königlichen Regierung von Mittelfranken als Vertreter Sr. Majestät, Abgeordnete der Universität Erlangen und der Magistrate der benachbarten Städte Fürth, Ansbach, Erlangen und Schwabach, Städter und Landleute in bunter Zahl. Wer von Nürnberg auswärts in Geschäften war, eilte heim, um das Fest mit verherrlichen zu helfen. Und die nicht kommen konnten, sandten Grüße und Glückwünsche.

Die Feier verlief ganz dem Programm gemäß. Der Eintritt in das Lokal und das Fahren in den Wagen war nur denen gestattet, welche mit Einladungskarten versehen waren. Kurz nach 8 Uhr versammelten sich auf der vor dem Verwaltungslokale der Ludwigs-Eisenbahngesellschaft erbauten Tribüne die Mitglieder des Direktoriums, die königlichen Militär- und Civilbehörden, die städtischen Beamten, der Baumeister der Eisenbahn mit dem Baupersonal, die Aktionäre und sämtliche eingeladene Gäste.

Auf der einen Seite der Tribüne hatte sich die Regimentsmusik der königlichen Landwehr Nürnberg aufgestellt, welche auf Befehl des Kommandanten, des Oberstlieutenants Rhau, in voller Uniform ausgerückt war, eine Auszeichnung, welche das Landwehr-Kommando Fürth hartnäckig verweigerte, da die Landwehr nur zu allerhöchsten Diensten und zur Unterstützung der Autorität der königlichen Behörden bestimmt, die Eröffnungsfeierlichkeit der königlich bayerisch privilegierten Ludwigs-Eisenbahn aber lediglich das Unternehmen einer Privatgesellschaft sei, und daher zu derselben die königliche Uniform nicht gebraucht werden dürfe. In der Nähe der Regimentsmusik stand ein Sängerchor unter Leitung des Kantors Köhler.

Unter den Klängen der Regimentsmusik bestieg um 8½ Uhr Bürgermeister Binder die Rednerbühne und eröffnete die Feier mit einer schwungvollen Ansprache, in welcher er die großartigen Ergebnisse des menschlichen Forschungsgeistes, die Anwendung der Dampfkraft als fortschaffendes Prinzip in seiner Entstehung und Entwicklung bis auf den heutigen Tag verfolgte. Hierauf ging er auf die nun so glücklich vollendete erste deutsche Eisenbahn mit Dampfkraft über und deutete die Vorteile an, welche eine so innige Verbindung den beiden Schwesterstädten verheiße. Große Schwierigkeiten seien bei der Ausführung des Unternehmens zu überwinden gewesen, aber die anscheinend mit schwachen Kräften emporstrebende Anstalt berge bei dem raschen Umschwung, den die Intelligenz allen Verhältnissen des öffentlichen Lebens aufdrücke, die Keime der einstigen Entwicklung in ihrem Schoß. Ferner rühmte Binder den Gemeingeist, die Beharrlichkeit und Ausdauer, welche allein imstande gewesen wären, das Unternehmen zu fördern und zu so gedeihlichem Ende zu führen, wobei er auch zugleich auf die Verdienste hinwies, welche sich der Baumeister, Bezirksingenieur Denis, durch seine rastlose Thätigkeit um den Eisenbahnbau erworben habe. Nachdem er endlich noch den königlichen Staatsbehörden, besonders der königlichen Kreisregierung, deren Vorstand der Feier beiwohnte, öffentlichen Dank dargebracht hatte, schloß er mit dem dreimaligen Ruf:

„Hoch lebe der König und das ganze Königliche Haus!" in welchen die versammelte Menge laut schallend unter Musikakkorden einstimmte. Während die Musik die Nationalhymne „Heil unserm König Heil!" spielte, erfolgte die Enthüllung des bis dahin bedeckten Denksteins, welcher auf der einen Seite den Namenszug Sr. Majestät mit der Inschrift: „Deutschlands erste Eisenbahn mit Dampfkraft 1835," auf der andern die vereinten Wappen beider Städte, „Nürnberg und Fürth," trug. Nach kurzer Pause bestiegen die Eingeladenen in derjenigen Ordnung, welche die Eintrittskarten bezeichneten, den mit Fahnen geschmückten Zug, worauf der Dampfwagen die erste Festfahrt unter Musik und Kanonendonner nach Fürth antrat, während eine zahllose Menge von Zuschauern sich an die Heerstraße und deren Umgebung drängte, um den Anblick der dahinbrausenden, von unsichtbarer Gewalt getriebenen Lokomotive zu genießen.

Bei der Ankunft in Fürth wurde der Zug von den dortigen königlichen und städtischen Behörden bewillkommnet, welche die Passagiere in den Gasthof zum Kronprinzen von Preußen geleiteten, wo ein Frühstück eingenommen wurde. Gegen 10 Uhr wurde die Rückfahrt nach Nürnberg angetreten.

Um 11 Uhr mittags fand die zweite, und um 1 Uhr nachmittags die dritte Fahrt mit dem Dampfwagen statt, welche eine Freifahrt für das Publikum war. Der Andrang zu derselben war so stark, daß nur ein verhältnismäßig kleiner Teil der Fahrlustigen Platz in den 9 Wägen erhielt, die bis auf den letzten Mann besetzt waren. Damit schloß die Eröffnungsfeierlichkeit, bei welcher weder eine Störung der Ordnung, noch irgend ein Unfall sich ereignete. Das hierüber aufgenommene Protokoll, dem wir bei der Darstellung gefolgt sind, ist von Platner und Scharrer unterzeichnet.

Die gehobene Stimmung hatte sich auch in verschiedenen poetischen Ergüssen kund gegeben.

Während sich die Volksmenge in der auf dem Plerrer von einem unternehmenden Wirt errichteten Restauration erquickte, fand im Saale der Museumsgesellschaft unter Anordnung der Herren Hovard und Galimberti nachmittags 3 Uhr das Diner statt. An dem Festessen, zu welchem auch Denis, der Baumeister der Eisenbahn, und seine beiden Gehilfen Dambrunn und Anger, sowie der Buchbindermeister und Magistratsrat Schnerr, der Verfasser des Festgedichtes, eingeladen waren, beteiligten sich alle erschienenen Aktionäre und viele Ehrengäste. Nach dem Diner wurde Schnerrs Festgedicht nach der Melodie: ,,Am Rhein, am Rhein, da wachsen unsere Reben,'' abgesungen. Mit Begeisterung stimmten alle in das Lied ein.

So schloß dieser denkwürdige Tag in der heitersten Stimmung und in der Hoffnung, daß dem gelungenen Anfang bald die Fortsetzung der Eisenbahn nach Ost und West, nach Nord und Süd folgen werde.

Rudolf Hagen

Der Darstellung ist ... der Leitgedanke vorangestellt worden, die wichtigsten Epochen der deutschen Eisenbahnentwicklung betont herauszuarbeiten: Die Pionierleistungen der Eisenbahnen der Frühzeit im Dienste der deutschen Einigung, die Entwicklung der deutschen Eisenbahnen im Zweiten Reich mit dem Siege des Staatsbahn-Grundsatzes und der Erreichung vorbildlicher Formen des Verwaltungsaufbaus, vor allem aber nach dem jähen Zusammenbruch von 1918 jene Vollendung und Krönung der hundertjährigen Geschichte im Zeichen der nationalsozialistischen Verkehrspolitik des Dritten Reiches. Der Befreiungstat des Führers verdankt die Deutsche Reichsbahn – der größte sozialistische Betrieb der Welt – die Eingliederung der Bahnen der ältesten deutschen Ostmark und des Sudetenlandes in das Verkehrssystem des Großdeutschen Reiches; die Verkehrs- und Wirtschaftspolitik dieses Reiches erzielte für die deutschen Eisenbahnen einen Rekordstand der Verkehrsentwicklung, wie er in der mehr als hundertjährigen deutschen Eisenbahngeschichte nie zuvor erreicht worden ist. Dieser Höchststand wurde dabei gewonnen in Zusammenarbeit mit den vielen anderen neuzeitlichen Verkehrsmitteln, die allesamt mit ihrer ganzen Leistungsfähigkeit im Dienste des deutschen Volkes zusammenwirken.

Vorwort der Jubiläumsschrift zum hundertjährigen Bestehen der deutschen Eisenbahnen 1935, herausgegeben vom Reichsverkehrsministerium

Die Eisenbahn hat Grund genug, auf ihre Vergangenheit stolz zu sein. Von der Mitte des vergangenen Jahrhunderts ab hat sie in einem unvergleichlichen Siegeslauf den europäischen Kontinent erobert und dadurch zu seiner politischen, wirtschaftlichen und kulturellen Entfaltung entscheidend beigetragen.

Die Eisenbahn bildet auch heute einen unentbehrlichen Teil unseres Lebens. Daher sollten wir – gerade in diesen dem Gedenken an die Geschichte der deutschen Eisenbahnen gewidmeten Tagen – über der Vergangenheit nicht die Gegenwart und Zukunft vergessen. Die Eisenbahnen sehen sich – nicht nur in Deutschland, sondern überall in der Welt – im Zuge der technischen Entwicklung und als Glied einer sich immer reicher entfaltenden Wirtschaft täglich vor die Notwendigkeit gestellt, sich den Veränderungen in Technik und Wirtschaft schnell und geschickt anzupassen, um vor der Gegenwart und Zukunft so ehrenvoll zu bestehen, wie vor der Vergangenheit. Bevor die ersten Eisenbahnzüge in Europa verkehrten, fehlte es manchmal an Weitblick und Wagemut, um die Pläne der Vorkämpfer der Eisenbahn zu verwirklichen. Auch heute müssen die Eisenbahnen sich unentwegt bemühen, daß sie in der öffentlichen Meinung die Beachtung finden, die ihnen mit Rücksicht auf das allgemeine Wohl und ihre Bedeutung für das Wirtschaftsleben zukommt.

Der Vorstand der Deutschen Bundesbahn zum Jubiläum ,,125 Jahre Deutsche Eisenbahnen'' (1960)

71 Erst ein knappes dreiviertel Jahr nach der Eröffnung der ersten deutschen Eisenbahn von Nürnberg nach Fürth, am 17. August 1836, geruhte König Ludwig I. auf der nach ihm benannten Bahn eine Fahrt zu unternehmen. Man bereitete ihm einen ,,großen Bahnhof''.

72 Selbst die Probefahrten, die den feierlichen Eröffnungs-Akten vorauszugehen pflegten, wurden zum festlichen gesellschaftlichen Ereignis wie hier bei der Potsdam-Magdeburger Eisenbahn 1846.

73 Fahnenschmuck, militärisches Zeremoniell und beachtlicher Einsatz der Ordnungskräfte waren bei Eröffnungen stets obligatorisch, so auch bei der ersten Fahrt der Köln-Koblenzer Eisenbahn am 11. November 1858 ab Koblenz.

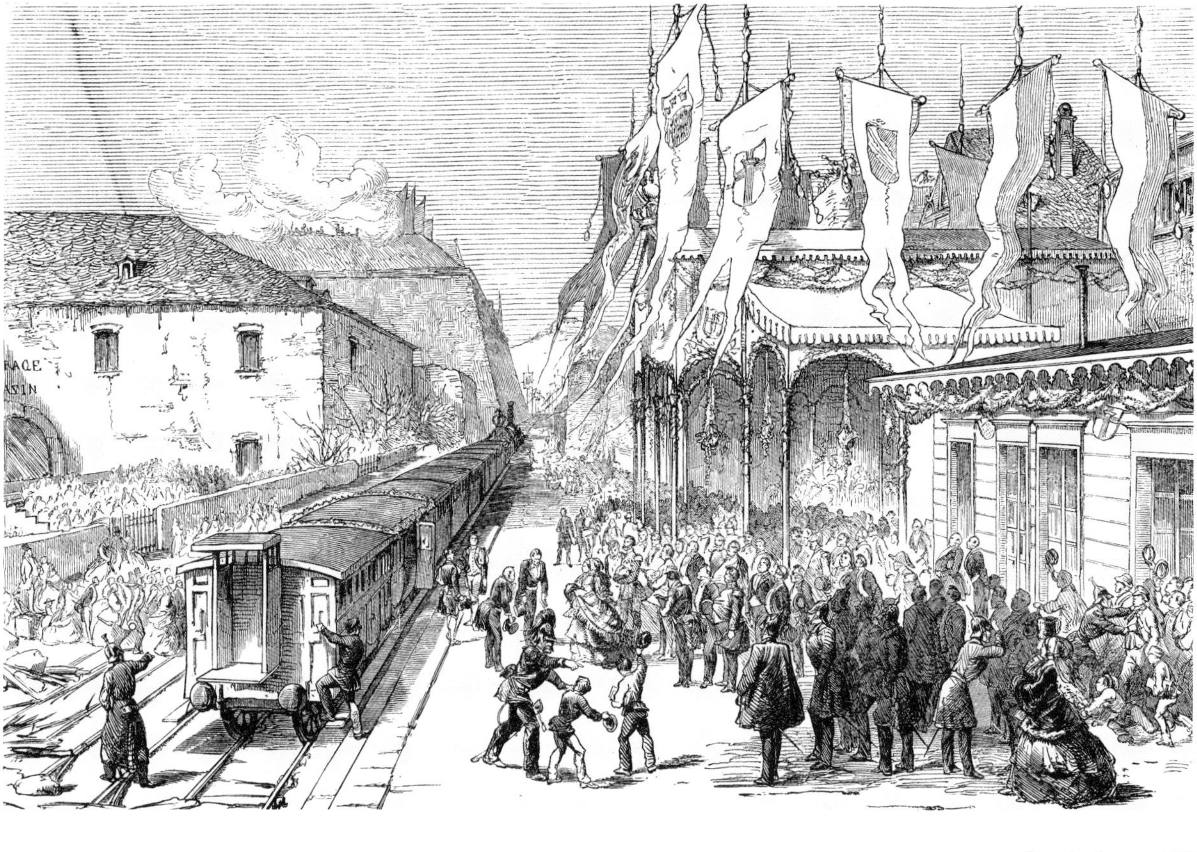

Illustrirte Zeitung.

Nr. 2017.   Erscheint jeden Sonnabend.   Leipzig, 25. Februar 1882.   Preis vierteljährlich 6 Mark.   78. Band.

Die berliner Stadtbahn.

Eins der bedeutungsvollsten und größten Ingenieurbauwerke Europas, die berliner Stadtbahn, ist am 7. Februar dem öffentlichen Verkehr übergeben worden. Wir haben bereits in Nr. 1980 der „Illustrirten Zeitung" (Juni 1881) Mittheilungen über Anlage und Zweck des Unternehmens gebracht und geben deshalb heute folgende Ergänzungen.

Die Vorgeschichte der berliner Stadteisenbahn ist eine recht wechselvolle und versetzt uns in eine Zeit zurück, an deren Nachwehen Gemeinden und Private wol heute noch mit einigem Unbehagen denken. Die Stadtbahn verdankt ihre erste Anregung der deutschen Baugesellschaft, die ihre Projecte im September 1872 bei den betreffenden Behörden einreichte; der technische Beirath der Gesellschaft war der Geh. Baurath Hartwich, wobei allerdings constatirt werden muß, daß bereits 1871 von Baurath A. Orth eine Broschüre (Berlin, Ernst u. Korn) erschien,

in welcher die Idee einer berliner Centralbahn schon im wesentlichen niedergelegt war. Die Genossenschaft, die sich 1873 aus der erwähnten Corporation, dem sich betheiligenden preußischen Staat, der Berlin-Potsdam-Magdeburger, Magdeburg-Halberstädter und Berlin-Hamburger Eisenbahn bildete, fand nach unendlichen Schwierigkeiten und unentwirrbar scheinenden Verwickelungen ihr Ende darin, daß der Fiscus, den bekanntlich Friedrich Wilhelm IV. einen Rader nannte, 1878 die Eisenbahngesellschaften gegen mäßige Opfer, die er ihnen auflegte, ausscheiden

Die Eröffnung der berliner Stadtbahn durch eine Umfahrt des Kaiserpaars am 6. Februar: Besichtigung des Bahnhofs Alexanderplatz.
Originalzeichnung von H. Lüders.

77 Der von Bord gegangene Lotse besteigt ein anderes Verkehrsmittel: Abreise des von Wilhelm II. entlassenen Reichskanzlers Bismarck am 29. März 1890 aus Berlin nach Friedrichsruh.

78 Monarchen am Bahnsteig: Kaiser Wilhelm II. trifft am 20. September 1908, von Ungarn kommend, zum Besuch des Kaisers Franz Joseph auf dem Bahnhof in Hetzendorf bei Wien ein.

79 Selbst Diktatoren pflegen „höfisches“ Bahnhofs-Zeremoniell: Hitler verabschiedet Mussolini zu dessen Heimreise nach Italien auf dem Lehrter Bahnhof in Berlin am 29. September 1937.

Lokomotiven

80 Die Impression von Licht und Rauch gehört als essentielles Element zu fast allen künstlerischen Darstellungen der Dampflokomotiven – sei es als Mythos oder als Monstrum. „Eisenbahn am Abend" nannte Gustav Kampmann seine 1899 entstandene Lithographie.

Hört ihr den Pfiff, den wilden, grellen,
Es schnaubt, es rüstet sich das Tier,
Das eiserne, zum Zug, zum schnellen,
Herbraust's, wie ein Gewitter schier.

In seinem Bauche schafft ein Feuer,
Das schwarzen Qualm zum Himmel treibt;
Ein Bild scheint's von dem Ungeheuer,
Von dem die Offenbarung schreibt.

Jetzt welch ein Rennen, welch Getümmel,
Bis sich gefüllt der Wagen Raum!
Drauf „fertig!" schreit's, und Erd' und Himmel
Hinfliegen, ein dämon'scher Traum.

Dampfschnaubend Tier! seit du geboren,
Die Poesie des Reisens flieht;
Zu Roß mit Mantelsack und Sporen
Kein Kaufherr mehr zur Messe zieht.

Kein Handwerksbursche bald die Straße
Mehr wandert froh in Regen, Wind,
Legt müd sich hin und träumt im Grase
Von seiner Heimat schönem Kind.

Kein Postzug nimmt mit lust'gem Knallen
Bald durch die Stadt mehr seinen Lauf,
Und wecket mit des Posthorns Schallen
Zum Mondenschein den Städter auf.

Auch bald kein trautes Paar die Straße
Gemütlich fährt im Wagen mehr,
Aus dem der Mann steigt und vom Grase
Der Frau holt eine Blume her.

Kein Wandrer bald auf hoher Stelle,
Zu schauen Gottes Welt, mehr weilt,
Bald alles mit des Blitzes Schnelle
An der Natur vorübereilt.

Ich klage: Mensch, mit deinen Künsten
Wie machst du Erd' und Himmel kalt!
Wär' ich, eh' du gespielt mit Dünsten,
Geboren doch im wildsten Wald!

Wo keine Axt mehr schallt, geboren,
Könnt' sein, in Meeres stillem Grund,
Daß nie geworden meinen Ohren
Je was von deinen Wundern kund.

Fahr zu, o Mensch! treib's auf die Spitze,
Vom Dampfschiff bis zum Schiff der Luft!
Flieg mit dem Aar, flieg mit dem Blitze!
Kommst weiter nicht, als bis zur Gruft.

Justinus Kerner

Da liegt das zwanzigmeterlange Tier,
Die Dampfmaschine,
Auf blankgeschliffener Schiene
Voll heißer Wut und sprungbereiter Gier –
Da lauert, liegt das langgestreckte Eisen-Biest –
    Sieh da: wie Oel- und Wasserschweiß
Wie Lebensblut, gefährlich heiß
Ihm aus den Radgestängen: den offnen Weichen fließt.
Es liegt auf sechzehn roten Räder-Pranken,
Wie fiebernd, langgeduckt zum Sprunge
Und Fieberdampf stößt röchelnd aus den Flanken.
Es kocht und kocht die Röhrenlunge –
Den ganzen Rumpf die Feuerkraft durchzittert,
Er ächzt und siedet, zischt und hackt
Im hastigen Dampf- und Eisentakt, –
Dein Menschenwort wie nichts im Qualm zerflittert.
    Das Schnauben wächst und wächst –
Du stummer Mensch erschreckst –
Du siehst die Wut aus allen Ritzen gähren –
    Der Kesselröhren-Atemdampf
Ist hochgewühlt auf sechzehn Atmosphären:
Gewalt hat jetzt der heiße Krampf:
    Das Biest es brüllt, das Biest es brüllt,
    Der Führer ist in Dampf gehüllt –
Der Regulatorhebel steigt nach links:
Der Eisen-Stier harrt dieses Winks!:
    Nun bafft vom Rauchrohr Kraftgeschnauf:
    Nun springt es auf! nun springt es auf!

    Doch:

Ruhig gleiten und kreisen auf endloser Schiene
Die treibenden Räder hinaus auf dem blänkernden Band,
Gemessen und massig die kraftangefüllte Maschine,
Der schleppende, stampfende Rumpf hinterher –

Dahinter – ein dunkler – verschwimmender Punkt –
    Darüber – zerflatternder – Qualm –

Gerrit Engelke

Die brüllen jäh ins Land –: Lokomotiven!
Steil ob der Viadukte Schwung die rasendsten Ko-
    kotten.
Die fest im Raum gestampfter Böden schliefen:
Ob Wiesen=Massen! Fluß=Turm! Nacht=Stern=Grotten!

Lokomotiven! Sturmböcke! euere spitzigen Brüste
(... Torpedos und rubinvoll ...) stoßend durch Gemäuer
    aller Äther grad!
Glänzender Panzerhüfte schmiegt der Draht.
Doch einstmals bäumt ihr auf vor seidener Küste:

Die Brücken platzen krätschen schwarz entzwei!
Des Tunnels Röhre knickte. Schienen lallen.
Gelöst Räder in Lüfte krallen ...
Es schnurrt ... – – –

Bengalische Feuer blühen, ringsum sausend!
Und stürzt und schlagt und poltert in den Grund!
So wirr zerschleudert. Schiefer Mund
Krümmt hoch zum Mond. Langsam rhythmisch noch die
    Gelenk-Gestänge auf und nieder hauen ...

(... Ein Dichter, Falter, schwebt um dich, du blankeres Tier.
Du Majestät! wie zogst du ein in Hallen.
Der Schwestern Pfiffe grell in Lüften schallen.
Tier=Kräuter=Wildnis schmiegt im Glieder=Werk.)

Johannes R. Becher

Mit zornig zischendem Gebraus
Jäh schnob's den hohen Bahndamm her.
Der Schlot warf Wolken weit heraus,
In dunkle Nacht ein dämmernd Meer.
Wildschäumend schleuderte der Zug
Zurück den Qualm, zurück die Qual,
Die Lasten, die er vorwärts trug,
Erschütterten das stille Thal.

Auf einmal athmet der Koloß
Mit siegesstolzer Sicherheit,
Erhaben saust das Riesenroß,
Vom Überschuß der Kraft befreit.
Fern glüht der grünen Augen Brand;
Durch finst'rer Tunnel Rauch und Ruß
Führt nach der Schönheit Sonnenland
Den Zug der Zeit sein Genius.

Karl Henckell

Der Renner stampft und braust dahin! Jetzt durch des
    Blachfelds Niederung,
Jetzt über des Berges schroffen Grat, über den Strom mit
    kühnem Schwung;
Jetzt aus des Tunnels schwarzem Schlund, der ihn ver-
    schlang, sein Brodem braut: –
Hermode auf dem Hela-Ritt! Es keucht das Roß, dem Rei-
    ter graut!
Jetzt über Wall und Viadukt weitaus im Sturm die Mähne
    weht!
Ha! Durch die Lüfte ras't er hin, ein düstrer, qualmiger
    Komet.
Krieg bringt er, wie im Jahre Eilf, Krieg Allem, was bestand
    und galt:
Was früher groß, war gestern Nichts, was gestern jung, ist
    heute alt.
Ein Dämon ist's, der ihn beseelt, den in geheimnißvoller
    Nacht
Am Flammenheerd Vulkans gezeugt das Wasser mit des
    Feuers Macht.

Friedrich Wilhelm Weber

Ein dunkler Punkt am Horizonte, da wo die Geleise sich
trafen, vergrößerte sich. Von Sekunde zu Sekunde
wachsend, schien er doch auf einer Stelle zu stehen. Plötzlich bekam er Bewegung und näherte sich. Durch die Geleise ging ein Vibrieren und Summen, ein rhythmisches Ge-
klirr, ein dumpfes Getöse, das, lauter und lauter werdend,
zuletzt den Hufschlägen eines heranbrausenden Reiterge-
schwaders nicht unähnlich war.
Ein Keuchen und Brausen schwoll stoßweise fernher durch
die Luft. Dann plötzlich zerriß die Stille. Ein rasendes Tosen
und Toben erfüllte den Raum, die Geleise bogen sich, die
Erde zitterte – ein starker Luftdruck – eine Wolke von
Staub, Dampf und Qualm, und das schwarze, schnaubende
Ungetüm war vorüber. So wie sie anwuchsen, starben nach
und nach die Geräusche. Der Dunst verzog sich. Zum Punkte eingeschrumpft, schwand der Zug in der Ferne, und das
alte heil'ge Schweigen schlug über dem Waldwinkel zusammen.

Gerhart Hauptmann

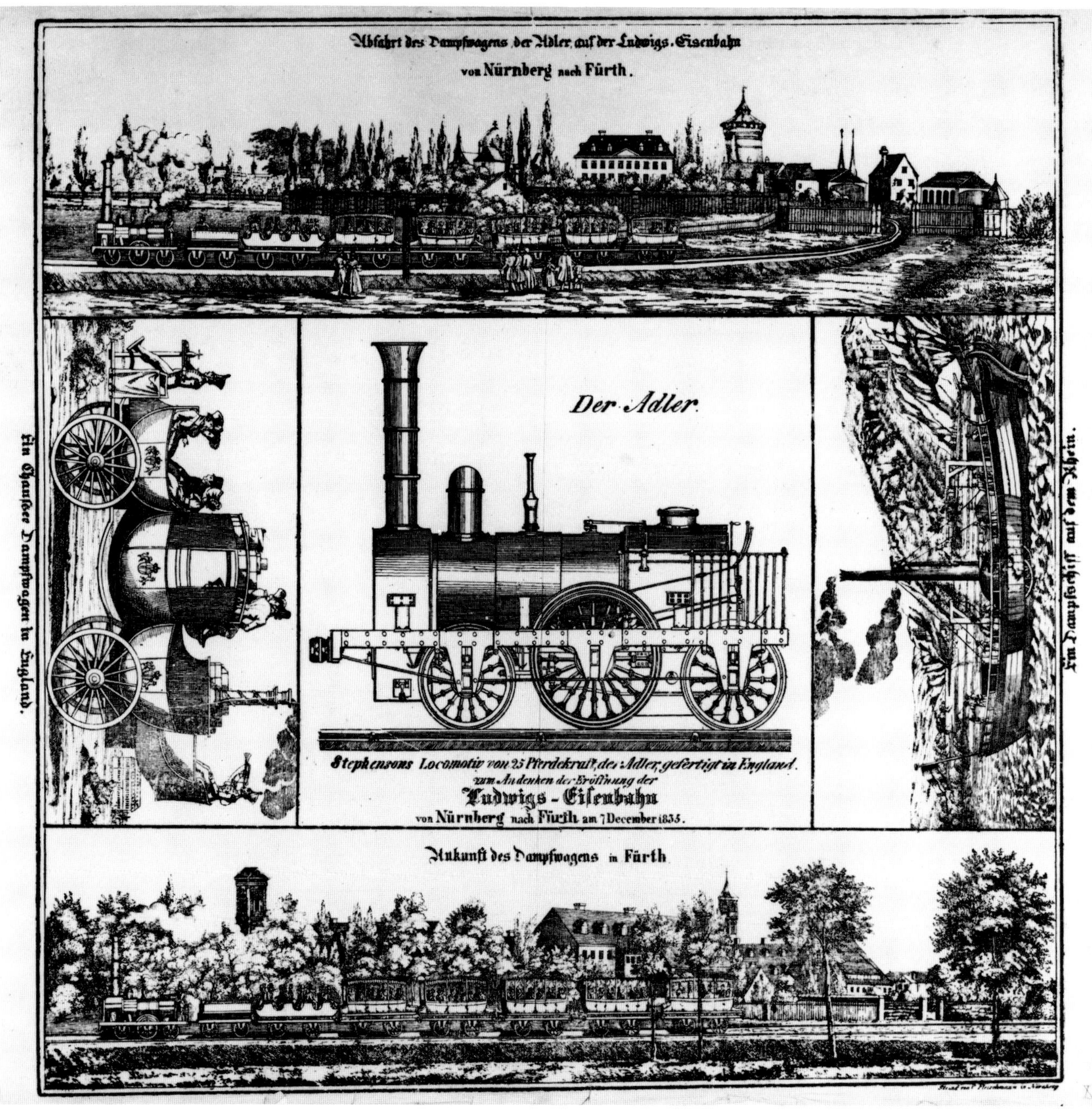

81 Verpackt in 19 Kisten wurde die erste Lokomotive, die auf einer deutschen Strecke fuhr, aus England nach Nürnberg gebracht. Sie erhielt den Namen ,,Adler".

82 Ab 1841 stellte August Borsig in Berlin als erster deutscher Industrieller Lokomotiven her, zunächst für die Berlin-Anhaltische Eisenbahn. Sein Werk wuchs rapide.

83 In Bayern stieg der Münchner Unternehmer Joseph Anton von Maffei, ebenfalls 1841, in das Lokomotivengeschäft ein. Die abgebildete ,,Bavaria" stammt von 1851.

BORSIG
A.BORSIG BERLIN
BAVARIA

84 Der ,,Zusammensetzungssaal'' bei Borsig 1848.
Schon drei Jahre später hatte die Fabrik 330 Lokomotiven produziert; 1857 lieferte das Werk in Berlin
131 Loks in alle europäischen Länder.

85 Johann Friedrich Karl August Borsig (1804 bis
1854), Maschinenbauer und Fabrikant, stieg vom
Breslauer Zimmermann zum reichsten und angesehensten Unternehmer Berlins auf.

86 Borsigs Maschinenbau-Anstalt und Eisengießerei in der Berliner Chausseestraße. 1847, als dieses
Ölbild von Karl Eduard Biermann entstand, beschäftigte der Lokomotivenbau bereits 1200 Mann.

Seite 122, 123:

87 In Berlin-Moabit (im Bild: ,,Borsig's Etablisse-
ment" um 1900) nahm der Industrielle 1849 ein Eisenwalzwerk in Betrieb; wenig später gehörten zu
dem Imperium Kohlegruben und Hochöfen in Oberschlesien. Die Produktionskette war geschlossen.

88 Albert Borsig, der Sohn des Firmengründers, bestellte bei dem Maler Paul Meyerheim einen sieben-
teiligen Gemäldezyklus. Im Bild: Holzstichversion
,,Der Lokomotivbau".

89 *Eisenbahnausbesserungswerk in einer Darstellung nach dem Ersten Weltkrieg.*

90 *Die Aufgaben für die Ausbesserungswerkstätten änderten sich kaum. Technische Mittel und Arbeitsweise wandelten sich natürlich im Lauf der Jahrzehnte. Das Photo stammt aus der Zeit des Zweiten Weltkrieges.*

Einige der bekanntesten deutschen Dampflokomotiven:

91 Die S 3 der Kgl. Preußischen Staatseisenbahnen war eine typische Schnellzuglok der Jahrhundertwende.
92 Die ebenfalls preußische T 3 (später bei der Deutschen Reichsbahn die Baureihe 89), eine Nebenbahnlok.
93 Die preußische P 8, erstmals gebaut 1906, war eine weit verbreitete Personenzuglokomotive.

Abb. 94–99 (jeweils von links nach rechts)

94 Ein typisches ,,Arbeitspferd'' war die G 8.1 der preußischen Staatseisenbahnen (spätere Reichsbahnreihe 55), hergestellt 1913–1921.
95 Die bayerische S 3/6 (spätere Baureihe 18) gilt als eine der formschönsten deutschen Dampfloks.
96 Bekannteste deutsche Schnellzuglok wurde die Baureihe 01.
97 Güterzuglok der Baureihe 44
98 Eine Lok der Baureihe 05 mit Stromlinienverkleidung errang 1936 einen Geschwindigkeitsweltrekord (knapp über 200 km/h).
99 ,,Kriegslok'' nannte man die Baureihe 52 – sie war nach 1945 fast in ganz Europa verbreitet.

100 Das neue Verkehrsmittel Eisenbahn war keineswegs un-umstritten. Der Zeichner des Spottbildes aus dem Jahr 1835 behauptet noch energisch die Überlegenheit der Postkutsche vor der Lokomotive.

101 Panische Angst vor der neuen „Teufelsmaschine" – der Künstler Johann Adam Klein beschwört sie in seiner „Eisenbahnszene bei München", die 1842 entstand.

102 Ein friedliches Nebenein-ander von Pferd, Lok, Kutsche und Eisenbahn propagiert da-gegen der von Albert Borsig hochgeschätzte Berliner Maler Paul Meyerheim noch 1875. ▷

103 In mancherlei Bildern wird das grundlegend neue Erlebnis des Reisens mit dem „pfeilschnellen Dampfroß", dem „furiosen Drachen" immer wieder mit dem Fliegen verglichen.

104 Kein anderes technisches Produkt ist so zum Mythos stilisiert worden wie die Lokomotive. Gebändigt vom göttlichen Kaufmann Merkur zieht der Feuergott seine (Schienen-)Bahn. Die Zeichnung stammt von 1884.

105 Selbst die technische Utopie in dem von Fritz Lang 1926 gedrehten Film „Metropolis" bedient sich noch der qualmenden Dampfmaschine und ihrer überdimensionierten technoiden Formelemente.

◁ *106 In einer Nische seines großen Tableaus ,,Die Cramer-Klett'-
sche Fabrik'' findet Eugen N.
Neureuther auch einen Platz für
den Waggonbau. Cramer-Klett
baute allein zwischen 1870 und
1875 12459 Eisenbahnwagen.*

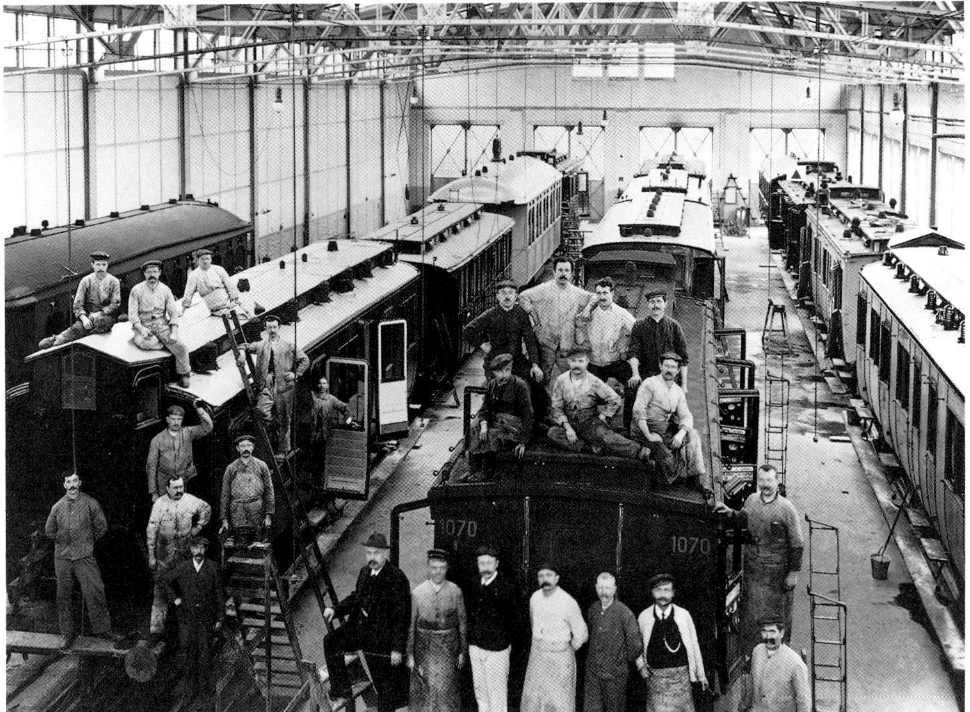

*107 Die Belegschaft des Perso-
nen-Waggon-Baus der Königlichen Eisenbahn-Hauptwerkstätte
in Limburg/Lahn präsentiert sich
mit ihren Arbeitsergebnissen.*

*108 Eine Reparatur-Werkstätte
im Jahr 1919. ,,Eine sichere, zu-
verlässige und wirtschaftliche
Verwendung der Eisenbahnfahrzeuge ist ohne einen guten Erhal-
tungsdienst als getreuen Helfer
nicht möglich.'' (Hundert Jahre
deutsche Eisenbahnen, 1935)*

Hier einige charakteristische deutsche Güterwagen:

109 Bemerkenswert formschön ist der gedeckte Normalgüterwagen der Bayerischen Staatsbahn (etwa um 1850).

110 Großräumiger gedeckter Güterwagen mit Bremserhäuschen der Deutschen Reichsbahn mit 15 t Ladegewicht, ausgelegt für Züge mit bis zu 90 Stundenkilometern Geschwindigkeit.

111 Mit Schiebedach und Schiebewänden versehen ist dieser moderne Güterwagen der Deutschen Bundesbahn (Bauart Tbis). ▷

112 Mit zunehmender Bedeutung des Güterverkehrs waren auch die Formen der Güterwagen spezialisiert und dem Beförderungsgut angepaßt worden. Im Bild: Vierachsiger Einheitskesselwagen der VTG. ▷

Vorsichtig
rangieren!
VTG
Hamburg

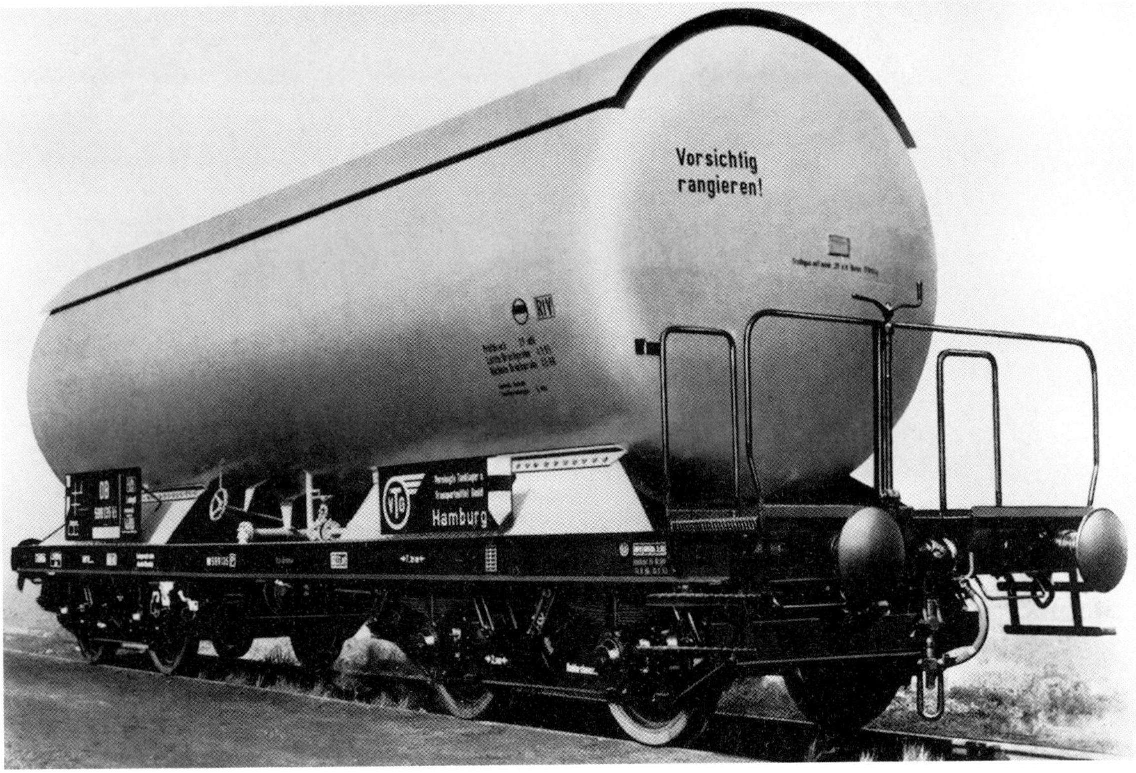

Einige der bekanntesten deutschen Elektro- und Diesellokomotiven:

113 Die erste elektrische Lokomotive (ein ,,Elektromotor auf Rädern") wurde von Siemens & Halske 1879 vorgestellt.

114 Die ES 1 der Kgl. Bayerischen Staatsbahn (bei der Reichsbahn die Baureihe E 16) war die typische Schnellzuglok der 20er Jahre.

115 Die E 44 war eine der meistgebauten und zwischen den 30er und 70er Jahren am weitesten verbreiteten deutschen Elektroloks.

Abb. 116–121 (jeweils von links nach rechts).

116 Als besonders formschön galt die E 18. Sie war eine der bekanntesten deutschen Elektro-Schnellzugloks.

117 Die E 120 wird voraussichtlich die neue Standardelektrolok der Deutschen Bundesbahn.

118 Die erste betriebstaugliche Großdiesellok war die V 140, erbaut 1935.

119 ,,Fliegender Frankfurter" wurde dieser Diesel-Schnelltriebwagen genannt.

120 Die V 200 war in den fünfziger und sechziger Jahren fast im gesamten Bundesgebiet eingesetzt.

121 Als ,,Schienenbus" wurde der VT 98 bekannt, ein sparsames, ideales Gefährt auf Nebenstrecken.

122 Einfahrt in den Frankfurter Hauptbahnhof:
Daß die Züge ihren Weg von Abfahrt zu Ankunft
finden, ist einem ausgeklügelten, heute elektronisch
überwachten System von Schienenführung, Weichenstellung, Zeiteinteilung zu danken. Moderne Technik
baut auf routinierte „Abwicklung". Die Lokomotiven, die „jäh ins Land brüllten", gehören der Vergangenheit an.

Eisenbahner

123 Kaum ein anderer Berufsstand hat soviel Selbstgefühl entwickelt wie „der Eisenbahner". Mag sein, daß dieses Gruppenbewußtsein einem Gefühl besonderer Verantwortung entsprang. Hinzu kam der Beamtenstatus oder ein ihm ähnliches Dienstverhältnis zu einer – meist – staatlichen Institution, vielleicht auch ein „Familiengefühl" derer, die „bei der Bahn" sind. In den dreißiger Jahren, aus denen dieses Bild eines Gleismelders für Rangierarbeiter stammt, hatte die Deutsche Reichsbahn über 700000 Beschäftigte.

Nicht fern von unsrer Tür
Steht der dicke, rotmützige,
Biergesichtige Zugführer.
Er spielt mit seiner elfenbeinernen Pfeife,
Sie ab und zu
An die Lippen bringend, in die Lippen setzend,
Ohne das Zeichen zu geben.
Er schielt zuweilen nach uns hin
Und lächelt,
Lächelt ein wenig maliziös,
Und gutmütig zugleich.
Hol ihn der Kuckuck.
Jetzt gibt er den Befehl zur Abfahrt.
Endlich!
Die Lokomotive schreit.
Langsam setzen wir uns in Bewegung . . .

Detlev von Liliencron

Dampfend, mit zischenden Ventilen, steht die Lokomotive vorm Zuge. Alles ist fertig. Die Signale stehen auf Frei. Noch das Fertigzeichen von hinten her – der Heizer löst die Tenderbremse, der Führer greift in die Apparate: Bremsen, Steuerung, Regler. Zischend, stoßweise kochend, zitternd unter der Spannung der Energien zieht die Maschine an und spürt das Gewicht. Sie spürt es – den Eindruck hat man. Alle Rohre, Kolben, Stangen scheinen sich zu straffen, eiserne Muskel zu ballen und zu strecken.
Weiße Tücher flattern wie Vögel auf dem Bahnsteig – dem Heizer, dem Führer winkt kein Gruß. Sie sind im Dienst, sind selber unpersönlich eingeschaltet in den Organismus. Weichen und Kreuzungen knattern unter der immer schnelleren Fahrt. Signale, Dampfwolken, Kohlenberge, Heizhäuser, Stellereien. Vorortstationen stürzen heran und bleiben zurück. Erleuchtete Straßen klaffen sekundenlang zwischen Häuserwänden auf, verschwinden. Die Lokomotive klirrt. Jeder Quadratzentimeter Eisen bekommt eine gellende Stimme. Im Wasserstandsglase schwankt die flüssige Säule auf und ab. Die Zeiger der Manometer zittern von Zahl zu Zahl. Die schmale Eisenbrücke, die die Lücke zwischen Lokomotive und Tender schließt, wankt auf und ab, hin und her. Steht man darauf, so hat man das Gefühl, auf biegsamem, taumelndem Eisen durch die Nacht zu tanzen, zu schwanken.
Der Heizer dreht da an einem Ventil, da an einem andern, verrichtet mit ruhiger Selbstverständlichkeit, als ob er auf dem festesten Grund der Welt stünde, fortwährend Handgriffe, deren Sinn man nicht kennt und deren jeder irgendeine Wirkung hat.
Der Führer blickt durch das ovale Fenster voraus in die Nacht. Draußen ordnet sich das komplizierte System der Signale zu einer klaren Zeichensprache, die das Fahrgleis sichert. Rote Lichter schimmern als glühende Punkte im Dunkel, verwandeln sich – es ist wie das Zucken eines Augenlides – in Grün und geben die Strecke frei. Eine Tafel, mit Zahlen und schwarz-weißen Feldern bemalt, zeigt an, daß die Strecke steigt: 1:40. Der Führer kurbelt die Steuerung nach vorn, schaltet den Regler auf mehr Dampf, öffnet den Sandstreuer, damit die Räder besser greifen, und zitternd unter dem Druck gespannter Kräfte nimmt der Zug die lange Steigung, erreicht die Höhe. Eine Tafel meldet Fall 1:60 – der Führer schaltet den Dampf ab und läßt die Luftdruckbremse spielen. Rasselnd, vom Gewicht der 314 Tonnen geschoben, fällt der Zug in fliegender Fahrt abwärts in das ,,Loch". Der Zeiger am Geschwindigkeitsmesser zuckt vorwärts: 50, 60, 70, 75 Kilometer. Kleine Stationen, spärlich erleuchtet und vereinsamt, wie vergessen in der Nacht, schreien dem vorüberdonnernden Zuge das grelle Echo ihrer Wände und Blechdächer nach. Eiserne Brücken brüllen über schwarzen Schluchten, in denen sich schlafende Dörfer ducken. Die Lokomotive scheint auf ihren fünf Achsen zu kreiseln. Und hinterdrein stürzt die Last der 314 Tonnen auf 64 donnernden Rädern, die Wucht der Wagen, in denen Menschen im Licht sitzen und plaudern und lesen, im Speisewagen Roquefort mit Beaujolais netzen, im Schlafwagen sich zur Ruhe betten.

Edgar Hahnewald

Meine Fahrkarte, versteht sich, war in bester Ordnung, und ich genoß es auf eigene Art, daß sie so einwandfrei in Ordnung – daß folglich ich selbst so einwandfrei in Ordnung war und daß die wackeren, in derbe Mäntel gekleideten Schaffner, die mich im Lauf des Tages in meinem hölzernen Winkel besuchten, den Ausweis nachprüften und ihn mit ihrer Zwickzange lochten, ihn mir stets mit stummer dienstlicher Befriedigung zurückreichten. Stumm allerdings und ohne Ausdruck, das heißt: mit dem Ausdruck beinahe erstorbener und bis zur Affektation gehender Gleichgültigkeit, der mir nun wieder Gedanken eingab über die jede Neugier ausschaltende Fremdheit, mit welcher der Mitmensch, besonders der beamtete, dem Mitmenschen glaubt begegnen zu sollen. Der brave Mann da, der meine legitime Karte zwickte, gewann damit seinen Lebensunterhalt; irgendwo wartete seiner ein Heim, ein Ehering saß ihm am Finger, er hatte Weib und Kinder. Aber ich mußte mich stellen, als ob mir der Gedanke an seine menschlichen Bewandtnisse völlig fernliege, und jede Erkundigung danach, die verraten hätte, daß ich ihn nicht nur als dienstliche Marionette betrachtete, wäre höchst unangebracht gewesen. Umgekehrt hatte auch ich meinen besonderen Lebenshintergrund, nach dem er sich und mich hätte fragen mögen, was ihm aber teils nicht zukam, teils unter seiner Würde war. Die Richtigkeit meines Fahrscheins war alles, was ihn anging von meiner ebenfalls marionettenhaften Passagierperson, und was aus mir wurde, wenn dieser Schein abgelaufen und mir abgenommen war, darüber hatte er toten Auges hinwegzublicken.

Thomas Mann

Der Posten, den der Wärter nun schon zehn volle Jahre ununterbrochen inne hatte, war aber in seiner Abgelegenheit dazu angetan, seine mystischen Neigungen zu fördern. Nach allen vier Windrichtungen mindestens durch einen dreiviertelstündigen Weg von jeder menschlichen Wohnung entfernt, lag die Bude inmitten des Forstes dicht neben einem Bahnübergang, dessen Barrieren der Wärter zu bedienen hatte.

Im Sommer vergingen Tage, im Winter Wochen, ohne daß ein menschlicher Fuß, außer denen des Wärters und seines Kollegen, die Strecke passierte. Das Wetter und der Wechsel der Jahreszeiten brachten in ihrer periodischen Wiederkehr fast die einzige Abwechslung in dieser Einöde. Die Ereignisse, welche im übrigen den regelmäßigen Ablauf der Dienstzeit Thiels außer den beiden Unglücksfällen unterbrochen hatten, waren unschwer zu überblicken. Vor vier Jahren war der kaiserliche Extrazug, der den Kaiser nach Breslau gebracht hatte, vorüber gejagt. In einer Winternacht hatte der Schnellzug einen Rehbock überfahren. An einem heißen Sommertage hatte Thiel bei seiner Streckenrevision eine verkorkte Weinflasche gefunden, die sich glühend heiß anfaßte und deren Inhalt deshalb von ihm für sehr gut gehalten wurde, weil er nach Entfernung des Korkes einer Fontäne gleich herausquoll, also augenscheinlich gegoren war. Diese Flasche, von Thiel in den seichten Rand eines Waldsees gelegt, um abzukühlen, war von dort auf irgendwelche Weise abhanden gekommen, so daß er noch nach Jahren ihren Verlust bedauern mußte. Einige Zerstreuung vermittelte dem Wärter ein Brunnen dicht hinter seinem Häuschen. Von Zeit zu Zeit nahmen in der Nähe beschäftigte Bahn- oder Telegraphenarbeiter einen Trunk daraus, wobei natürlich ein kurzes Gespräch mit unterlief. Auch der Förster kam zuweilen, um seinen Durst zu löschen.

Gerhart Hauptmann

Ein Zug ist auf dieser Strecke schon lange keiner mehr durchgekommen. Die Strecke scheint seit Jahren aufgelassen. Das Tal ist sanft, die Gegend einsam und still. Locker aus dem Handgelenk pendelnd, als wäre er ein kunstvoll verzierter Perpentikel eines mahagonischwarzen Regulators, klopft der Hammer mit dem langen, fettig abgegriffenen Buchenholzstiel beidseitig in gleichbleibendem Rhythmus, zuverlässig wie ein Metronom, gegen das Eisen des eingleisigen Schienenstrangs zwischen Thulsern und Fallmühle. Zwei Takte versetzt, aber nicht minder gleichmäßig, ist mein Schritt über den Schotter hinweg von Schwelle zu Schwelle, ein ebenmäßiges, aber seltenes Versmaß, erhaben und von eigensinniger Schönheit. Ich gehe die steilste Strecke im ganzen Land. Sie überwindet einen gewaltigen Höhenunterschied vom lieblichen Tal hinauf zum dunkelgrünen Fernsteinsee, dessen verwunschene Tiefe den Lohn enthält für Beharrlichkeit und Aufstieg. Drunten im See könnte der Drachen den Hort bewachen. Klingend treffen Hammer und Schiene aufeinander, glockenklar, unterbrochen nur vom widerspenstig knirschenden Schotter unter den genagelten Schuhen. Distelklang stäubt auf, und wäre die Tonlage anders als sonst all die Jahre, wüßte ich sofort, wo welche Verankerung sich gelockert, wo die gußeisernen, mit fingerdicken Schrauben verankerten Zwingen nachzuziehen wären, wo sich eine Schwelle geneigt oder sich eine Schiene eine noch vor dem kommenden Kälteeinbruch zu verschweißende Schrunde zugezogen hätte. Deshalb muß mein Klopfen exakt sein, die besondere Akkuratesse verlangt ein geschärftes, über lange Jahre der Erfahrung höchst empfindlich gewordenes Gehör, welches sich nicht einmal vom gedehnten Schrei eines Raben, den der Wind von der Drusenfluh herübertreibt, sorglos ablenken läßt und darüber seine verantwortungsvolle Aufgabe sträflich vernachlässigt oder gar vergißt.

Gerhard Köpf

144   *Eisenbahner*

124 *Uniformierter Bahnwärter aus der Zeit um 1840. Zu dieser Zeit gab es noch kein ,,Berufsbild" des Eisenbahners; die Beschäftigten kamen aus den unterschiedlichsten sozialen Bereichen.*

125 *Bahnwärter, Wagenmeister und Wagenwärter der Berlin-Potsdamer Eisenbahn 1863. ,,Sie mußten höflich und aufmerksam sein, und man kleidete sie in geschmackvolle Uniformen." Erst Jahre später begann eine spezifische Ausbildung.*

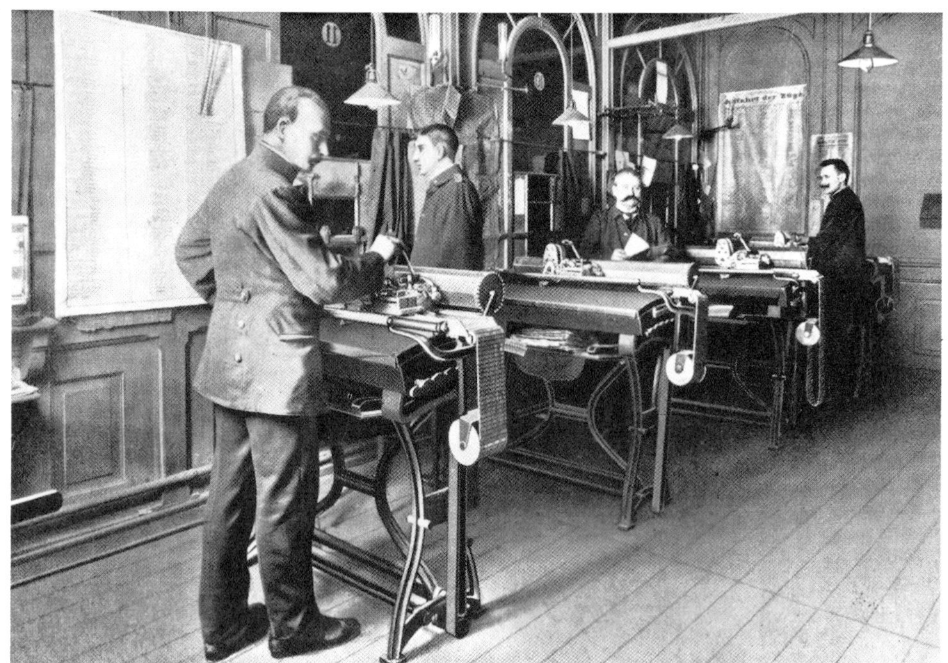

128 Technischer und Nichttechnischer Dienst sind die Hauptzweige bei der Bahn. Der Nichttechnische Dienst wird aufgeteilt in Verkehrsdienst, Betriebsdienst, Verwaltungsdienst. Fahrkarten- und Gepäckschalter gehören zum Verkehrsdienst. (Aufnahme: nach 1945) ▷

126 Die Eisenbahn war von Anfang an ein innovatorisches Verkehrsmedium. Technische Weiterentwicklungen wurden stets genutzt. Bild: Die ersten Fahrkartendrucker im Kölner Hauptbahnhof.

127 Der ,,Fahrkartenzwicker'' an der ,,Bahnsteigsperre'' gehört längst der Vergangenheit an. Auch die ,,Bahnsteigkarte'' gibt es nicht mehr – die Bahn will heute ,,kundenfreundlich'' sein.

FAHRKARTENAUSGABE
4
FAHRKARTEN
für
Einzel-
Reisen

D-Zug zuschlagpflichtig
Richtung nach
Balkanzug
Eilzug   Nach-Zug
Richtung nach
Hannover-
Essen-Cöln

129 *Arbeitsplatz Bahnhof: Auf den großen Stationen sind Hunderte von Menschen rund um die Uhr damit beschäftigt, die zahllosen Funktionen des Reise- und Güterverkehrs zu bewältigen. (Foto: 1916)*

130 *Im Bahnhofsdienst herrscht eine strenge, betriebsnotwendige Hierarchie. Kein Zug darf ohne Genehmigung des Fahrdienstleiters in den Bahnhof einfahren oder ihn verlassen.*

131 Die kleinen Bahnhöfe mit den Dienstwohnungen verliehen dem Bahnbetrieb einen ausgesprochen familiären Charakter.

132 Zugführer und Schaffner sind „Zugbegleitpersonal". Als die Waggons noch nicht mit Durchgängen verbunden waren, kletterten die Schaffner auf Außenstegen von Wagen zu Wagen.

133 „... muß der Gepäckan-
nahme-Beamte, nachdem er
den Koffer abgenommen, die
Fracht ausgerechnet und dem
Reisenden den Gepäckschein
ausgehändigt hat, noch dafür
sorgen, daß der Koffer auch
zum Zuge gebracht wird.‟

134 Karikatur aus dem Jahr
1895. Der Pastor erkundigt
sich nach der „Expedition der
irdischen Güter‟.

135 Der Gepäckträger und die
vornehme Reisende (die Szene
stammt aus dem Jahr 1935).
Der Dienst-Mann par excellence war nicht selten Zielschei-
be kabarettistischer Witzeleien.

▷

28
GEPÄCKTRÄGER

Zeitungen
NICHTRAUCHER

Mitropa Reisekissen Mitropa
Nichtraucher
MITROPA
REISEKISSEN
LEIHGEBÜHR 1 RM

136 ,,Eisenbahner" war der Zeitungsverkäufer im Jahr 1907 trotz seiner ,,Dienstmütze" sicherlich nicht, aber er wird sich wohl dazugehörig gefühlt haben.

137 Für 1 Reichsmark konnte man sich 1929 ein Reisekissen leihen. Die ,,Mitteleuropäische Schlafwagen- und Speisewagen A.G." (Mitropa) bot seit 1916 ihre Leistungen an.

138 Allerlei Dienstleistungen wurden dem zahlungskräftigen Reisenden schon von jeher offeriert. (Im Bild: Anhalter Bahnhof, Berlin 1931.) Heute kann man im IC-Zug über einen Münzfernsprecher telefonieren.

139 ,,Der Bahnwärter darf ... seine Strecke nicht verlassen und muß seinen Dienst mit ununterbrochener Aufmerksamkeit besorgen. Wachsamkeit ist die oberste Pflicht."
(Bild: Hans Baluschek, 1932)

140 Für die Bayerische Ostbahn oder den zweiflügeligen optischen Telegraphen wird diese Abbildung zumeist in Anspruch genommen. Ursprünglich aber war die Zeichnung eine Art Moral-Blatt mit dem Text: ,,Ein wichtiger Dienst bei Tag und Nacht – Doch wird er munter stets vollbracht!" ▷

141 Die Angst des Bahnwärters vor dem Unglück: Die trotz strengster Sicherheitsvorkehrungen zahlreichen Unfälle an den Bahnübergängen verfolgten viele tausend Eisenbahner in ihren Träumen. ▷

142 *,,... ist zu untersuchen, ob die Bahn, Schienenstränge, Schienenbefestigungs-Mittel, Spurweite etc. vollkommen in Ordnung und in normalem Zustand sind.'' (Text: 1886, Bild: 1930)*

143 *,,Schwellenhopser'' werden die Streckengeher im Eisenbahnerjargon genannt. Das gesamte Gleisnetz der Bundesrepublik wird wöchentlich mindestens zweimal Meter für Meter überprüft.*

144 Zwischen den Puffern ist das Leben des Eisenbahners besonders gefährdet. Bei diesem harten Dienst der Hemmschuhleger, Stellwerker, Weichenreiniger und Bremser geschahen oft gräßliche Unfälle.

145 Die Modernisierung des Rangierbetriebes (das Bild stammt aus dem Jahr 1960) schreitet voran und soll größere Sicherheit für Personal und Umwelt bringen. So wird der Rangierbahnhof in Nürnberg jetzt für 220 Millionen Mark umgebaut.

146 Weichen- und Signalsystem bei den Kgl. Bayerischen Staatseisenbahnen (Bahnhof Bernau an der Maximiliansbahn): Mit Kurbelwerk (Mitte) und Drahtzügen wurden die Weichen gestellt. Links die Läutewerke und die Stationsglocke.

147 Weichen- und Signalstellwerk 1935. Das System ist im Prinzip gleich geblieben. Die überschweren Hebel, die bei Bedarf sehr schnell umgelegt werden müssen, bewegen von der Zentrale aus über Drahtzüge die Weichen.

148 Inzwischen ist auch für die Weichenstellerei das elektronische Zeitalter angebrochen. Von einem großen Schaltpult aus kann ein einziger Mann viele Schienenwege miteinander verbinden.

149 William Wilson, der erste Lokomotivführer einer deutschen Eisenbahn, trug bei der Galafahrt 1835 einen Zylinder. Funkenflug und Wetterunbilden ausgesetzt waren seine Nachfolger. Die Lokführer waren harte Techniker.

150 Dampflokomotiven gibt es bei der Deutschen Bundesbahn nur noch zu musealen Zwecken. Die Dampf-Nostalgie ist aber ungebrochen; mehr und mehr reaktivieren Privatunternehmer und Vereine alte Dampfstrecken.

151 Der ,,Lokführer'' eines zeitgenössischen Triebwagens ist eher ein ,,Pilot''. Er sitzt im ,,Cockpit'' einer elektronisch ausgerüsteten Maschine.

152 Lokführer und Heizer waren der ,,Fahrdienst'' eines Eisenbahnzuges. Der Heizer hatte während einer einzigen Fahrt tonnenweise die Kohle in den Heizkessel zu schaufeln und später die Schlacke auszuräumen.

Bimmelbahn

153 Vizinalbahn, Sekundärbahn, Lokalbahn – oder einfach Bimmelbahn –, sie haben alle etwas Heimeliges an sich, sofern es sie heute noch gibt. Hans Baluschek nannte sein Bild vom Bahnhof Molkau aus dem Jahre 1912 ,,Die kleine Station".

„-'menau!" rufen die Schaffner. „-'menau!" Mit dem Ton auf der letzten Silbe. Wir sehen hinaus. Da rauschen ein paar Bäume, der Stationsvorsteher hat sich Sonnenblumen gezogen, die aus der Zeit herrühren, wo er noch nicht Fahrdienstleiter hieß, da steht „Männer" dran und da „Frauen", und für die Zwitter ist auch noch ein Güterschuppen da. Die Lokomotive atmet. Niemand steigt aus. Niemand steigt ein. Aber hier ist: Aufenthalt.

Von „-'menau" ist nichts zu sehen, das liegt wohl hinter den Bäumen. Doch, hier ist ein kleines Stückchen Straße, wenn nicht alles täuscht: die Bahnhofstraße, maßlos häßlich, hoffen wir, daß es da hinten hübscher aussieht. Sicherlich tut es das.

Da steht ein Schillerdenkmal (1887) und ein Kriegerdenkmal – nein, zwei: eins von dunnemals und eins von heute, eins mit einer Zuckerjungfrau und eins mit einem Stahlhelmmann. Eine Kaiser-Wilhelm-Straße ist da, und die lange Chaussee trägt den Namen der nächsten großen Stadt. Die Kirche ist aus romanischem Stil und das Postamt aus Backsteinen.

Einer ist der reichste Mann von „-'menau" – einer muß doch der Reichste sein. Er ist viel in der Stadt und weilt nicht oft im Orte, wie das Blättchen schreibt. Am Stammtisch sorgen der Amtsrichter, der, ach Gottchen, Referendar, der Apotheker und der Postinspektor für die Aufrechterhaltung der Republik, wie sie sie auffassen. Manchmal darf da auch der Redakteur sein Bier trinken.

Wenn Markt ist, schwitzen dicke Bauerngesäße in der Kneipe, alles ist voll Dunst und Rauch und Geschrei. Der Lehrer hat ein bißchen die Tuberkulose, aber das macht nichts: im Sommer fällt ohnehin der Unterricht so oft aus, wie der Gutsbesitzer die Kinder zur Feldarbeit braucht. Es ist ein Arzt da, der viele Kinder hat, merkwürdig. Am Marktplatz wohnt Fräulein Grippenberg, sie spielt Klavier; wenn nachts der Mond geschienen hat, singt sie am nächsten Tage, die Hunde haben das nicht gern. Ein Polizeibüro ist da, worin es grob und säuerlich riecht; der amtierende Polizist hat hervorstechende Augenbrauen, fast kleine Buschen; er war aktiver Wachtmeister, seine Einjährigen hatten nichts zu lachen, aber er hatte was.

Wo die Liebespaare wohl hingehen? Wahrscheinlich in die Felder. Die Gemeinde zählt 1245 Seelen, da heißt es fleißig sein; der Kaiser braucht Soldaten ... ach nein! Ja doch. Telephonieren kann man beim Doktor, sonst im Gasthaus, aber da ist das Telephon kaputt. Auf einem brachliegenden Felde in der Gemarkung VIII des Kätners Römmelhagen steht ein Runenstein. Schadt nichts, laß ihn stehen.

Möchte man hier leben –? Auf dich haben sie nicht gewartet; sie haben ihre Schicksale, sterben, saufen, handeln, lassen Grundstückseintragungen vornehmen, prügeln ihre Kinder, stecken der Großmama Kuchenkrümel in den Mund und verzweifeln – höchst selten – an der Welt. „-'menau!" Ja, und dann fahren wir wieder.

Kurt Tucholsky

Wir befinden uns vor einem Bahnhofsgebäude und sehen von links nach rechts eine Tür, die nach dem ersten Stock führt, einen Fahrkartenschalter und abermals eine Tür mit Milchglasscheiben und der Überschrift „Stationsvorstand". Daneben einige Signalhebel, Läutwerk und dergleichen. An der Wand kleben Fahrpläne und Reisereklame ...

Auf den Bänken warten zwei Reisende: Die Bäckermeistersgattin Frau Leimgruber und ein Waldarbeiter mit einem leeren Rucksack und einer Baumsäge. Das Läutwerk läutet, dann wirds gleich wieder still. Jetzt kommt ein dritter Reisender von links mit Hand- und Aktentasche, ein Vertreter aus der Stadt. Er hält und blickt auf die Bahnhofsuhr. Es ist neun Uhr abends, eine warme Frühlingsnacht.

Vertreter tritt an den Fahrkartenschalter und klopft, aber es rührt sich nichts, er klopft abermals, und zwar energisch.

WALDARBEITER Da könnens lang klopfen, der macht erst knapp vor Abfahrt auf.

VERTETER *blickt wieder auf die Uhr:* Hat denn der Zug Verspätung?

FRAU LEIMGRUBER *lacht hellauf, zum Waldarbeiter:* Was sagens zu dieser Frage?

WALDARBEITER *grinst:* Der Herr kommt vom Mond – *Zum Vertreter.* Natürlich haben wir Verspätung, dreiviertel Stund!

VERTRETER Dreiviertel Stund? Elende Schlamperei – *Er zündet sich wütend eine Zigarre an.*

FRAU LEIMGRUBER Es ist eben alles desorganisiert –

WALDARBEITER *fällt ihr belehrend ins Wort:* Es kommt eben alles daher, weil immer nur abgebaut und abgebaut wird. – Die werden noch so lange rationalisieren, bis überhaupt nix mehr fahren wird.

VERTRETER *bläst den Rauch von sich:* „Rationalisierung" – ein übles Kapitel.

WALDARBEITER Die schicken ja jeden zum Teufel, das beste Menschenmaterial.

FRAU LEIMGRUBER *wird plötzlich geschwätzig, zum Vertreter:*

Zum Beispiel hier auf unserem Bahnhof: was meinens, wieviel Personal wir da haben? Einen, einen einzigen Mann haben wir da.

VERTRETER *perplex:* Wieso dies? Nur einen einzigen Beamten?

FRAU LEIMGRUBER Zum Glück ist unser Herr Vorstand ein wirklich tüchtiger Mann, ein gebildeter, höflicher, emsiger Charakter, ein selten strammer Mensch! Der scheut keine Arbeit, er trägt die Koffer, vernagelt die Kisten, stellt die Weichen, steht am Schalter, telegraphiert und telephoniert – alles in einer Person! Und miserabel bezahlt ist er auch.

WALDARBEITER Wer?

FRAU LEIMGRUBER Na der Vorstand.

WALDARBEITER Miserabel nennen Sie das? Ich nenn das eine königliche Gage – denkens doch nur an seine freie Dienstwohnung da droben! *Er deutet auf den ersten Stock.* Der hat ja sogar einen Salon und wenn er aufsteht, hört er die Vöglein zwitschern und sieht weit ins Land – *Er grinst. Jetzt läutet das Läutwerk und der Stationsvorstand Thomas Hudetz tritt rasch aus seiner Türe, er bedient den Signalhebel und schon rast ein Schnellzug vorbei, er salutiert und wieder ab.*

FRAU LEIMGRUBER Das war der Expreß, der hält nicht bei uns.

VERTRETER Kann ich ihm nachfühlen. Wieviel Einwohner hat denn das Nest?

WALDARBEITER Zweitausenddreihundertvierundsechzig.

Ödön von Horváth

Die Lokomotive holperte mit zwei alten Wagen hinter die nächtlichen Hügel. Jetzt sind wir bald daheim, sagte die Frau. Ihr Mann sagte nichts. Ich bin müde, sagte sie, die große Stadt macht so müde. Im Kopf bin ich fast müder als in den Beinen. Die vielen Leute machten mich müde. Ihr Mann sagte nichts.

Ausschußware, sagte (auf einer anderen Bank) ein Arbeiter. Ausschußware, sagte er, auf dieser Linie verkehrt nur die Ausschußware der Schweizerischen Bundesbahnen. Sein eingefallener Rucksack schlotterte. Ja, sagte ihm gegenüber ein Mann, und die Anschlüsse sind miserabel, es ist eine Schande, daß sich der Gemeinderat bei den Bahnbehörden nicht wehrt. Der Mann war beinahe ein Herr.

Am Dienstag wurde er operiert, erzählte eine Matrone (auf einer anderen Bank), noch kann man nichts sagen. Ich hoffe natürlich das Beste, man muß immer hoffen, habe ich ihm gesagt, gib nur die Hoffnung nicht auf, wer hofft, ist noch nicht verloren. Ja, sagte neben ihr eine ähnliche Frau, man wird klein im Spital und dem Himmel dankbar, wenn man wieder hinaus kann.

Ein junger Mensch, zusammengekauert (auf einer anderen Bank), das Kinn im Halstuch vergraben, dachte plötzlich und grundlos erbittert, sprenge uns, dachte er, sprenge den Zug in die Luft, ach bitte!

Aber so billig ging's nicht, und die Wagen holperten weiter. Hinter die nächtlichen Hügel.

Kurt Marti

Auf der seltsamsten Eisenbahn Europas, deren Weg die Grenzen dreier Länder berührt, ist niemals auch nur ein einziger Zug zum Einsatz gekommen. Noch nicht einmal eine verbindliche Trassierung hat es gegeben, nur Vermessungsarbeiten, die um 1910, 1912 den Krautgarten meiner Großeltern erreichten und denen der erste Weltkrieg und die tschechische Republik ein ganz unverdientes Ende bereiteten. Man kann über diese Eisenbahn an einem nach Kiefernharz und feuchtem Moos duftenden Nachmittag hinweggelangen, während man zum Beispiel eine sumpfige Wiese überquert, ohne daß einem ein vorbeikommender Kohlenzug den Weg abschneidet, eine Serie tiefgezogener Brückenbogen die mögliche Umgehung markiert oder wenigstens der Fuß im Schotterbett des verlorenen Bahndamms versinkt. Es existiert nicht der geringste Hinweis auf ihren Verbleib. Dennoch überdauerte sie im Bewußtsein der meisten Menschen an ihrem Weg.

Fremde auf ihre Spur zu locken ist bis heute ein bekanntes Vergnügen geblieben. Es unterliegt der einfachen Regel, daß, wer einmal nach Regnitzlosau gelangt, es nicht versäumen sollte, dort nach dem Bahnhof zu fragen. Je nachdem, wo diese Frage gestellt wird, in einem Wirtshaus meinetwegen, auf dem Hof eines Bauern oder an der Post, kann sie, wiederum abhängig von schwer berechenbaren Umständen – Kärwa, ein verregneter Sommer, eine glücklose Konfirmation –, eine ausgewachsene Schlägerei nach sich ziehen, auch wütendes Schweigen oder eisige Resignation. Der Bahnhof von Regnitzlosau, es kann nicht verborgen geblieben sein, wurde nämlich mitsamt der ganzen Bahnlinie, an der er liegt, niemals gebaut. Und das Bewußtsein von dieser beschämenden Niederlage hat sich dort bis heute erhalten.

Gerald Sammet

154 Unter dem Titel ,,Idylle auf dem Kleinstadt-
bahnhof" veröffentlichte die Zeitschrift ,,Gartenlau-
be" diese Abbildung einer keineswegs beschaulichen
Szene.

155 Die Nebenbahnen waren für viele Gebiete das
einzige motorisierte Transportsystem und trotz nied-
rigen Standards begehrte Verbindung mit den Zentren. Hans Baluscheks Bild heißt ,,Kleinbahnidyll".

21. Sp.K B.
Sp.K B.
5.
1935.
H.BALUSCHEK.

156 *Anläßlich eines Jubiläums stellen sich die Bediensteten einer Nebenstrecke in Positur. Ein eigener Bahnhof galt in jener Zeit als gemeindliches Status-Symbol.*

157 *,,Aus dem Umstande, daß es sich . . . nur um die Befriedigung beschränkter Verkehrsbedürfnisse handelt, wird . . . die natürliche Folgerung gezogen, daß Lokalbahnen . . . in möglichst einfacher Weise zu betreiben sind."*

158 Als Zuliefer-Vehikel für die Bedürfnisse der großstädtischen Märkte gewannen die Lokalbahnen zunehmend an Bedeutung. Das Bild vom Berliner ,,Central Viehhof" stammt aus der Zeit des Ersten Weltkrieges.

159 Getreide, Kartoffeln, Rüben, Schlachtvieh bis hin zu Düngemitteln, Pflugscharen, Waren für den Tante-Emma-Laden: Sehr gemischt waren die Ladungen auf den Vizinal- und Lokalbahnen.

160 Witze über das Lokalbähnchen haben sich bis heute erhalten (Stichwort: ,,Der hält an jeder Milchkanne"). Die Zeichnung stammt aus den ,,Fliegenden Blättern" (1903).

LP
98 813

161 Zur „Seekuh" verballhornten die Erlanger lie-
bevoll ihre „Sekundärbahn". Es war keineswegs selten, daß Lokalbahnen auch auf „für die Bahn ganz
oder teilweise benutzbaren Straßen" fuhren.

162 Die Idylle stirbt: Zu den heißesten verkehrspo-
litischen Themen gehört heutzutage die Stillegung
von Nebenstrecken und der Ersatz des „Bähnle"
durch weit weniger romantische Busse.

Reisende

163 Der Bahnhof wurde von den Reisenden früher – sehr viel elementarer als heute – gleichsam als die letzte Station zwischen der vertrauten Umwelt und der Fremde empfunden. So erscheinen (Bild: Berlin, Stettiner Bahnhof, 1908) die Bahnsteigsperren wie Barrieren. Sie sind heute verschwunden. Die Bahnhöfe sind durchlässiger geworden, der Wandel der Zeit hat auch das Reiseverhalten verändert.

Berlin. Wechselgeschäft

Ich höre nachts die Lokomotiven pfeifen, sehnsüchtig schreit die Ferne, und ich drehe mich im Bett herum und denke: „Reisen …“

Kurt Tucholsky

Es poltert der Zug durch die Mondscheinnacht,
die Räder dröhnen und rasen.
Still sitz' ich im Polster und halte die Wacht
unter sieben schnarchenden Nasen.
Die Lampe flackert und zittert und zuckt,
und der Wagen rasselt und rüttelt und ruckt,
und weit, wie ins Reich der Gespenster,
weit blick' ich hinaus in das dämmrige Licht,
und schemenhaft schau' ich mein blasses Gesicht
im lampenbeschienenen Fenster …

Gerhart Hauptmann

Unverschämt hohe Trittbretter führen zu meinem Kupee. Warum nicht gleich Leitern? Man klettert in den Wagen wie auf einen Dachboden zum Wäschetrocknen. Die Abteile sehen aus wie Zündholzschachteln, die auf einer ihrer zwei Reibflächen stehen. Die Sitze sind so raffiniert gebaut, daß zwischen meinen Knien und denen meines gegenübersitzenden Mitreisenden kein Platz mehr ist. Wir könnten ein Schachbrett auf unseren Knien aufstellen. Wir können die Augen nicht aufschlagen – wir müssen uns sofort ansehen. Haben wir Pech, sitzen wir zwischen zwei oder drei Menschen. Um eine Zigarette aus der Tasche zu nehmen, müssen wir dem Nachbarn den Ellenbogen in die Brust stoßen. Die sogenannte Musik des Räderrollens empfinden wir als Hammerschläge auf das Kleinhirn und die Schläfen. Strecke ich ein Bein aus, so muß ich im nächsten Augenblick die Hose des Nächsten bürsten. Und fortwährend sehen wir einander an: wenn wir Äpfel schälen, Wurst essen, Orangen öffnen. Manchmal spritzen wir uns gegenseitig den Saft südlicher Früchte in die Augen.
Unsere Hände, unsere Kragen, unsere Hemden, unsere Taschentücher werden schwarz. Die Lokomotive schüttet Ruß auf mein Angesicht. Oft fährt sie tückisch durch sogenannte Tunnels, auf die die ganze Technik stolz ist. Wir fahren durch Unterwelten und sind keine Grubenarbeiter. Wenn wir ein Fenster öffnen, protestieren die Erkälteten. Sechsmal muß ich um Verzeihung bitten, wenn ich hinauswill.

Notsignale sind mit Plomben versehen. Wenn man sie zieht, zahlt man Strafe. Bei Meinungsverschiedenheiten entscheidet der Schaffner. Immer zu meinen Ungunsten …
Wenn ich einen Schlafwagen nehme, teile ich einen schmalen Verschlag mit einem dicken Herrn. Geteilte Nächte sind halbe Nächte. Man fährt leider nach Geschlechtern getrennt. Ehefrauen müssen erst nachgewiesen werden. Wenn ich Mittag esse, zittern Teller und Kellner, Weinflaschen stehen gefesselt in eisernen Ringen. Wehe, wenn man sie befreit! …
Schaffner wechseln oft, wie Aprilwetter. Sie zeichnen Striche auf die Fahrkarten. Einfache Striche. Dazu müssen sie mich wecken. Diese kunstlosen Striche (aber selbst Löcher) mache ich selbst ebensogut. Oberschaffner kontrollieren dann die Striche der Schaffner. Von Gepäcknetzen drohen tödlich schwere Koffer, die ihr Gleichgewicht nicht finden. An Grenzen kommen Zollwächter und rauchen meine Zigarren. In den Korridoren hängen Beil und Säge hinter einer Glasscheibe und gemahnen an Unfälle. Wenn man ankommt, fällt man über Koffer. Wenn man einen im Gepäckwagen hat, muß man eine Stunde warten. Alle Bahnhöfe sind verschwenderisch weit und hoch gebaut. Aber nur durch ganz schmale Pforten kann man ins Freie kommen. Alle Fahrkarten muß man abgeben. Was macht die Eisenbahndirektion mit all diesen alten Pappendeckeln?
Kein Mensch ist schlimmer dran als ein Reisender. Es ist merkwürdig, daß diese mittelalterliche, schikanöse Art des Reisens allen so romantisch vorkommt. Unsere Kleider sind zerstört. Heiße Würstchen und kaltes Bier ruinieren unsere Magen. Wir haben gerötete Augen und fette, schmutzige Hände. Und bei all dem sind wir glücklich! …

Joseph Roth

Der Zug rollte aus dem Bahnhof.
Der Reisende pflegt, sobald er seinen Platz eingenommen, zu den Zeitungen zu greifen und sich über die Weltlage zu orientieren. Er wirft wohl einen flüchtigen Blick aus dem Fenster, doch sein Vertrauen in den geordneten Ablauf des Bahnwesens, in Weichenstellung, freie Fahrtzeichen, grüne oder rote Lichter und das richtige Schalten in dem entfernten und nur für Befugte zu betretenden Stellwerk ist unbegrenzt. Er rollt sorglos an ihm vorbei. Meist aus unschönem Backstein errichtet, ohne Blumen und Frauen, sind diese Häuser kahle Zweckbauten, in denen uniformierte Bahnbeamte Telefonmeldungen entgegennehmen und berufskundig

wichtige Hebel bedienen. Der Reisende wirft ihnen kaum einen Blick zu, und der Zug, in dem er es sich behaglich macht, zeigt durch den ihm wohlbekannten Rhythmus geräuschvollen Übergleitens der Schienenabstände, daß die Fahrt sich beschleunigt. Beiläufig nimmt er es mit Befriedigung wahr, denn er will vorwärtskommen und verabscheut die Verspätung. Sollte dagegen der Zug unerwarteterweise langsamer fahren, oder gar stehenbleiben, so blickt er von der Zeitung auf und aus dem Fenster, um den Anlaß des unerwünschten Aufenthalts zu erkunden. Stets bleibt dieser ihm unbekannt, es sei denn, daß ein mit technischen Vorgängen solcher Art vertrauter Fahrgast eine Bemerkung fallen läßt, auf die der Reisende keine Antwort gibt, weil sie ihn einer Unterhaltung unwert dünkt. Zudem fährt der Zug fast immer nach wenigen Sekunden weiter, nunmehr sogar schneller als vordem; die Lokomotive stößt weißen Rauch aus, der über Schuppen und abgestellte Güterwagen hinwölkt, auch Werbeplakate und Fabriken küßt, doch sich sogleich auflöst, ein Beweis, daß prima Kohle verbrannt wird. Die Gegend ist unschön, doch gelegentlich zeigt sie ein rührendes Bemühen, sich herauszuputzen; winzige Gemüse- und Blumengärtchen tauchen auf, sie gehören zu Hütten, vor denen Kinder stehen und dem vorüberfahrenden Zuge winken, dagegen selten vom Reisenden einen Gegengruß erhalten. Dann kommen die Bahndämme am Stadtrand, mit blühendem Unkraut bestickt, gelben Königskerzen, verwelktem Ginster, Krüppelkiefern, farblosem Strauchwerk. Der Zug macht eine Kurve, und der Reisende, wenn er von der Zeitung her den Blick aus dem Fenster wirft, sieht nun schon Äcker und Wiesen, Bauernhäuser mit Wäsche über der Leine, er sieht weidendes Vieh, eine Landstraße, über die ein Kraftwagen fährt, und endlich den Wald, in den der Zug mit entschlossener Wendung einbiegt.

Frank Thieß

Was man mit einer Netzkarte die kostet fünfhundertzehn Mark Erster Klasse machen könnte man könnte zum Beispiel im Monat dreißigmal folgendes machen morgens um siebenuhrzwanzig in Hamburg weg mit dem Blauen Enzian mit dem bin ich um vierzehnuhrsechsunddreißig in München dann geh ich einen Kaffee trinken dann setz ich mich um fünfzehnachtundvierzig wieder in den Blauen Enzian fahre nach Hamburg zurück bin um zweiundzwanzigneunundfünfzig wieder in Hamburg eine Minute vor elf das sind wirklich brauchbare Zeiten eine Stunde Kaffeepause in München das reicht um dem den du da triffst zu sagen daß du noch mal wiederkommst dreißigmal das glaube ich nicht diese TEE fahren nicht jeden Tag hier steht aber nichts also vielleicht doch aber gehen wir mal davon aus daß ich bis vierzehnsechsunddreißig in München bliebe dann nehm ich den Hans Sachs fahr nach Nürnberg Würzburg Frankfurt Köln in Köln um zweiundzwanzigsiebenundfünfzig der Zug geht noch nach Hagen weiter ich kann aber auch nach fünf Minuten Wartezeit in Köln in den Parsifal umsteigen der fährt um dreiundzwanzignulldrei ab Köln ist um nullzweiundzwanzig in Dortmund da geht es dann natürlich nicht mehr weiter ich kann am nächsten Morgen nach Hamburg weiterfahren aber es geht doch um diese Zeit ein Zug nach Paris Nachtzüge gehen dann schon aber eben nur D-Züge und außerdem will ich nur innerhalb Deutschland oder wie es geht so schwer wenn man diese Strecke München Hamburg macht und wieder zurück das sind das sind achthundertdreizehn Kilometer also eintausendsechshundertsechsundzwanzig Kilometer stimmt das jetzt wenn man das zwanzigmal im Monat macht zwei mal sechzehn sind dreiundzwanzigtausendfünfhundert Kilometer ich muß aber auch die Nächte ausnutzen bei der teuren Netzkarte ...

Hannelies Taschau

Die Welt ist rund. Man geht auf Reisen,
damit sich die Nervosität verliert.
Und Bauern stehen an den Gleisen,
als würden sie fotografiert.

Man sieht ein Schloß und spiegelglatte
Gewässer und ein rotes Feld mit Mohn.
Die Landschaft kreist wie eine Platte
auf Gottes großem Grammophon.

Der Schnellzug rast und will nicht rasten.
Die Hühner nicken längs der Bahn.
Vorm Fenster wehen Telegrafenmasten
wie Maiglöckchen aus Porzellan.

Die Drähte fallen tief und steigen.
Die Masten gehen manchmal in die Knie.
Es ist, als ob sie sich vor uns verneigen.
Uns wird so eigen!
Wir ziehn den Hut und grüßen sie
und schweigen.

Erich Kästner

164 *Ankommende oder abfahrende polnische Landarbeiter – sie wurden ,,Sachsengänger'' genannt – vor einem Berliner Bahnhof, um 1907.*

165 *Waren die Bahnhöfe auch in ihrem Erscheinungsbild vollkommen in die bürgerliche Stadtlandschaft integriert, so signalisierten sie doch den Abschied von einer vertrauten Umgebung (Foto 1910).*

166 *Wie auf Seereisen mußten sich Fahrgäste bei Eisenbahnreisen daran gewöhnen, sich von ihren großen Gepäckstücken für die Dauer der Reise zu trennen und sie ,,aufzugeben''.*

167 Ort der großen Veränderung: Vertraute Nähe wandelt sich in ungewisse Ferne, Wiederkehr aus der Fremde leitet zurück ins Heimatliche. Szene auf einem Wiener Bahnhof 1875, gemalt von Karl Karger.

168 Zwei emanzipatorische Verkehrsmittel: Das Veloziped galt um die Jahrhundertwende als Vehikel für die Befreiung der Frauen, die Eisenbahn öffnete weitere Freiräume.

169 Die Eisenbahn begründete auch ein neues Freizeitverhalten. Der Stettiner Bahnhof in Berlin galt als „Ferienbahnhof". Von hier fuhren die Hauptstädter in die Seebäder oder bis nach Skandinavien.

Bahnsteig E

170 *Salonwagen des Fürsten Otto von Bismarck. Rollende Luxus-Etablissements gehörten von Anfang an zur Geschichte des Waggonbaus. Der Hofzug des Bayernkönigs Ludwig II. ist dafür ein besonders bizarres Beispiel.*

171 *Der Orient-Expreß – ein legendärer Zug. Er transportierte eine exklusive Gesellschaft durch Europa, war immer wieder Gegenstand von Romanen und Filmen, auch Ort geheimnisvoller Verbrechen.*

LA NUIT
CABINET DE TOILETTE
LE JOUR
VUE INTÉRIEURE D'UN WAGON LIT

186   *Reisende*

172 Die Einteilung der Wagenklassen ging auf die in den Postkutschen zurück. Kriterien waren die Zahl der Sitzplätze, die Polsterung, offene oder verglaste Fenster. Das einfache Volk war in die Dritte Klasse („Holzklasse") verwiesen.

173 Relativ selten war die Vierte Klasse ohne jede Sitzgelegenheit. Sie hielt sich in Norddeutschland immerhin bis 1928. Das Gemälde von Eugen Urban stammt aus dem Jahr 1900.

*174 Willkommen und Abschied: Tausend kleine
Tode werden hier gestorben, Gelübde, Späße, flüch-
tige Anspielungen versuchen die Verlegenheit des
Wartens bis zur endgültigen Abfahrt zu überbrücken.*

175 Zeitungsverkaufswagen am Zug, 1907

*176 Drehscheibe Bahnhof: Das große Erlebnis des
Reisens erscheint oft wie eine abenteuerliche Aus-
nahme-Situation.*

177 *Berufsverkehr in den zwanziger Jahren auf dem Bahnhof Friedrichstraße in Berlin. Die neue Form der Mobilität hat zu tiefgreifenden Veränderungen in der Siedlungsstruktur geführt.*

178 *Berufsverkehr in neuerer Zeit: Die relativ junge Erscheinung des Pendlerverkehrs war Folge der Entvölkerung der Großstädte, des Wunsches, ein eigenes Haus im Grünen zu haben. So entstanden neue Nahverkehrssysteme.*

WO STEHT
MEIN WAGEN?
schwaben bräu
meistertreu
VIVIL
Bitte
nicht einsteigen

179 *Nach dem Zweiten Weltkrieg war das Eisenbahnsystem in Deutschland schwer getroffen, immerhin aber noch einigermaßen funktionstüchtig. Die wenigen Züge waren von Menschen belagert.*

180 Auf Dächern und Trittbrettern fuhren nach 1945 die Großstädter mit ,,Hamsterzügen" aufs Land, um die minimalen Lebensmittelrationen ein wenig aufzubessern.

181 Sommer 1945: Fahrpläne, bis dahin der Stolz eines wohlfunktionierenden Eisenbahnsystems, hatten nur noch „approximative" Gültigkeit. Ihre Lükken wurden meist mit Gelassenheit ertragen.

182 Reisende nach der Katastrophe des Zweiten Weltkrieges: In dem verwüsteten Land versuchte die Eisenbahn, wenn auch unter schwierigsten Bedingungen, den Schienenverkehr wieder aufzubauen.

196   *Reisende*

183 Wartesäle und Restaurationsräume (hier im neuen Nürnberger Hauptbahnhof von 1906), von Beginn an unverzichtbarer Bestandteil der „Empfangsgebäude", spiegeln Klassen-Unterschiede im Eisenbahnwesen wider.

184 Wartesaal der Dritten Klasse im Inflationsjahr 1922 in Berlin. Außenseiter, Verstoßene, Stadtstreicher, Heimatlose suchen bis heute an diesen Orten Zuflucht und spärliche Wärme.

Eisenbahnunglück

185 *Eisenbahnunglücke haben immer etwas Spektakuläres an sich, nicht zuletzt weil sie die stets vorhandenen unbewußten Ängste schockartig bestätigen. Die melodramatische Abbildung zeigt den Sturz der Lokomotive „Jupiter" in die Havel bei Potsdam am 26. Mai 1856.*

Quer durch Europa von Westen nach Osten
Rüttert und rattert die Bahnmelodie.
Gilt es die Seligkeit schneller zu kosten?
Kommt er zu spät an im Himmelslogis?
    Fortfortfortfortfortfort drehn sich die Räder
    Rasend dahin auf dem Schienengeäder,
    Rauch ist der Bestie verschwindender Schweif,
    Schaffnerpfiff, Lokomotivengepfeif.

Länder verfliegen und Städte versinken,
Stunden und Tage verflattern im Flug,
Täler und Berge, vorbei, wenn sie winken,
Traumbilder, Sehnsucht und Sinnenbetrug.
    Mondschein und Sonne, noch einmal die Sterne,
    Bald ist erreicht die beglückende Ferne,
    Dämmerung, Abend und Nebel und Nacht,
    Stürmisch erwartet, was glühend gedacht.

Dämmerung senkt sich allmählich wie Gaze,
Schon hat die Venus die Wache gestellt.
Nur noch ein Stündchen! Dann nimmt sich die Straße,
Trennt, was sich hier aneinander gesellt:
    Reiche Familien, Banquiers, Cavaliere,
    Landrat, Gelehrter, ein Prinz, Offiziere,
    „Damen und Herren", ein Dichter im Schwarm,
    Liebliche Kinder mit Spielzeug im Arm.

Nun ist das Dunkel dämonisch gewachsen,
In den Coupées brennt die Gasflamme schon,
Fortfortfortfortfortfort, glühende Achsen,
Schrillt ein Signal, klingt ein wimmernder Ton?
    Fortfortfortfortfortfort, steht an der Kurve,
    Steht da der Tod mit der Bombe zum Wurfe?
    Halthalthalthalthalthalthalthaltein –
    Ein andrer Zug fährt mitten hinein.

Folgenden Tags, unter Trümmern verloren,
Finden sich zwischen verkohltem Gebein,
Finden sich schuttüberschüttet zwei Sporen,
Brennscheren, Uhren, ein Aktienschein,
    Geld, ein Gedichtbuch: „Seraphische Töne",
    Ringe, ein Notenblatt: „Meiner Camöne",
    Endlich ein Püppchen, im Bettchen verbrannt,
    Dem war ein Eselchen vorgespannt.

Detlev von Liliencron

Das Dampfroß dröhnend schnaubte
    Voran in tiefer Nacht.
Und ich, der Schlafberaubte,
    Hielt mit mir selber Wacht.

Die Räder rastlos rollten
    Wohl über Berg und Thal,
Als ob erklimmen wollten
    Sie dort den Morgenstrahl.
Die Finsternis durchgellten
    Die Pfiffe laut genug –
Doch wenn wir nun zerschellten
    An einem andren Zug?

Dampfsäulen uns umqualmen.
    Im nächsten Augenblick
Mag uns der Tod zermalmen
    Das trotzige Genick.

Ein Wort, zu früh gegeben,
    Zu spät ein Zeichen nur –
Von unser aller Leben
    Verweht dann leicht die Spur.

Da ich so sinnend lauschte,
    Da plötzlich däuchte mir,
Daß mit uns weiterrauschte
    Die Weltgeschichte hier.
Dem Eisenwagen gleichen
    Die Räder auch der Zeit –
Mit nimmermüden Speichen
    Fortrollend weit und breit.

Doch weiter, weiter! heischen
    Wir alle ruhelos –
Wann wird der Notpfiff kreischen:
    Weh uns, Zusammenstoß?

Carl Bleibtreu

Der schlesische Schnellzug war gemeldet, und Thiel mußte auf seinen Posten. Kaum stand er dienstfertig an der Barriere, so hörte er ihn auch schon heranbrausen.

Der Zug wurde sichtbar – er kam näher – in unzählbaren, sich überhastenden Stößen fauchte der Dampf aus dem schwarzen Maschinenschlote. Da: ein – zwei – drei milch-weiße Dampfstrahlen quollen kerzengerade empor, und gleich darauf brachte die Luft den Pfiff der Maschine getragen. Dreimal hintereinander, kurz, grell, beängstigend. Sie bremsen, dachte Thiel, warum nur? Und wieder gellten die Notpfiffe schreiend, den Widerhall weckend, diesmal in langer, ununterbrochener Reihe.

Thiel trat vor, um die Strecke überschauen zu können. Mechanisch zog er die rote Fahne aus dem Futteral und hielt sie gerade vor sich hin über die Geleise. – Jesus Christus – war er blind gewesen? „Jesus Christus – o Jesus, Jesus, Jesus Christus! was war das? Dort! – dort zwischen den Schienen . . . Ha – alt!" schrie der Wärter aus Leibeskräften. Zu spät.

Eine dunkle Masse war unter den Zug geraten und wurde zwischen den Rädern wie ein Gummiball hin und her geworfen. Noch einige Augenblicke, und man hörte das Knarren und Quietschen der Bremsen. Der Zug stand.

Die einsame Strecke belebte sich. Zugführer und Schaffner rannten über den Kies nach dem Ende des Zuges. Aus jedem Fenster blickten neugierige Gesichter, und jetzt – die Menge knäulte sich und kam nach vorn.

Thiel keuchte; er mußte sich festhalten, um nicht umzusinken wie ein gefällter Stier. Wahrhaftig, man winkt ihm – „nein!"

Ein Aufschrei zerreißt die Luft von der Unglücksstelle her, ein Geheul folgt, wie aus der Kehle eines Tieres kommend. Wer war das?! Lene?! Es war nicht ihre Stimme, und doch . . .

Ein Mann kommt in Eile die Strecke herauf.

„Wärter!"

„Was gibt's?"

„Ein Unglück!" . . . Der Bote schrickt zurück, denn des Wärters Augen spielen seltsam. Die Mütze sitzt schief, die roten Haare scheinen sich aufzubäumen.

„Er lebt noch, vielleicht ist noch Hilfe."

Ein Röcheln ist die einzige Antwort.

„Kommen Sie schnell, schnell!"

Thiel reißt sich auf mit gewaltiger Anstrengung. Seine schlaffen Muskeln spannen sich; er richtet sich hoch auf, sein Gesicht ist blöd und tot.

Er rennt mit dem Boten, er sieht nicht die totbleichen, erschreckten Gesichter der Reisenden in den Zugfenstern.

Eine junge Frau schaut heraus, ein Handlungsreisender im Fez, ein junges Paar, anscheinend auf der Hochzeitsreise. Was geht's ihn an? Er hat sich nie um den Inhalt dieser Polterkasten gekümmert; – sein Ohr füllt das Geheul Lenens. Vor seinen Augen schwimmt es durcheinander, gelbe Punkte, Glühwürmchen gleich, unzählig. Er schrickt zurück – er steht. Aus dem Tanze des Glühwürmchens tritt es hervor, blaß, schlaff, blutrünstig. Eine Stirn, braun und blau geschlagen, blaue Lippen, über die schwarzes Blut tröpfelt. Er ist es.

Thiel spricht nicht. Sein Gesicht nimmt eine schmutzige Blässe an. Er lächelt wie abwesend; endlich beugt er sich; er fühlt die schlaffen, toten Gliedmaßen schwer in seinen Armen; die rote Fahne wickelt sich darum.

Er geht.

Wohin?

„Zum Bahnarzt, zum Bahnarzt," tönt es durcheinander. „Wir nehmen ihn gleich mit," ruft der Packmeister und macht in seinem Wagen aus Dienströcken und Büchern ein Lager zurecht. „Nun also?"

Thiel macht keine Anstalten, den Verunglückten loszulassen. Man drängt in ihn. Vergebens. Der Packmeister läßt eine Bahre aus dem Packwagen reichen und beordert einen Mann, dem Vater beizustehen.

Die Zeit ist kostbar. Die Pfeife des Zugführers trillert. Münzen regnen aus den Fenstern.

Lene gebärdet sich wie wahnsinnig. „Das arme, arme Weib," heißt es in den Coupés, „die arme, arme Mutter."

Der Zugführer trillert abermals – ein Pfiff – die Maschine stößt weiße, zischende Dämpfe aus ihren Zylindern und streckt ihre eisernen Sehnen; einige Sekunden, und der Kurierzug braust mit wehender Rauchfahne in doppelter Geschwindigkeit durch den Forst.

Der Wärter, anderen Sinnes geworden, legt den halbtoten Jungen auf die Bahre. Da liegt er da in seiner verkommenen Körpergestalt, und hin und wieder hebt ein langer rasselnder Atemzug die knöcherne Brust, welche unter dem zerfetzten Hemd sichtbar wird. Die Ärmchen und Beinchen, nicht nur in den Gelenken gebrochen, nehmen die unnatürlichsten Stellungen ein. Die Ferse des kleinen Fußes ist nach vorn gedreht. Die Arme schlottern über den Rand der Bahre.

Gerhart Hauptmann

186 *Ein mit 300 Personen besetzter Zug entgleiste am 31. März 1845 zwischen Altenburg und Kieritzsch. Dabei galt die sächsische Bahn als vorbildlich für das Signalwesen und die Personal-Schulung.*

187 *Auf der Magdeburg-Halberstädter Bahn fuhr am 17. Juli 1865 bei Buckau ein von Thale kommender Ausflugszug auf einen Güterwagen auf. Es gab viele Tote und Verletzte.*

188 Am 6. Juli 1927 entgleiste ein Zug der Schmal-
spurbahn von Nordhausen-Drei Annen nach Hoh-
ne-Wernigerode. Bei Talfahrt während der Überque-
rung des Thumkulentals stürzte der Zug ab. Sechs
Tote und 22 Verletzte waren zu beklagen.

189 Die Bremsen versagten auf der Trogenbach-
brücke in Ludwigstadt an der Strecke Saalfeld-Lich-
tenfels am 18. Februar 1924. Bei 100 km/h (30 waren zulässig) entgleiste der Güterzug und stürzte ab.

190 Eine andere Perspektive zeigt dieses Bild vom Unglück bei Ludwigstadt: Der Güterzug war mitten in ein Wohngebiet gestürzt (siehe auch Bild 189).

191 Zwei Lokomotiven stießen im Berliner Bahnhof Baumschulenweg am 6. Februar 1911 zusammen. Ein Defekt am Signal war nicht auszuschließen.

192 *Die Katastrophe als voyeuristische Sensation: Ein Postzug krachte am 8. Juni 1899 in Wien in einen Wartesaal. Vier Menschen kamen dabei ums Leben.*

Krieg und Vertreibung

193 Die Väter der Eisenbahn hatten eine friedliche Vernetzung im Sinn, freilich auch handfeste wirtschaftliche Vorteile. Sehr schnell aber kamen militärstrategische Gesichtspunkte ins Spiel.

Im April 1915 rückt Karl aus, auch mit Sang und Klang, und auch mit Blumen geschmückt und von Schaulustigen begleitet. Es sind nicht mehr sehr viele, die hier schauen, aber es reicht.

Die Musiker blasen den „Freiweg"-Marsch. Auf dem Güterbahnhof machen sie kehrt und marschieren zurück in die Kaserne: neue Soldaten holen, immer neue und neue. Die Offiziere sitzen auf tänzelnden Pferden, sie sind noch etwas nervös. Einen frisch geschliffenen Säbel haben sie in der Scheide . . .

Der Transportzug ist zusammengesetzt aus Sekundärbahnwagen, Stadtbahnwagen, Viehwagen und offenen Loren. Die Soldaten steigen ein: „Hier, Kamerad, hier ist noch Platz!"

Schlafwagen nach Paris!

Und: „He, Kamerad, für dich ist hier auch noch Platz! Immer rin in die jute Stube!" Das wär ja gelacht, wenn deutsche Soldaten sich nicht vertragen würden.

Väter mit Kneifer auf der Nase stehen auf dem Perron und sagen: „Und mach mir keine Schande!" Und Mütter mit Riesenhüten, auf denen Blumen und Früchte angeordnet sind.

Die Mütter sagen: „Sieh dich vor, Junge. Ja? Hörst du?" Und sie haben geschwollene Augen vom langen Weinen. Die Soldaten aber lachen. Sie schütteln sich geradezu vor Lachen, so lustig hatten sie's ja lange nicht.

Kurz vor der Abfahrt kommt Giesing noch mit einem Blumenstrauß und – was wichtiger ist – mit einem Freßkorb voll belegter Brote. Da unten steht sie, die Kleine mit dem festen Gesicht. Karl hebt sie zu sich herauf und gibt ihr einen Kuß, was Gelächter und Bravo-Rufe auslöst.

Der Freßkorb wird verteilt – Mettwurst aus Hohen-Sprenz –, und dann rollt der Zug aus dem Bahnhof hinaus.

Muß i denn, muß i denn
zum Städele hinaus, Städele hinaus,
und du mein Schatz bleibst hier . . .

Aus jedem Fenster lehnen die Soldaten, und alle winken, auch wenn da gar keiner ist, dem man winken kann.

Die Kirchen versinken hinter dem Horizont, die Nikolaikirche mit der großen „1888" auf dem Dach. St. Marien, St. Jakobi und St. Petri. – St. Petri zuletzt, die Kirche mit dem gebuckelten Turm, als wollte sie dem Winde trotzen. Die Soldaten winken immer noch, der Zug windet sich jetzt durch die Landschaft: Anmutige Hänge, zerstreute Wälder und Felder, auf denen Bäuerinnen Kartoffeln legen. Am Bahndamm zahlreiche Ziegen und Zicklein, von kleinen Kindern gehütet.

Walter Kempowski

Als sie unten durch die dunkle Unterführung schritten, hörten sie den Zug oben auf den Bahnsteig rollen, und die sonore Stimme im Lautsprecher sagte ganz sanft: „Fronturlauberzug von Paris nach Przemysl über . . ."

Dann hatten sie die Treppe zum Bahnsteig erstiegen und blieben vor irgendeinem Abteil stehen, dem Urlauber mit freudigen Gesichtern entstiegen, vollbepackt mit riesigen Paketen. Der Bahnsteig leerte sich schnell, es war wie immer. Irgendwo an Fenstern standen Mädchen oder Frauen oder ein sehr schweigsamer, verbissener Vater . . . und die sonore Stimme sagte, daß man sich beeilen solle. Der Zug war pünktlich.

„Warum steigst du nicht ein?" fragte der Kaplan ängstlich den Soldaten.

„Wie?" fragte der Soldat erstaunt, „ich kann mich ja unter die Räder schmeißen wollen . . . ich kann ja fahnenflüchtig werden . . . wie? Was willst du? . . . Ich kann ja, kann ja verrückt werden . . . wie es mein gutes Recht ist: es ist mein gutes Recht, verrückt zu werden. Ich will nicht sterben, das ist das Furchtbare, daß ich nicht sterben will." Er sprach ganz kalt, als flössen seine Worte wie Eis von den Lippen. „Sei still! Ich steig schon ein, irgendwo ist immer Platz . . . ja . . . ja, sei nicht böse, bete für mich!" Er nahm das Gepäck, stieg irgendwo in eine offene Tür, drehte von innen das Fenster herunter und beugte sich noch einmal hinaus, während über ihm die sonore Stimme wie eine Wolke von Schleim schwebte: „Der Zug fährt ab . . ."

„Ich will nicht sterben", schrie er, „ich will nicht sterben, aber das Schreckliche ist, daß ich sterben werde . . . bald!" Immer mehr entfernte sich die schwarze Gestalt auf diesem kalten grauen Bahnsteig . . . immer mehr, bis der Bahnhof in Nacht verschwunden war.

Manches Wort, das scheinbar gleichgültig ausgesprochen wird, gewinnt plötzlich etwas Kabbalistisches. Es wird schwer und seltsam schnell, eilt dem Sprechenden voraus, bestimmt, irgendwo im ungewissen Bezirk der Zukunft eine Kammer aufzureißen, kommt auf ihn zurück mit der erschreckenden Zielsicherheit eines Bumerangs. Aus dem leichtfertigen Geplätscher unbedachter Rede, meist jenen furchtbar schweren und matten Worten beim Abschied an Zügen, die in den Tod führen, fällt es wie eine bleierne Welle zurück auf den Sprechenden, der plötzlich die erschreckende und zugleich berauschende Gewalt alles Schicksalhaften kennenlernt. Den Liebenden und den Soldaten, den Todgeweihten und denen, die von der kosmischen Gewalt des Lebens erfüllt sind, wird manchmal unversehens diese Kraft gegeben, mit einer plötzlichen Erleuchtung werden sie beschenkt und belastet ... und das Wort sinkt, sinkt in sie hinein.

Während Andreas sich langsam zurücktastete in das Innere des Waggons, fiel das Wort *bald* in ihn hinein wie ein Geschoß, schmerzlos und fast unmerklich durch Fleisch, Gewebe, Zellen, Nerven dringend, bis es endlich irgendwo widerhakte, aufplatzte, eine wilde Wunde riß und Blut verströmen machte ... Leben ... Schmerz ...

„Bald", dachte er, und er spürte, wie er bleich wurde. Dabei vollführte er das Gewohnte, fast ohne es zu wissen. Er zündete ein Streichholz an, beleuchtete die Haufen liegender, hockender und schlafender Soldaten, die über, unter und auf ihren Gepäckstücken herumlagen. Der Geruch von kaltem Tabakqualm war mit dem Geruch von kaltem Schweiß und jenem seltsam staubigen Dreck vermischt, der allen Ansammlungen von Soldaten anhaftet. Die Flamme des erlöschenden Hölzchens zischte noch einmal hell auf, und er entdeckte in diesem letzten Schein, dort, wo der Gang schmäler wurde, einen kleinen freien Platz, dem er nun vorsichtig zustrebte. Er hatte sein Bündel unter den Arm geklemmt, die Mütze in der Hand.

„Bald", dachte er, und der Schrecken saß tief, tief. Schrecken und völlige Gewißheit. „Nie mehr", dachte er, „nie mehr werde ich diesen Bahnhof sehen, nie mehr dieses Gesicht meines Freundes, den ich bis zum letzten Augenblick beschimpft habe ... nie mehr ..." Bald! Er hatte den Platz erreicht, legte vorsichtig, um die ringsum Schlafenden nicht zu wecken, seine Tasche auf den Boden, setzte sich darauf, so, daß er mit dem Rücken gegen eine Abteiltür lehnen konnte; dann versuchte er, seine Beine möglichst bequem unterzubringen; er streckte das linke am Gesicht eines Schlafenden vorbei vorsichtig aus und legte das rechte quer über ein Gepäckstück, das den Rücken eines anderen Schlafenden verdeckte. In dem Abteil in seinem Rücken flammte ein Streichholz auf, und jemand begann stumm im Dunkeln zu rauchen. Er konnte, wenn er sich ein wenig zur Seite wandte, den glühenden Punkt der Zigarette sehen, und manchmal, wenn der Fremde zog, breitete sich der Schein der Glut über ein unbekanntes Soldatengesicht, grau und müde, mit bitteren Falten schrecklicher Nüchternheit.

Heinrich Böll

Am 21. Januar 1945 brachte mich mein Vater zu einem Güterzug. Wir waren dort ungefähr viertausendfünfhundert Menschen. Als der Zug einfuhr, fing ungeheures Drängen, Schieben und Zerren an. Jeder wollte noch mit. Wir sind dann nach zwei Stunden Wartezeit in Richtung Königsberg von zwei Lokomotiven herausgezogen worden. Nach etwa zwölf Stunden kamen wir dann in Königsberg an. Wir sahen die zerstörte Stadt. Dann ging es weiter. Kurz vor Elbing hielt der Güterzug. Der Ort war zwischenzeitlich von den Russen erobert und von den Deutschen wieder freigekämpft worden. Hier standen wir wieder viele Stunden auf einem großen Güterbahnhof: Zwölf Züge nebeneinander auf den Gleisen, vollgestopft mit Flüchtlingen.

Ich schob die Waggontür auf und sah viele Menschen mit großen Paketen vorübergehen. Das waren Margarinepakete. Ich sprang aus dem Zug, um festzustellen, wo sie alle die Pakete herholten. Am Ende der Güterzüge war ein Verpflegungsdepot der Wehrmacht. In einer Halle waren Berge von Margarinepaketen aufgeschichtet. An den Wänden standen Käselaibe, groß wie Wagenräder. Die Menschen rafften an sich, was sie tragen konnten. Ich nahm auch einen Margarinekarton und kletterte zurück in meinen Güterwagen.

Nach sechs Stunden fuhren wir aus dem Bahnhof hinaus. Ein einzelner Waggon war stehengeblieben. Ich sprang schnell wieder hinaus, um auszukundschaften, was in diesem einzelnen Waggon war. Hier fand ich Berge von Schulheften an der Stirnseite des Wagens, dahinter waren Dauerbrotpakete. Ich holte mir ein Paket und lief wieder zu meinem Waggon zurück. Ich war damals vierzehneinhalb Jahre alt und fuhr – ohne meine Familie – mit fast hundert fremden Menschen. Verpflegt wurden wir unterwegs nicht. Nur in Elbing waren Rotkreuzschwestern gewesen, die uns warme Getränke gegeben hatten. Da sah ich, daß aus den einzelnen Waggons Kinderwagen herausgehoben wurden, in denen erfrorene Säuglinge lagen. Es waren sechsunddreißig Tote.

Wir fuhren weiter, an Marienburg vorbei, in Richtung Dirschau. Dort standen wir einmal an einer Stelle fünfzehn Stunden auf einem Bahnsteig, mutterseelenallein, ohne Lokomotive. Das hatte etwas fürchterlich Deprimierendes. Es war nachts, ich schob die Tür auf und sah links und rechts vom Bahndamm Volkssturmleute in Stellung gehen. Die riefen uns zu: „Macht bloß, daß ihr wegkommt!" Das ging aber nicht. Der Zug war voller Menschen, aber ohne Lok. Wo sollten wir auch hin? Nach weiteren acht Stunden kam endlich wieder eine Lok und zog uns nach Danzig. Auf dieser Fahrt wurden in meinem Waggon Menschen irre.

Joachim Palapies

194 Schon der preußisch-österreichische Krieg im Jahre 1866 wurde durch die schlesischen Bahnen zugunsten des Siegers Preußen beeinflußt. Im Bild: Österreichische Gefangene auf dem Freiburger Bahnhof in Breslau.

195 Abschied bayerischer Landwehrleute in München am 20. August 1870. Zum Aufmarsch an der französischen Grenze wurden in rund 1300 Transporten 550000 Mann und 160000 Pferde in den Westen geschafft.

196 Ankunft der ersten gefangenen Franzosen im deutsch-französischen Krieg 1870 auf dem Münchner Bahnhof. Vier Jahre zuvor war beim preußischen Generalstab bereits eine eigene Eisenbahnabteilung gebildet worden.

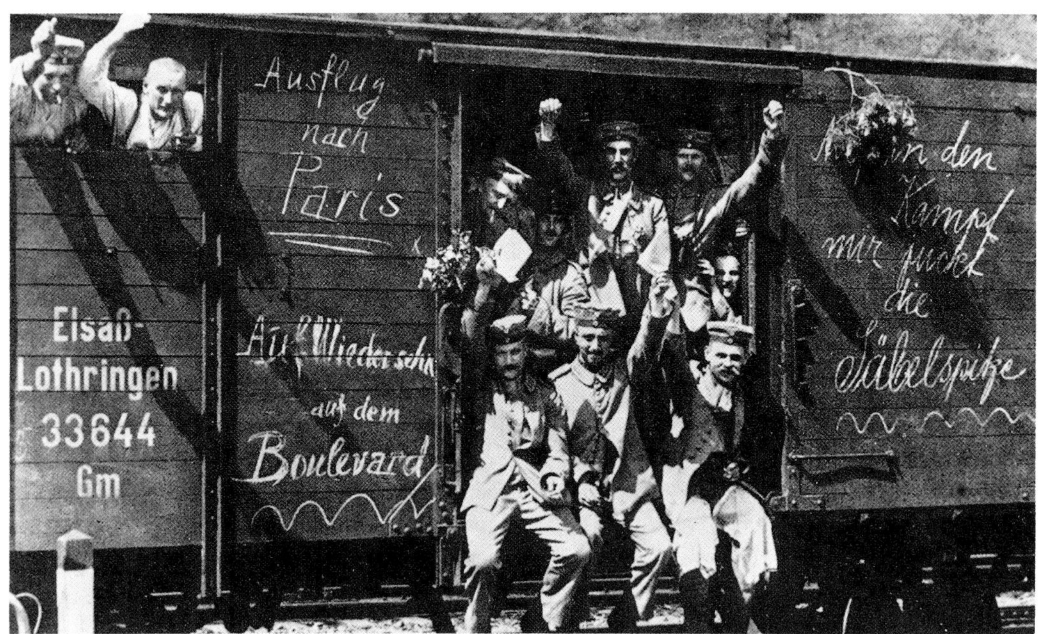
Ausflug
nach
Paris
Elsaß-
Lothringen
33644
Gm
Auf Wiedersehn
auf dem
Boulevard
An den
Kampf
nur juckt
die
Säbelspitze
Paris 
3

197 Kriegsausbruch im Jahr 1914. Transportmittel für die Soldaten, die ,,Masse Mensch'', waren dabei häufig Viehwagen und Güterwaggons. Dem patriotischen Überschwang tat dies zunächst keinen Abbruch.

198 Für viele Soldaten war die Fahrt an die Front die erste größere Reise mit der Eisenbahn. Unter dem Druck überhitzter vaterländischer Gefühle wird die Abfahrt – möglicherweise in den Tod – zum Fest.

199 Während des Aufmarsches im August 1914 fuhren täglich 660 Kriegs-Züge in Richtung Westen. In 11000 Transporten wurden über drei Millionen Mann und 860000 Pferde an die Front gefahren.

200 Speziell als Eisenbahngeschütz konstruiert war das „Paris-Geschütz“, mit dem die französische Hauptstadt beschossen wurde. Es gehörte zu den bestgehüteten Geheimnissen des Ersten Weltkrieges.

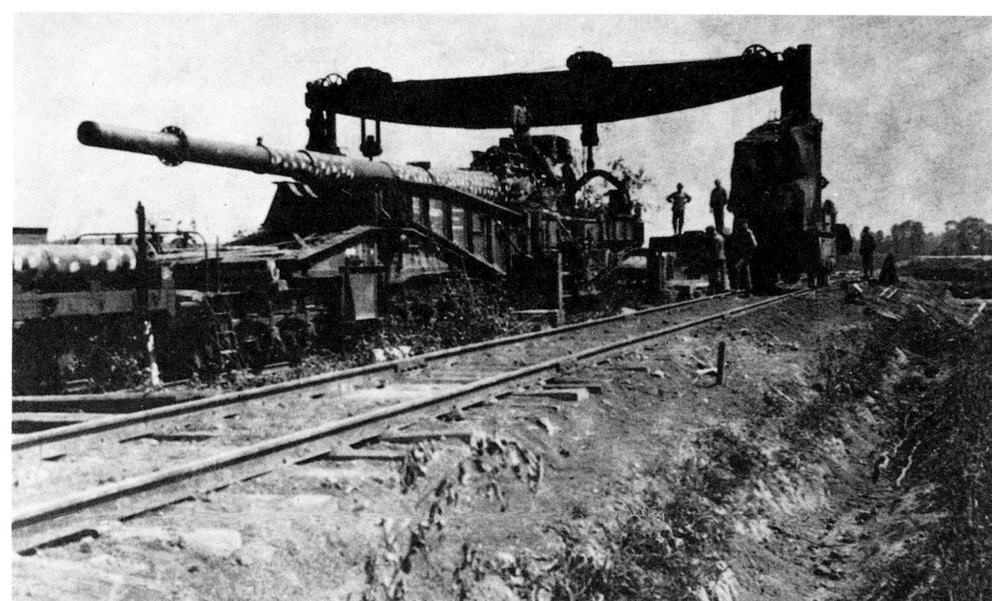

201 1914 waren bereits eigene Eisenbahnregimenter für den Bau von Militäreisenbahnen zuständig. Die in den Kriegen von 1866 und 1870 gewonnenen Erfahrungen wurden perfektioniert.

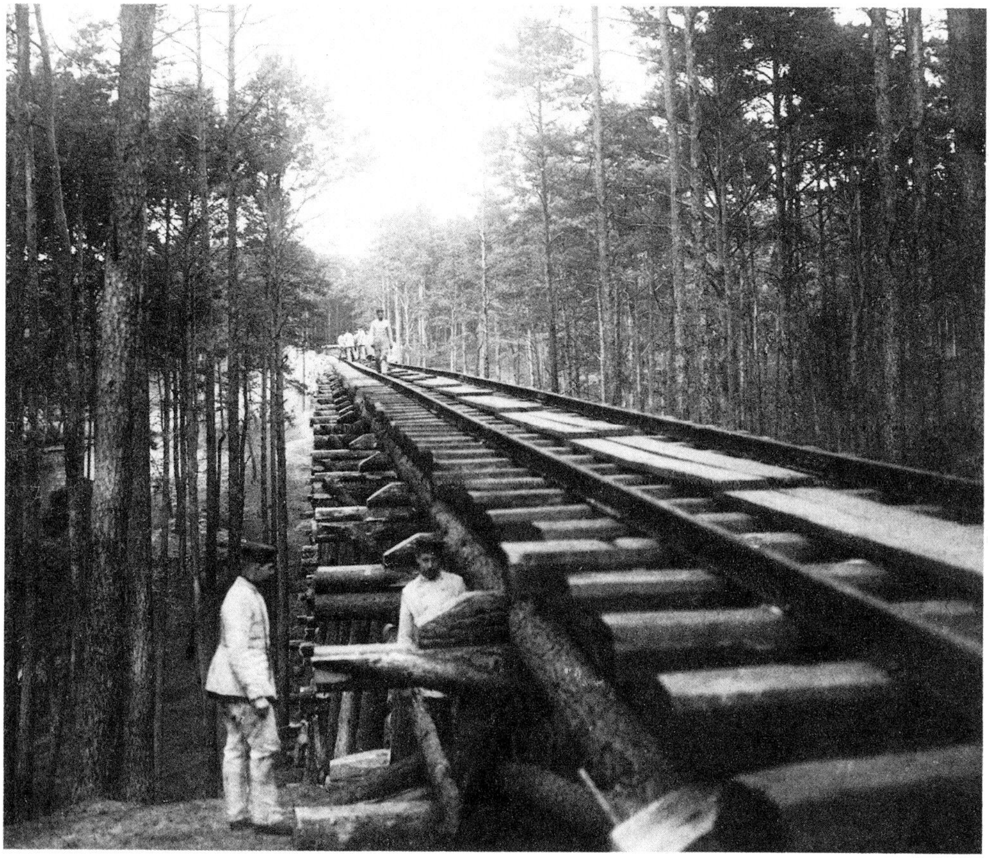

202 Auch für den Nachschub hatte selbstverständlich die Eisenbahn zu sorgen. Auf dem Bild aus dem Jahr 1917 wird Munition entladen und auf Pferdekarren an die Frontabschnitte transportiert. ▷

203 Auf den schnell verlegten Feldbahnen wurden die Soldaten mit Schienenlastkraftwagen zur Front gebracht. Die Aufnahme stammt aus der Zeit der letzten Kämpfe im Jahre 1918. ▷

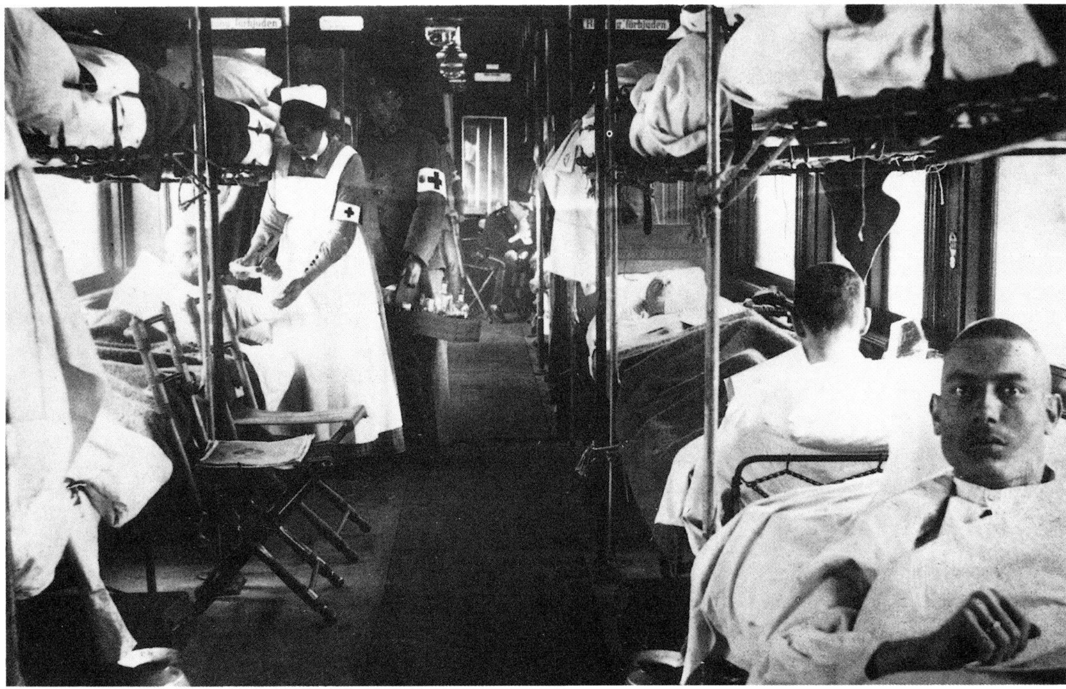

204 *Rotkreuzhelferinnen im Einsatz 1914 bei der ,,Ausfahrt'' an die Front des Ersten Weltkrieges.*

205 *Schwedischer Lazarettzug im Jahr 1917 mit deutschen Soldaten, die mit Hilfe des Roten Kreuzes, aus russischer Kriegsgefangenschaft kommend, über Saßnitz ausgetauscht worden waren.*

206 *Verwundetentransport im Zweiten Weltkrieg. Mit der gleichen Dienstfertigkeit, mit der die Bahn Soldaten, Waffen und Munition in den Krieg transportiert, bringt sie auch die Verwundeten zurück in die Heimat und in die Lazarette.*

207 *August 1939: Urlauber werden zu ihren Truppenteilen zurückbefohlen, Reservisten einberufen. Die Szenen auf den Bahnhöfen in Deutschland sind keineswegs mehr so emphatisch wie 25 Jahre zuvor.*

208 *Eisenbahngeschütz 1940. Die propagandistische ,,Pressebildzentrale`` textet dazu: ,,Beim Abschuß dröhnt und zittert die Erde, und wenn das Geschoß sein Ziel weit im feindlichen Hinterland erreicht hat, wird die Wirkung verheerend sein.``*

209 *Einsatz eines Panzerzuges bei Augustowo im Juni 1941. Sichernde Soldaten begleiten den Transport; der angehängte Wagen enthält Ausbesserungsmaterial für zerstörte Streckenteile.*

210 *Der Nachschub ist selbstverständlich das Rückgrat jeder Armee. Die Eisenbahn war jedoch kaum mehr in der Lage, bei der über den europäischen Kontinent hinausgehenden Ausdehnung des Krieges den Anforderungen zu genügen. Das Bild aus dem Jahr 1942 zeigt einen Transport mit Panzern für den Einsatz in Afrika.*

211 Der Exodus begann im Herbst 1944 mit dem Vorrükken der russischen Verbände bis an die ostpreußische Grenze. Aus Prestigegründen ließen die Nazis die Trecks stoppen. Die Folge war ein Blutbad bei der zweiten Angriffswelle.

212 Nicht nur gegen Ende des Krieges, sondern noch Jahre danach gehörte Flucht und Vertreibung zum Los der deutschen Bevölkerung. Endlose Züge mit Vertriebenen und Flüchtlingen rollten nach Westen.

213 Gegen Kriegsende flüchteten Millionen von Menschen vor der herannahenden Roten Armee mit wenigen Habseligkeiten. Viele starben auf den Transporten; für die meisten war die Eisenbahn die letzte Rettung. ▷

◁ 214 *Auf irgendwelchen halb-
zerstörten Bahnhöfen kamen
die Flüchtlinge an (hier am
Lehrter Bahnhof in Berlin);
auseinandergerissene Familien
standen vor einer ungewissen
Zukunft.*

215 *Dem Strom der Flüchtlinge folgte das Millionenheer der
Vertriebenen, die aus den ehe-
maligen deutschen Ostgebieten
ausgewiesen wurden. Die Ver-
treibungsaktionen dauerten viele Jahre; ihren Höhepunkt erreichten sie im Jahr 1946.*

Judendeportation

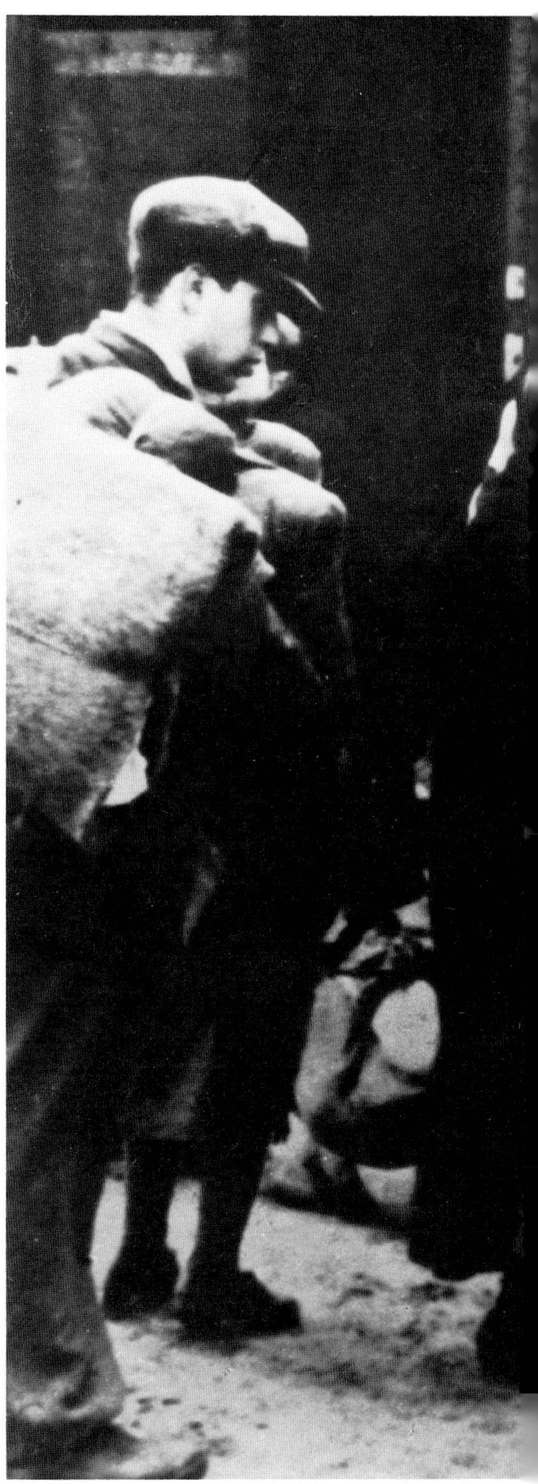

216 Ankunft eines Deportationszuges aus Frankreich mit jüdischen Frauen und Kindern im Konzentrationslager Auschwitz 1944. Mit der Eisenbahn wurden etwa drei Millionen Juden in die Vernichtungslager gebracht und dort überwiegend in Gaskammern ermordet. Transportprobleme hat es nie gegeben. Es existieren keine Anzeichen dafür, daß die Reichsbahn oder auch nur nennenswerte Teile von ihr die Deportationen zu verlangsamen oder gar zu verhindern trachteten.

217 *,,Den Opfern wurde vorgespiegelt, daß sie zur Umsiedlung oder zum Arbeitseinsatz kämen.'' (Oberstaatsanwalt Alfred Spieß.) Szene auf dem Bahnhof in Hanau am 28. Mai 1942.*

218 Die Deportationen erfolgten zumeist in Güterwagen mit kleinen, vergitterten oder durch Stacheldraht versperrten Fenstern. Ohne Nahrung, Getränke und Toiletten waren oft mehr als 100 Menschen in einen Waggon gepfercht.

219 *Der Bahnhof des Konzentrationslagers Treblinka. Fingierte Inschriften wie ,,Fahrkartenausgabe", ,,Bahnmeisterei", ,,Zum Bad" tarnten die Zugänge zu den Vernichtungsstätten, in denen bis zu 15 000 Menschen täglich ermordet wurden.*

220 Gleisanlage im Vernichtungslager Auschwitz-Birkenau. Die Reichsbahn verlangte von der SS pro Person und Schienenkilometer anfangs vier Pfennige.

Die Maschinerie der Deportationen war angelaufen. Sie wurde zu einer ebenso schrecklichen wie exakten Routine. Die Gestapo setzte die Normen. Die Vorsitzenden der Jüdischen Gemeinde erhielten die Weisung, daß am Tag X ein weiterer Transport aus Berlin abgeht, für den 1000 Personen bereitzustellen sind. Dann folgte, wie Dr. Conrad Cohen berichtete, die Direktive. Und nach dieser Direktive stellte die Jüdische Gemeinde die Listen zusammen. Für den ersten Transport waren Menschen über 65 Jahre ausgewählt worden. Dann forderte die Gestapo Arbeitsunfähige, von Unterstützung lebende Personen, alleinstehende Frauen mit Kindern. Die Kategorien änderten sich ständig. Levy hatte die „Listen" bekommen, weil er als Blinder und über 60 Jahre alt registriert war.

Als Berufstätige in nicht kriegswichtigen Betrieben zur Deportation aufgerufen wurden, traf es auch mich. Ich erhielt die „Listen". Meine Mutter war völlig verstört.

„Ich melde mich freiwillig. Ich lasse dich nicht allein gehen", erklärte sie. Tagelang rang sie mit mir. Sie arbeitete in einer Fabrik, die Batterien für Funkgeräte herstellte und zu den kriegswichtigen Betrieben gehörte. Natürlich hatte ich Angst vor dem, was am Ende der Deportation stehen würde. Wir wußten es damals noch nicht und ahnten nur, daß es schlimmer sein müßte als das bisher Erlebte. Aber neben der Angst erwachte in mir auch Neugier. Welchem Schicksal waren diejenigen entgegengegangen, die uns schon verlassen hatten? Was erwartete mich auf diesem Weg?

Ich ging zu Dr. Cohen, meinem früheren Arbeitgeber, bei dem ich an einigen Nachmittagen so wie einst im Haushalt half.

„Gib das Ding sofort her!" sagte Cohen. Ich sah die „Listen" nicht wieder. Die Jüdische Gemeinde hatte offenbar den Namen einer anderen Person auf die Liste setzen müssen. Meine Mutter war gänzlich erschöpft von der Aufregung der vergangenen Tage. Mich quälte zunächst der Gedanke, daß nun ein anderer das mir zugeteilte Los tragen mußte. Aber ich vergaß es bald. Dann kamen auch in kriegswichtigen Betrieben Arbeitende an die Reihe, soweit sie dort relativ unwichtige Aufgaben hatten, etwa Boten oder ungelernte Hilfsarbeiter. Die Firmen AEG und Siemens wurden gegen die Auskämmung ihrer Betriebe bei der Gestapo vorstellig. Sie erklärten – zweifellos glaubwürdiger als Otto Weidt –, daß der Arbeitsprozeß gestört wurde, wenn ihnen die fleißigen jüdischen Arbeiter, für die es zu jener Zeit keinen Ersatz gab, genommen würden. Aber die Züge mit Deportierten rollten weiter. Familien wurden auseinandergerissen; alte Menschen von ihren Kindern getrennt.

Die ersten Transporte, die Menschen über 65 Jahre nach Theresienstadt brachten, begannen im Juni 1942. Der 85jährige Onkel Paul Litten, einst einer der angesehensten Bürger der pommerschen Stadt Köslin, mußte mit. Er war ein wohlhabender Mann gewesen, der sein Leben lang von seinen fünf Kindern verwöhnt worden war. Im Alter wurde er von zweien seiner Töchter versorgt. Drei seiner Kinder waren ausgewandert. Sie hatten versprochen, ihn nachkommen zu lassen. Dazu kam es nicht mehr. Er konnte kaum noch allein gehen.

„Macht euch um mich keine Sorgen, meine Kinder", sagte er tröstend, als die Gestapo ihn holte. Er wußte, daß er seine letzte Reise antrat. Seiner unverheirateten Schwester, Tante Gustel, brachte meine Mutter noch eine warme Jacke, bevor sie zum Abtransport geholt wurde. Sie lebten im Altersheim Altonaer Straße. Als wir hinkamen, fanden wir die alten Herrschaften beim Packen. Ja, natürlich würden sie sich vorsehen. Natürlich würden sie schreiben, natürlich würden sie sich nicht erkälten – sie wiederholten es immerzu, wenn die Angehörigen, die gekommen waren, um beim Packen zu helfen, vorsorgliche Ratschläge gaben. Keiner glaubte dem anderen. Jeder wußte genau, daß es kein Wiedersehen geben würde.

„Ich werde mich um Paul kümmern", sagte meine Tante, der Typ einer alten Jungfer, viel verlacht, gutmütig und den Wirren des Lebens gegenüber sehr hilflos. Sie war stets von ihrem wohlhabenden Bruder unterhalten worden. Nun gehörte sie wohl zu den wenigen, die sich noch eine Aufgabe für Theresienstadt vornahmen.

„Theresienstadt wird schon nicht so groß sein, daß ich ihn dort nicht finden werde", meinte sie. Mit Hilfe meiner Mutter packte sie ihre wenigen Habseligkeiten in eine große Tragetasche. Verlegen lachend tat sie einen Blechnapf hinein. „Wie ein Hundenapf, nicht wahr?" Solche Eßnäpfe waren an die alten Leute verteilt worden.

Während im Hause Geschäftigkeit herrschte, wie bei einem Umzug und die Auflösung um sich griff, standen draußen die Angehörigen, die schon Abschied genommen hatten, weinten, schluchzten und warfen sich verzweifelt einander in die Arme. Langsam und zögernd verließen sie den Ort, von dem aus ihre lieben Angehörigen die Reise in den Tod antraten.

Inge Deutschkron

Als wir in die Viehwaggons hineingestoßen wurden, die Türen sich hinter uns schlossen, um sich erst wieder in Auschwitz zu öffnen, griff wohl kalte Angst nach uns und entpreßte meinem Manne die Worte: „So, jetzt sind wir in der Falle". Aber schon begannen wir uns auch dieser Situation anzupassen, schichteten fein sorgfältig die Gepäckstücke und richteten uns häuslich ein. Ganz mechanisch, gewohnheitsmäßig taten wir das; auch in einem Waggon mit 58 Menschen und Gepäckstücken vollgepreßt, mit einem Kübel zur Verrichtung der Notdurft und einem Krug Trinkwasser, fanden wir irgendwo Raum für unsere Körper. Wo viele Kranke und Kinder waren, gab es natürlich panikartige Stimmungen. In unserem Zuge waren viele Kranke und allein 300 elternlose Kinder. Ein kleines Mädchen mit einer Puppe auf dem Rücken – so groß wie sie selbst – sah ich einsteigen, ein süßes winziges Ding.

Wir fuhren 32 Stunden, einen Nachmittag, eine Nacht und einen Tag. Im Waggon waren zwei kleine Gucklöcher und da stand immer einer, um zu berichten, wo ungefähr wir uns befanden. Wenn zufällig draußen jemand vorüberging, riefen wir mit angstgepreßten Stimmen, *„wohin fahren wir, bitte sagen sie uns, wohin wir fahren"*.

Unterdessen floß der Kübel mit Unrat über, machte das Trinkwasser unbrauchbar, beschmutzte unser Gepäck und uns selbst. Unruhe wechselte mit müder Stumpfheit. Die besonders Geschickten hatten sich allmählich ein Plätzchen zum Liegen zurecht geschoben, andere konnten kaum stehen. Einer schlief etwas erhöht über mir, ein großer, schwerer Mann, und im Schlaf fiel er immer über mich, nachdem auch ich für Minuten in einen Halbschlummer gesunken war. Das entnervte mich so (noch heute schäme ich mich dessen), daß ich anfing zu weinen, das letzte Mal während der ganzen Konzentrationshaft. Resultat, daß mein Mann um einen Platz für mich kämpfte. Immer werde ich es vor mir sehen, das arme verstörte Gesicht meines Mannes. Das mußte furchtbar für einen Mann sein, seine Frau und Kinder so leiden zu sehen, ohne helfen zu können. Da waren Männer, die im Kriege gekämpft hatten und da waren sie doch Männer unter sich und jetzt mit Frauen und Kindern, das raubte ihnen die letzte Kraft, so daß wir Frauen oftmals die Stärkeren sein mußten.

Wenn die Gefahr von überall lauert, Du nicht weißt, von wo sie kommt und wie sie aussieht, eingesperrt bist in einen fahrenden Kasten, in dem Du kaum atmen kannst, wo einer den anderen fast erdrückt mit seinem Haß und seiner Körperlichkeit, da kannst Du Dich nur hineinflüchten in rettende Stumpfheit ...

Ein Ruck, wir hielten. An beiden Seiten des Zuges sahen wir Stacheldraht, wir waren also mitten in das Lager hineingefahren. Abgeblendete Scheinwerfer, fensterlose Baracken, keine Menschenseele, Totenstille. Wir sahen uns an, was ist das, wo sind die Menschen, alles schien uns wie ausgestorben. Es war bereits zehn Uhr nachts und wir sagten uns, daß wir wahrscheinlich noch die Nacht über in den Waggons zubringen würden und begannen uns auszuziehen und auf ein abermaliges Übernachten vorzubereiten. Da auf einmal – brach es aus der Stille. Wir hörten Waggontüren aufreißen, scharfe Befehle, ein Geschrei und Gelaufe, daß es uns kalt über den Rücken lief. Unsere Waggontür wurde aufgerissen und ein Mann in gestreiftem Anzug sprang zu uns herein, *„Gepäck und Kranke liegen lassen"* alle anderen schnell heraus, schrie er uns zu und draußen war er. Wir packten aber trotzdem unser Handgepäck und sprangen aus dem hohen Wagen.

Grete Salus

Tatsächlich war die Reichsbahn daran interessiert, am Holocaust beteiligt zu werden. Sie konnte dadurch nämlich ihr Defizit ein wenig ausgleichen. Die Juden mußten zwar für die Fahrt ins Gas selbst bezahlen, doch wenn das nicht möglich war, wie etwa bei den Massendeportationen aus Warschau, mußte ein anderer für die Kosten aufkommen. Man einigte sich darauf, daß die Kosten zu übernehmen habe, wer die Züge bestellte. Zugrundegelegt wurde der Beförderungstarif für die dritte Wagenklasse. Gestellt wurden aber Güterwaggons, und zwar nach Möglichkeit alte, vergammelte. Für Juden war das gut genug. So mußten für jeden Deportierten pro Schienenkilometer vier Pfennige bezahlt werden.

Kinder unter vier Jahren kosteten die Hälfte, Kleinkinder fuhren kostenlos. Damit war der Transport in die Todeslager mehr als doppelt so teuer wie die Beförderung von Soldaten. Für sie berechnete die Reichsbahn 1,5 Pfennige je Kilometer.

Kontaktstelle für die Reichsbahn war das Reichssicherheitshauptamt der SS. Dort bestätigte, wie Raul Hilberg herausgefunden hat, Adolf Eichmann am 20. Februar 1941 die Übernahme der Kosten. Das war fast ein Jahr vor der „Wannseekonferenz" vom 20. Januar 1942.

Von wem die Anregung ausgegangen ist, sich auf Sonderbedingungen zu einigen, steht nicht fest. Fest steht indes, daß die SS bereits im Juli 1941 nur noch die Hälfte des vereinbarten Tarifs zu zahlen brauchte, wenn mindestens 400 Menschen deportiert wurden.

Zuerst verlangte die Deutsche Reichsbahn für Deportationszüge aus dem Ausland, etwa der Slowakei, Gebühren, wenn ihr Schienennetz benutzt wurde. Ab Anfang 1942 gewährte die Reichsbahn für solche Fahrten einen Rabatt von 25 Prozent. Es wurde um jede Mark gefeilscht. Handelte es sich um Züge aus westeuropäischen Ländern, also etwa den Niederlanden, Frankreich oder Belgien, so erhielt die Reichsbahn ebenfalls Benutzungsgebühren.

Am 11. Juni 1942 tagte im Reichssicherheitshauptamt in Berlin eine Konferenz, in der es auch um die Kosten für die Deportation französischer Juden nach Auschwitz ging. SS-Hauptsturmführer Theodor Dannecker faßte die Ergebnisse am 15. Juni in seinem Amtssitz in Paris zusammen. Serge Klarsfeld hat das Dokument gefunden. Unter Punkt II findet sich die Feststellung: ,,Transportkosten sowie Kopfgeld (ca. 700,– RM pro Jude) müssen vom französischen Staat getragen werden.“

Neben den Kosten spielte der Transportraum eine immer größere Rolle, je weiter die Front nach Osten rückte. Mitte 1942 verfügte die Reichsbahn über etwa 850000 Güterwagen. Den größten Bedarf hatte die Wehrmacht. Für die Deportationen in die Todeslager forderte die SS Sonderzüge an. Sie erhielten in den Fahrplänen besondere Kennzeichen. Allgemein wurden Judentransporte mit ,,Da“ gekennzeichnet, eine Abkürzung für ,,David“. Transporte polnischer Juden wurden mit ,,Pj“ gekennzeichnet. Fahrplankonferenzen tagten in der Regel alle zwei Monate, und zwar an wechselnden Orten. Sie dauerten fünf bis sechs Tage. Gelegentlich nahm Eichmann oder sein Vertreter, SS-Hauptsturmführer Hans Günther, daran teil.

Als es für Eichmann immer schwieriger wurde, genügend Transportraum zu erhalten, ging er auf das Angebot ein, solche Züge zu nehmen, mit denen Zwangsarbeiter aus dem Osten nach Westen gebracht worden waren. Züge mit kriegswichtigem Material hatten stets Vorfahrt. So kam es vor, daß Deportationszüge oft lange warten mußten, bis die Strecke wieder frei war. Außerdem wurde immer mehr Menschenfracht in die Waggons gepfercht, und die Züge wurden verlängert.

Transportierte die Reichsbahn ursprünglich mit jedem Zug 1000 Menschen, so waren es Ende 1942 bereits 2000 und auf kürzeren Strecken, etwa innerhalb von Polen, bis zu 5000. Das bedeutete je Person ungefähr einen viertel Quadratmeter Platz.

Längere Züge mit mehr Menschen, das bedingte niedrigere Geschwindigkeiten und dadurch längere Fahrzeiten. Hilberg hat einen Fall recherchiert, in dem ein Deportationszug für eine Strecke von etwa 400 km 23 Stunden brauchte.

Mußten Todeszüge warten – und das geschah nicht selten auch auf Bahnhöfen – so schrien die Menschen nach Wasser. Zivile Reisende bekamen das selbstverständlich mit, was der SS unangenehm war und auch die Reichsbahn störte. Man nahm es aber als unabänderlich hin.

Hatten die Züge erst einmal das Gebiet des Deutschen Reiches verlassen, gab man sich keine große Mühe mehr mit der Geheimhaltung. Hilberg hat die Aufzeichnungen eines deutschen Unteroffiziers veröffentlicht. Beobachtungen im August 1942: ,,Wir sind am Lager Belcez vorbeigefahren. Vorher ging es längere Zeit durch hohe Kiefernwälder. Als die Frau rief ,jetzt kommt es‘, sah man nur eine hohe Hecke von Tannenbäumen. Ein starker süßlicher Geruch war deutlich zu bemerken. ,Die stinken ja schon‘, sagte die Frau. ,Ach Quatsch, das ist ja das Gas‘, lachte der Bahnpolizist. Inzwischen – wir waren ungefähr 200 Meter gefahren – hatte sich der süßliche Geruch in einen scharfen Brandgeruch verwandelt. ,Das ist vom Krematorium‘, sagte der Polizist. Kurz darauf hörte der Zaun auf. Man sah ein Wachhaus mit SS-Posten davor. Ein doppeltes Bahngleis führte in das Lager hinein. Das eine Gleis war eine Abzweigung von der Hauptstrecke, das andere führte über eine Drehscheibe aus dem Lager zu einer Reihe von Schuppen, die ungefähr 250 Meter davon entfernt standen. Auf der Drehscheibe stand gerade ein Güterwagen. Mehrere Juden waren damit beschäftigt, die Scheibe zu drehen.

SS-Posten, das Gewehr unter dem Arm, standen daneben. Einer der Schuppen war offen, man konnte deutlich sehen, daß er mit Kleiderbündeln bis an die Decke gefüllt war.“

Von den Massenmorden wußten also sogar Polizisten der Reichsbahn. Nicht immer fuhr die Bahn mit leeren Güterwaggons zurück gen Westen. Sie hatte schließlich Auftrag, die Kleider und den gesamten Besitz der Ermordeten ins Deutsche Reich zu bringen. Als sich die Luftangriffe auf deutsche Städte häuften und viele Leute obdachlos wurden, erhielten sie Kleider der Ermordeten. Diese waren zuvor in den Todeslagern sortiert und gebündelt worden.

Heiner Lichtenstein

a konnten dreitausend Leute auf einmal ins Gas geschickt werden?
Erber: Ja, aber soviel kamen nie zusammen, weil nie zwei Transporte zusammen kamen. Weil ein Transport immer nach dem anderen abgefertigt wurde.

Und während der Zeit stand der nächste Transport schon irgendwo außerhalb von Auschwitz?
Erber: So schlimm war es ja nicht. Ich meine, daß sie so hintereinander gekommen sind. Bloß wie dann die Ungarn-Transporte kamen. Da kamen drei bis vier Transporte am Tag.

Herr Erber, wie groß war die Kapazität der Transporte? Wie viele Menschen kamen auf die Rampe?
Erber: Ganz verschieden. Das konnten zweihundert sein, das konnte bloß ein Lastwagen sein, es konnten zweitausend sein.

In welchem Jahr kamen denn die meisten Transporte?
Erber: Also, die meisten Transporte kamen 1944, weil da Ungarn war und so.

Wie groß war etwa der Anteil derjenigen, die arbeiten mußten und derjenigen, die direkt in die Gaskammern geschickt wurden?
Erber: Man kann als Anteil rechnen mit 30 Prozent zu der Arbeit.

Und 70 Prozent in die Gaskammern?
Erber: Und 70 Prozent kam weg. Ich meine, es war eine sehr schlimme Sache. Aber wir durften nicht darüber reden und gar nichts. Denn von uns, wir hatten uns schon 1941 weggemeldet. Ich hab es dreimal versucht, und 1942, ich weiß nicht, war's im August oder im September, da kam ein Führerbefehl: Der Dienst in Auschwitz ist Frontdienst. Das heißt mit anderen Worten, wer dort ist, kann sich nicht wegmelden. Denn von der Front kann sich kein Soldat wegmelden.

Ebbo Demant im Gespräch mit dem zu lebenslangem Zuchthaus verurteilten SS-Oberscharführer Josef Erber

In Auschwitz wurden drei bis vier Millionen Menschen umgebracht, wobei diese Zahl, wie auch alle übrigen Ausrottungsziffern, im einzelnen oft äußerst schwer zu bestimmen sind. Für das geschichtliche und moralische Urteil über diese maßlosen Verbrechen ist es selbstverständlich unerheblich, wieviele Millionen die Gesamtzahl der umgekommenen Juden beträgt. Diese Vorgänge übersteigen dermaßen alle menschliche Vorstellungskraft, hinter diesen nackten Zahlen verbirgt sich eine solche Fülle von menschlichem Leid und Schmerz, von Angst und Verzweiflung, daß alle Worte versagen müssen, wenn man versuchen wollte, das Unvorstellbare auszudrücken. Der Mensch ist kaum in der Lage, das Leiden eines einzigen Mitmenschen nachzuempfinden. Wie sollte er es für Millionen tun können? Wenn wir über das individuelle Schicksal hinausgehen, dann geraten wir sehr rasch unter das Gesetz der großen Zahl, und das Leben wird zur Statistik.

Auschwitz war indessen nur eines unter mehreren Todeslagern. Chelmno wurde schon genannt. Dazu traten noch Belzec, Sobibor, Treblinka und Maidanek. In diesen Lagern dürften weitere zwei Millionen Juden umgebracht worden sein. Die Vergasungen geschahen meistens in Kammern, teilweise auch in Autos als fahrbaren Vergasungsanstalten.

Dazu trat die große Zahl gewöhnlicher Konzentrationslager, in welchen Angehörige aller europäischen Völker gehalten wurden, und in denen die Häftlinge ebenfalls in großen Massen umkamen, sei es durch Hinrichtung, Unterernährung, Krankheit, Selbstmord. Genannt seien hier nur die Lager Sachsenhausen, Belsen, Oranienburg, Buchenwald, Theresienstadt, Flossenbürg und Mauthausen. Die Konzentrationslager wie auch die eigentlichen Vernichtungslager waren meistens mit Fabrikationsbetrieben verbunden, in denen die Häftlinge bis zur physischen Erschöpfung oder Vernichtung Zwangsarbeit zu leisten hatten. Die meisten dieser KZ-Fabriken und -Betriebe arbeiteten für die SS. Sie bildeten recht eigentlich die finanzielle und wirtschaftliche Grundlage dieser Organisation. Als die in Deutschland einrückenden alliierten Truppen die Konzentrationslager mit ihren Foltereinrichtungen und Verbrennungsöfen und mit ihren Tausenden von zu Skeletten abgemagerten oder als Leichen herumliegenden Häftlingen entdeckten, ging ein Schrei des Entsetzens und der Empörung durch die ganze zivilisierte Welt. Der deutsche Name wurde dank den maßlosen Verbrechen des nationalsozialistischen Regimes geschändet und verachtet, wie es nie einer anderen Nation zuvor widerfahren war.

Walther Hofer

Eisenbahnlandschaft

221 *Die Ingenieurkunst ermöglicht dem Eisenbahnreisenden oft phantastische Erfahrungen; die Rigi-Bahn beim Überqueren einer Brücke (Holzschnitt um 1890) vermittelt ein Landschaftserlebnis von spielerischer Schwerelosigkeit.*

Rauchwolken, rosa, wie ein Frühlingstag,
Die schnell der Züge schwarze Lunge stößt,
Ziehn auf dem Strom hinab, der riesig flößt
Eisschollen breit mit Stoß und lautem Schlag.

Der weite Wintertag der Niederung
Glänzt fern wie Feuer rot und Gold-Kristall
Auf Schnee und Ebenen, wo der Feuerball
Der Sonne sinkt auf Wald und Dämmerung.

Die Züge donnern auf dem Meilendamme,
Der in die Wälder rennt, des Tages Schweif.
Ihr Rauch steigt auf wie eine Feuerflamme,

Die hoch im Licht des Ostwinds Schnabel zaust,
Der, goldgefiedert, wie ein starker Greif,
Mit breiter Brust hinab gen Abend braust.

Georg Heym

Lange Jahre war ich fern gewesen vom lieben alten Land, und nun saß ich mit Landsleuten, mit stillen, bescheidenen Arbeitsleuten zusammen, im Eisenbahnwagen, der mich schon als solcher in der Seele entzückte. Langsam, als sei er die Beute einer tiefen Nachdenklichkeit und als sei es ihm ein Bedürfnis, zögerisch vorzurücken, fuhr der Zug, es war ein Arbeiterzug. Ich war recht froh, daß es ein so stiller Zug war und daß ich jetzt zusammensaß mit den ärmlichen, ernsten Leuten aus dem Volk. Es war mir, als lerne ich wieder mein Volk so recht aus dem Grunde kennen, als fahre ich mit dem Eisenbahnzug in das Herz des Volkes hinein. Abend wurde es. Auf jeder kleinen, dörflichen Station hielt der Wagen an, und liebe, brave, arbeitsame Menschen stiegen ein und aus. Mich beschlich eine wunderbare, angenehme Zärtlichkeit für das Land und für die Leute. Land und Leute öffneten sich mir so still, so groß. Immer größer, immer schöner wurde das abendliche Gebirgslandschaftsbild. Eine zarte, stille Freundschaftsglut bemächtigte sich meines Innern, das mir zu blühen, zu lachen, zu weinen schien. Ich fühlte, wie ein Glanz mir in die Augen kam. Da schaute ich immer hinaus in die Landschaft mit ihren phantastisch-steilen, grünen Höhen und immer fuhr der Zug zart und leise weiter. Ich will die Fahrt nie, nie vergessen. Göttlich-schön war es, wie ich und die andern Leute so still hineinfuhren, hineinglitten in die Berge, welche mir wie Lieder, wie alte großartige Melodien entgegentönten. Unvergeßlich wird mir das goldig-dunkle Abendgebirge im Sinne

bleiben. Still redeten die Insassen des Wagens miteinander, Männer, Jünglinge und Frauen. Die Nation trat mir nah; das Vaterland und sein hoher, goldener Gedanke schwebten mir ums Herz. Lange Jahre war es immer flach und glatt und öd vor meinem Auge gewesen, daß die weite, hoffnungsarme Leere mir die Seele verdorren machen wollte. Jetzt ging es wieder freundlich in die kühne Höhe und sank in reiche, himmlisch-schöne, gedankenvolle Abgründe hinunter. Eine stille Vaterlandslust brannte in mir und eine alte, süße, wundervolle Liebe wurde wieder wach zu meinem Entzükken. O das war ein schönes Eisenbahnfahren mit mildgesinnten, klugen, ernsten Landsgenossen in die Umschlungenheit hinein. Es umschlang uns mit Felsen und mit Bergen. Liebe, grüne Täler lachten in der Tiefe und von der Höhe herab nickte stolz die edle Tanne. Ich sah das Haus an der Halde stehen und Menschen auf den Wegen gehen, die sich in die Wälder schlängelten. Das Land öffnete die Arme, und ich, ich sank hinein in die Umarmung und war wieder der Sohn des Landes und seiner Bürger einer. Allmählich wurde es Nacht.

Robert Walser

Wir sind, mit dem irdisch befleckten Auge gesehn, in der Situation von Eisenbahnreisenden, die in einem langen Tunnel verunglückt sind, und zwar an einer Stelle, wo man das Licht des Anfangs nicht mehr sieht, das Licht des Endes aber nur so winzig, daß der Blick es immerfort suchen muß und immerfort verliert, wobei Anfang und Ende nicht einmal sicher sind. Rings um uns aber haben wir in der Verwirrung der Sinne oder in der Höchstempfindlichkeit der Sinne lauter Ungeheuer und ein je nach der Laune und Verwundung des Einzelnen entzückendes oder ermüdendes kaleidoskopisches Spiel.
Was soll ich tun? oder: Wozu soll ich es tun? sind keine Fragen dieser Gegenden.

Franz Kafka

Inzwischen hielt der Zug von Minute zu Minute, rollte und stieß von Weiche zu Weiche, ein Licht nach dem andern huschte vorbei, gelb und verwaschen oder grell und geisterhaft blau – die Industrie nahte. Da wachte er aus seinem Sinnen auf, blickte wie aus fernem Traum erwacht im Wagen herum und auf die Lichtkleckse und Regenbogen, die

die vorbeihuschenden Lichter auf die Scheiben warfen, dann verdüsterte sich sein Gesicht; er öffnete das Fenster und lehnte sich hinaus. Die Räder stampften und dröhnten rhythmisch unter ihm hin, Ruß und Regen schlug ihm ins Gesicht, und aus dem Dunkel fuhren ihm Schatten entgegen, glotzten ihn mit glühenden Lichtern an und bäumten sich hoch, als würfen sie sich über ihn, und rissen sich wie ein Blitz wieder zurück in die Nacht und hinter ihnen wälzten sich Schlackenberge, unter deren Kruste es noch glummte und glühte, und Erzhalden, die grau und gelb und seltsam stumpf im Regen glänzten, wälzten sich wie ungeheure gläserne Walfische heran, vorbei und die Seilbahnen, an denen die Wagen wie närrische Kinderspiele glitten, drehten sich und kreisten und fuhren plötzlich himmelhoch in die Luft, in die Hochöfen mit ihren feurigen Zungen drohten und leckten – ein Knäuel wassertriefender schwarzer Bollwerke und kleiner rundkuppeliger Türme, die tanzen einen wilden grotesken Tanz, rote Strahlen zischen jäh aus ihnen hervor, sprühen in schimmernden Feuergarben hoch und in Feuer und Dampf hüllt sich die zischende Bande – das stampft und zischt und dröhnt, das wallt von Dampf und Qualm und Rauch und wirft mit seinen wilden Lichtern in die Nacht, die schwarz und drohend über diesem Allen hängt und selbst wie erbost und zuckend über diesem dröhnenden und gellenden Hexenkessel liegt.

Gustav Sack

W ir sitzen alle im gleichen Zug
und reisen quer durch die Zeit.
Wir sehen hinaus. Wir sahen genug.
Wir fahren alle im gleichen Zug.
Und keiner weiß, wie weit.

Ein Nachbar schläft. Ein andrer klagt.
Der Dritte redet viel.
Stationen werden angesagt.
Der Zug, der durch die Jahre jagt,
kommt niemals an sein Ziel.

Wir packen aus. Wir packen ein.
Wir finden keinen Sinn.
Wo werden wir wohl morgen sein?
Der Schaffner schaut zur Tür herein
und lächelt vor sich hin.

Auch er weiß nicht, wohin er will.
Er schweigt und geht hinaus.
Da heult die Zugsirene schrill!
Der Zug fährt langsam und hält still.
Die Toten steigen aus.

Ein Kind steigt aus. Die Mutter schreit.
Die Toten stehen stumm
am Bahnsteig der Vergangenheit.
Der Zug fährt weiter, er jagt durch die Zeit.
Und niemand weiß, warum.

Die I. Klasse ist fast leer.
Ein dicker Mensch sitzt stolz
im roten Plüsch und atmet schwer.
Er ist allein und spürt das sehr.
Die Mehrheit sitzt auf Holz.

Wir reisen alle im gleichen Zug
zur Gegenwart in spe.
Wir sehen hinaus. Wir sahen genug.
Wir sitzen alle im gleichen Zug.
Und viele im falschen Coupé.

Erich Kästner

E in Blick aus dem Fenster
auf die entschwindende Welt
und man versteht die Religionen.

Umkehr, wie kommt
so ein Wort in die Welt?

Der schiefe Fußballplatz
mit seinem zertretenen Gras,
die jungen schneidenden
Stimmen von dort, sie dauerten
länger als jener Nachmittag
an einem schwäbischen Sonntag,
länger als alle die Jahre –

doch nicht länger als ich.

Umkehr, Umkehr:
um nichts in der Welt
und um alles.

Peter Hamm

222 Konzentration der Verkehrsmittel prägt die Stadtlandschaft; vor allem macht das Gitternetz der Schienen den Transport von Menschenmassen und Gütern möglich. Fluktuation und Mobilität ließen zwar das Sozialprodukt ansteigen, führten aber zur „Großstadtnervosität". (Berliner Stadtbahn, Bogen zwischen Michael- und Jannowitzstraße, 1889.)

223 Der die Stadt hinter sich lassende, die Landschaft wie ein Projektil durchrasende Zug scheint Raum in Zeit aufzulösen; in der impressionistischen Kunst wirkt die von Dampfwolken überlagerte Eisenbahn wie entmaterialisiert. (Adolph von Menzel: Die Berlin-Potsdamer Eisenbahn)

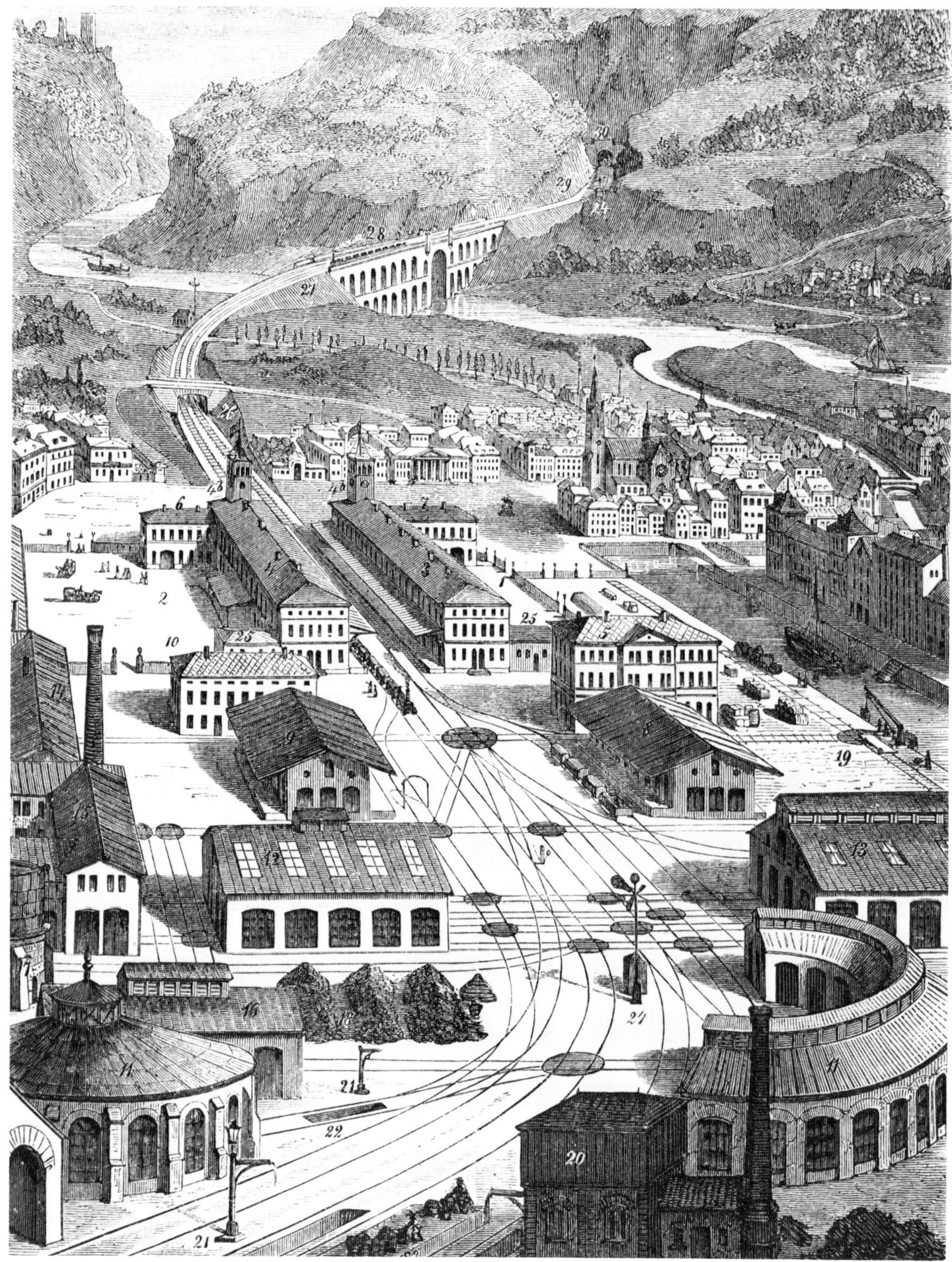

224 *Eisenbahnlandschaft more geometrico: Modellhafte Darstellung einer Anlage mit Umgebung. Dargestellt sind u. a. Bahnkörper, Durchstich, Viadukt, Felseneinschnitt, Tunnel (1886).*

225 *Nicht als Fremdkörper sondern als Teil einer „konstruierten" Landschaft erscheinen hier Schienen und Telegraphenmasten in der Radierung ‚Bahnlinie‘ von Reinhold Nägele (1913).*

226 *Eisenbahnlandschaft – Industrielandschaft: Diese Ruhrgebietsszenerie wird 1928 als Konglomerat gigantischer Unternehmen und Unternehmungen beschrieben, zusammengeschlossen durch Schienenstränge als Pulsadern vorwärtsdrängender wirtschaftlicher Expansion.*

227 *Dampf, der aus der Lokomotive aufsteigt: Nostalgie sieht gerade darin das eigentliche Charakteristikum der Eisenbahnlandschaft. ,,Der Wind trieb ihn vor sich her. Er stieg aus dem Schornstein in Schwaden auf und wurde vom Wind sofort aufgelöst und zerstreut. Es war, als entkleide sich jede einzelne dieser Rauchschwaden, während sie der Zerstörung anheimfiel, und enthülle einen in ihrem Innern verborgenen Kopf, einen Rüssel, ein Lebewesen.`` (Italo Svevo)*

228 *Auf der metaphorischen Ebene, vor allem in der Dichtung, ist ,,totes Gleis" das Symbol für Ausweglosigkeit – ,,Bahnen, eines Tages kippen sie aus den Gleisen, stehen still . . ." (Wolfgang Borchert).*

229 Fahles Licht, hallende Lautsprecherstimmen,
unerbittliche Signale, Weichen, deren richtunggeben-
der Sinn nur dem Eingeweihten bekannt ist: ,,Ver-
schiebebahnhof'' gilt als Topos für bedrohliche Ma-
nipulation.

230 *Die scheinbar nüchterne Außenwelt der Eisenbahnlandschaft ruft eine vielgestaltige farbige Innen-
welt von Seelenbildern hervor. So transportiert das
besonders von Eisenbahnern für den Nürnberger
Rangierbahnhof gern gebrauchte Bild ,,Harfe'' die
technische Erscheinungsform der zweckbestimmten
Gleisanlagen auf eine geradezu poetische Ebene.*

Anhang

Anmerkungen zu ‚Von deutscher Eisenbahn‘

1. Karl Fischer: Denkwürdigkeiten und Erinnerungen eines Arbeiters. Hrsg. und mit einem Geleitwort versehen von Paul Göhre. Leipzig 1903, Band 1, S. 124.
2. Fischer: a. a. O., S. 125.
3. Fischer: a. a. O., S. 126.
4. Ulrich Otto Ringsdorf: Der Eisenbahnbau südlich Nürnberg 1841–1849. Schriftenreihe des Stadtarchivs Nürnberg, Band 24. Nürnberg 1978.
5. Friedrich List: Schriften, Reden, Briefe. Band 3. Schriften zum Verkehrswesen. Hrsg. von Erwin von Beckerath und Otto Stühler. Berlin 1929, S. 347 ff.
6. Bayerische Staatsbibliothek, München.
7. Zit. nach: Hundert Jahre deutsche Eisenbahnen. Jubiläumsschrift zum hundertjährigen Bestehen der deutschen Eisenbahnen. Herausgegeben vom Reichsverkehrsministerium. Leipzig 1938, S. 42.
8. List: a. a. O., S. 160 ff.
9. Rudolf Rübberdt: Geschichte der Industrialisierung. Wirtschaft und Gesellschaft auf dem Weg in unsere Zeit. München 1972, S. 84 f.
10. Dieter Vorsteher: Das Fest der 1000. Locomotive. Ein neues Sternbild über Moabit. In Tilmann Buddensieg/Henning Rogge (Hrsg.): Die Nützlichen Künste. Gestaltende Technik und Bildende Kunst seit der Industriellen Revolution. Berlin 1981, S. 92.
11. Vorsteher: a. a. O., S. 90 ff.
12. Zit. nach Vorsteher: a. a. O., S. 97.
13. Irene Burkhardt: Das zeitgenössische Echo auf Planung, Bau und Eröffnung der ersten Eisenbahn mit Dampfkraft in Deutschland, der Ludwigseisenbahn zwischen Nürnberg und Fürth. Nicht-veröffentlichte Zulassungsarbeit für das Lehramt an Gymnasien an der Friedrich-Alexander-Universität Erlangen – Nürnberg (Prof. Dr. Michael Stürmer). Erlangen 1980, S. 101 ff.
    Vgl. auch Karl Bosl: Der technische Fortschritt in Bayerns Staat und Gesellschaft. Festvortrag zum Verfassungstag 1979 in Nürnberg; o. O., o. J.
14. Egon Friedell: Kulturgeschichte der Neuzeit. Band 3. München 1931, S. 99.
15. Ich folge hier Günter Ogger: Die Gründerjahre. Als der Kapitalismus jung und verwegen war. München – Zürich 1982, S. 157 ff.
16. Burkhardt: a. a. O., S. 108 ff.
17. Hans Christian Andersen: Eines Dichters Basar. Weimar o. J., S. 21 ff., 33.
18. Zit. nach Johannes Mahr: Eisenbahnen in der deutschen Dich-

tung. Der Wandel eines literarischen Motivs im 19. und im beginnenden 20. Jahrhundert. München 1982, S. 37.
19. Zit. nach Mahr: a. a. O., S. 109.
20. Ernst Stadler: Fahrt über die Kölner Rheinbrücke bei Nacht. In: Die Aktion 3/1913 (23. April 1913), Spalte 451.
21. Gottfried Benn: D-Zug. In: Gesammelte Werke in acht Bänden. Hrsg. von Dieter Wellershoff. Band 1: Gedichte. Wiesbaden 1960, S. 27f.
22. Sigmund Freud: Das Unbehagen in der Kultur. In: Sigmund Freud. Studienausgabe. Hrsg. von Alexander Mitscherlich, Angela Richards, James Strachey. Band IX: Fragen der Gesellschaft. Ursprünge der Religion., Frankfurt am Main 1974, S. 219.
23. Gert Mattenklott: Reisezeit. In: Merkur, Heft 7/1979, S. 679.
24. Detlev von Liliencron: Blitzzug. In: Ausgewählte Gedichte. Berlin – Leipzig 1907, S. 11f.
25. Hans Joachim Ritzau: Eisenbahnkatastrophen in Deutschland. Splitter deutscher Geschichte. Band 1. Landsberg – Pürgen 1979.
26. Ich folge hier Ritzau: a. a. O., S. 55ff.
27. Thomas Mann: Das Eisenbahnunglück. In: Die Erzählungen. Erster Band. Frankfurt am Main 1975, S. 317ff.
28. Ernst Bloch: Spuren. Frankfurt – Berlin 1962, S. 208.
29. Wolfgang Schivelbusch: Geschichte der Eisenbahnreise. Zur Industrialisierung von Raum und Zeit im 19. Jahrhundert. München – Wien 1977, S. 118f.
30. Schivelbusch: a. a. O., S. 141.
31. Andersen: a. a. O., S. 22.
32. Thomas Mann: Bekenntnisse des Hochstaplers Felix Krull. Frankfurt am Main 1965, S. 202.
33. Richard Dehmel: Vierter Klasse. In: Gesammelte Werke in drei Bänden. 1. Band: Erlösungen. Berlin 1913, S. 145ff.
34. Werner Sölch: Orient-Express. Glanzzeit und Niedergang eines Luxuszuges. Reinbek bei Hamburg 1980 („Zu diesem Buch").
35. Ich folge hier einer Denkschrift des Centrums Industriekultur/Nürnberg: 1985 – Eisenbahnausstellungskonzept (Nürnberg 1982, S. 77ff.), die ihrerseits vorwiegend auf Sölch Bezug nimmt.
36. Zit. nach Sölch: a. a. O., S. 9ff.
37. Sigmund Freud: Zeitgemäßes über Krieg und Tod. In Freud: Studienausgabe; a. a. O., S. 37.
38. Ludwig Thoma: Auf bayerischen Bahnen. In: Gesammelte Werke. Erster Band. München 1925, S. 632f.
39. Zit. nach Rolf L. Temming: Illustrierte Geschichte der Eisenbahn. Herrsching/Ammersee 1976, S. 132f.
40. Franz Rehbein: Das Leben eines Landarbeiters. Hrsg. von Karl Winfried Schafhausen. Darmstadt – Neuwied 1973, S. 29f.
41. K.-E. Maedel: Liebe alte Bimmelbahn. Eine Erinnerung an unsere deutschen Klein- und Nebenbahnen. Stuttgart 1976, S. 11. Thoma: Auf dem Bahnsteig. In: Gesammelte Werke. Zweiter Band. München 1925, S. 40.
42. Thomas Mann: Der Zauberberg. Frankfurt am Main 1967, S. 7ff.
43. Franz Reuleaux: Einführung in die Geschichte der Erfindungen. Bildungsgang und Bildungsmittel der Menschheit. Band 1. Leipzig – Berlin 1884, S. 380f.
44. Peter Rosegger: Als ich noch der Waldbauernbub war. 1. Teil. Leipzig 1905, S. 100.
45. Mattenklott: a. a. O., S. 681, 679.
46. Zit. nach: Die Welt der Bahnhöfe. Hrsg. vom Centre Georges Pompidou, Paris, Jean Dethier und der Staatlichen Kunsthalle Berlin. Berlin 1980, S. 6.
47. Thomas Wolfe: Dunkel im Walde, fremd wie die Zeit. In: Sämtliche Erzählungen. Reinbek bei Hamburg 1967, S. 87f., 93.
48. Mascha Kaléko: Das lyrische Stenogrammheft; o. O. 1956, S. 116.
49. Ich übernehme nachfolgend Gedankengänge und Zitate aus: Die Welt der Bahnhöfe, a. a. O., S. 6, 8, 17, 33, 59, 60, 75.
50. Heinrich Heine: Lutetia. Berichte über Politik, Kunst und Volksleben. In: Werke und Briefe in zehn Bänden. Hrsg. von Hans Kaufmann. Band 6. Berlin (Ost) 1962, S. 478f.
51. Schivelbusch: a. a. O., S. 52.
52. Zit. nach Schivelbusch: a. a. O., S. 53.
53. Zit. nach Schivelbusch: a. a. O., S. 53.
54. Adolf Hitler: Mein Kampf. München 1934, S. 180.
55. Alfred Andersch: Jahre in Zügen. Ein Bericht. In Klaus R. Scherpe: In Deutschland unterwegs. Reportagen, Skizzen, Berichte 1945–1948. Stuttgart 1982, S. 84.
56. Wolfgang Borchert: Das Gesamtwerk mit einem biographischen Nachwort von Bernhard Meyer-Marwitz. Reinbek bei Hamburg 1949, S. 61ff.

Quellennachweis der Texte in den Bildteilen

Seite 46/47

Hans Christian Andersen: Eines Dichters Basar. Weimar o.J., S. 20–25.

Nicolaus Lenau: An den Frühling, 1838. Gedichte. 2. Band. Stuttgart und Augsburg, 1857, S. 115–117.

Seite 58/59

Eisenbahn-Zeitung, 31. August 1845. Zit. nach Ulrich Otto Ringsdorf: Der Eisenbahnbau südlich Nürnberg 1841–1849. Schriftenreihe des Stadtarchivs Nürnberg. Band 24. Nürnberg 1978, S. 123.

Günter Kunert: Tagträume in Berlin und anderswo. Kleine Prosa, Erzählungen, Aufsätze. München 1972, S. 209/210 (Mit freundlicher Genehmigung des Carl Hanser Verlages, München)

Luise von Plönnies: Gesammelte Gedichte. Darmstadt 1844, S. 182.

Karl Fischer: Denkwürdigkeiten und Erinnerungen eines Arbeiters. Band 1. Hrsg. und mit einem Geleitwort versehen von Paul Göhre. Leipzig 1903, S. 125–128.

Seite 82/83

Detlev von Liliencron: Ich war so glücklich. In: Gesammelte Werke. Zweiter Band. Gedichte. Berlin 1916, S. 340.

Adalbert von Hanstein: Auf dem Bahnhof. In: Menschenlieder. Dritte, stark verm. Auflage. Berlin 1904, S. 30.

Karl Valentin: Bahnhofsszene. In: Gesammelte Werke. München 1961, S. 113–114. (Mit freundlicher Genehmigung des R. Piper Verlages, München)

Walter Kempowski: Schöne Aussicht. Hamburg 1981, S. 202–204. (Mit freundlicher Genehmigung des Albrecht Knaus Verlages, Hamburg)

Heinrich Böll: Abschied. In: Wanderer, kommst du nach Spa... München 1967, S. 64. (Mit freundlicher Genehmigung des Lamuv Verlages, Bornheim)

Nicolas Born: Bahnhof Lüneburg 30. April 1976. In: Gedichte 1967–1978. Reinbek bei Hamburg 1978, S. 212–213 (Mit freundlicher Genehmigung des Rowohlt Verlages, Reinbek bei Hamburg)

Seite 106/107

Rudolf Hagen: Die erste deutsche Eisenbahn mit Dampfbetrieb zwischen Nürnberg und Fürth. Gedenkschrift zu deren fünfzigjährigem Jubiläum am 7. Dezember 1885. Nürnberg 1885, S. 181–183.

100 Jahre deutsche Eisenbahnen. Vorwort der Jubiläumsschrift zum hundertjährigen Bestehen der deutschen Eisenbahnen. Herausgegeben vom Reichsverkehrsministerium. Leipzig 1938, S. 7–8.

1835–1960. 125 Jahre Deutsche Eisenbahnen. In: Die Bundesbahn, Nr. 21/22 (1960), Zum Geleit.

Seite 116/117

Justinus Kerner: Im Eisenbahnhofe. In: Sämtliche poetische Werke in vier Bänden. Herausgegeben von Josef Gaismaier. Zweiter Band. Leipzig o.J., S. 36–38.

Gerrit Engelke: Lokomotive. In: Das Gesamtwerk. Rhythmus des neuen Europa. München 1960, S. 49–50. (Mit freundlicher Genehmigung der Gerrit-Engelke-Stiftung, Hannover)

Johannes R. Becher: Lokomotiven. In: Gesammelte Werke. Band 1. Herausgegeben vom Johannes-R.-Becher-Archiv der Deutschen Akademie der Künste zu Berlin. Berlin und Weimar 1966, S. 334. (Mit freundlicher Genehmigung des Aufbau Verlages Berlin-Weimar)

Karl Henckell: Viadukt. In: Trutznachtigall. Stuttgart 1891, S. 95.

B. Werder (d.i. Friedrich Wilhelm Weber): Eisenbahnphantasie. In: Arminias. Geschichtliches und Gedichtetes zur Feier des fünfundzwanzigjährigen Bestehens der Bäder an der Arminiusquelle zu Lippspringe. Paderborn 1857, S. 78.

Gerhart Hauptmann: Bahnwärter Thiel. In: Gesammelte Werke in sechs Bänden. Fünfter Band. Berlin 1916, S. 26. (Mit freundlicher Genehmigung des Propyläen Verlages, Berlin)

Seite 142/143

Detlev von Liliencron: Ich war so glücklich. In: Gesammelte Werke. Zweiter Band. Gedichte. Berlin 1916, S. 341.

Edgar Hahnewald: Der Lokomotivführer. In: Die Glocke, 3. 4. 1922. Zit. nach Friedrich G. Kürbisch: Dieses Land schläft einen unruhigen Schlaf. Sozialreportagen 1918–45. Berlin, Bonn 1981, S. 38–39.

Thomas Mann: Bekenntnisse des Hochstaplers Felix Krull. Frankfurt am Main 1965, S. 95. (Mit freundlicher Genehmigung des S. Fischer Verlages, Frankfurt am Main)

Gerhart Hauptmann: Bahnwärter Thiel. In: Gesammelte Werke in sechs Bänden. Fünfter Band. Berlin 1916, S. 15–16. (Mit freundlicher Genehmigung des Propyläen Verlages, Berlin)

Gerhard Köpf: Die Strecke. Zit. nach Nürnberger Zeitung, 6. August 1983. (Aus einem noch nicht veröffentlichtem Roman, mit freundlicher Genehmigung des Autors)

Seite 166/167

Kurt Tucholsky: Kleine Station. In: Gesammelte Werke. Herausgegeben von Mary Gerold-Tucholsky und Fritz J. Raddatz. Band II. 1925–1928. Reinbek bei Hamburg 1960, S. 488. (Mit freundlicher Genehmigung des Rowohlt Verlages, Reinbek bei Hamburg)

Ödön von Horváth: Der jüngste Tag. In: Gesammelte Werke. Band 2. Schauspiele. Frankfurt am Main 1970, S. 531–533. (Mit freundlicher Genehmigung des Suhrkamp Verlages, Frankfurt am Main)

Kurt Marti: Lokalzug. In: Dorfgeschichten. Neuwied und Darmstadt 1983, S. 59–60. (Mit freundlicher Genehmigung des Luchterhand-Verlages, Neuwied/Darmstadt)

Gerald Sammet: Ein Bahnhof für Regnitzlosau. (Mit freundlicher Genehmigung des Autors)

Seite 178/179

Kurt Tucholsky: Die fünf Sinne. In: Gesammelte Werke. Herausgegeben von Mary Gerold-Tucholsky und Fritz J. Raddatz. Band II. 1925–1928. Reinbek bei Hamburg 1960, S. 215. (Mit freundlicher Genehmigung des Rowohlt Verlages, Reinbek bei Hamburg)

Gerhart Hauptmann: Im Nachtzug. In: Sämtliche Werke. Herausgegeben von Hans-Egon Hass. Band IV. Lyrik und Versepik. Frankfurt am Main, Berlin 1964, S. 54. (Mit freundlicher Genehmigung des Propyläen Verlages, Berlin)

Joseph Roth: „Romantik“ des Reisens (Frankfurter Zeitung, 6. Juni 1926). In: Werke. Herausgegeben und eingeleitet von Hermann Kesten. Dritter Band. Köln 1976, S. 677–679. (Mit freundlicher Genehmigung des Verlages Kiepenheuer und Witsch, Köln)

Frank Thieß: Geister werfen keinen Schatten. Hamburg, Wien 1955, S. 425–426. (Mit freundlicher Genehmigung des Paul Zsolnay Verlages, Hamburg/Wien)

Hannelies Taschau: Das ist ja wunderbar das ist wirklich wunderbar. In: Von der Lust, mit der Bahn zu reisen. 25 Eisenbahngeschichten. Herausgegeben von W. Christian Schmitt. Düsseldorf, Wien 1982, S. 85. (Mit freundlicher Genehmigung des Econ Verlages, Düsseldorf)

Erich Kästner: Eisenbahnfahrt. In: Gesammelte Schriften. Band 1. Gedichte. Köln 1959, S. 309. (Mit freundlicher Genehmigung des Atrium Verlages, Zürich; © Erich Kästner Erben, München)

Seite 200/201

Detlev von Liliencron: Blitzzug. In: Ausgewählte Gedichte. Berlin, Leipzig 1907, S. 11f.

Carl Bleibtreu: Schnellzug. In: Welt und Wille. Dessau 1886, S. 95.

Gerhart Hauptmann: Bahnwärter Thiel. In: Gesammelte Werke in sechs Bänden. Fünfter Band. Berlin 1916, S. 36–39. (Mit freundlicher Genehmigung des Propyläen Verlages, Berlin)

Seite 210/211

Walter Kempowski: Aus großer Zeit. Hamburg 1978, S. 291–293. (Mit freundlicher Genehmigung des Albrecht Knaus Verlages, Hamburg)

Heinrich Böll: Der Zug war pünktlich. Opladen 1949, S. 5–7. (Mit freundlicher Genehmigung des Lamuv Verlages, Bornheim)

Joachim Palapies: Die Flucht eines Vierzehnjährigen aus Labiau, 1945. In: Geflohen und vertrieben. Augenzeugen berichten. Herausgegeben von Rudolf Mühlfenzl. Königstein/Ts. 1981, S. 93–95. (Mit freundlicher Genehmigung des Athenäum Verlages, Königstein/Ts.)

Seite 232/233

Inge Deutschkron: Ich trug den gelben Stern. Köln 1978, S. 96–98. (Mit freundlicher Genehmigung des Verlages Wissenschaft und Politik, Köln)

Grete Salus: Niemand, nichts – ein Jude. Theresienstadt, Auschwitz, Oederan. Darmstadt 1981, S. 8–12. (Mit freundlicher Genehmigung des Verlages Darmstädter Blätter, Darmstadt)

Seite 234/235

Heiner Lichtenstein: Räder rollten für den Mord. Die Deutsche Reichsbahn und der Holocaust. In: Tribüne, Nr. 82/1982, S. 92–95. (Mit freundlicher Genehmigung des Autors)

Ebbo Demant (Herausgeber): Auschwitz – „Direkt von der Rampe weg …“ Kaduk, Erber, Klehr: Drei Täter geben zu Protokoll. Mit einer Einführung von Axel Eggebrecht. Reinbek bei Hamburg 1979, S. 33–34. (Mit freundlicher Genehmigung des Rowohlt Verlages, Reinbek bei Hamburg)

Walther Hofer (Hrsg.): Der Nationalsozialismus. Dokumente 1933–1945. Frankfurt am Main 1982, S. 275–276 (Mit freundlicher Genehmigung des S. Fischer Verlages, Frankfurt am Main)

Seite 238/239

Georg Heym: Die Züge (Dezember 1910). In: Dichtungen und Schriften. Band I. Lyrik. München 1962, S. 189

Robert Walser: Die Einfahrt. In: Das Gesamtwerk. Hrsg. von Jochen Greven. Band II. Kleine Dichtungen, Prosastücke, Kleine Prosa. Genf und Hamburg 1978, S. 165–166. (Mit freundlicher Genehmigung des Suhrkamp Verlages, Frankfurt am Main)

Franz Kafka: Eisenbahnreisende. In: Die Erzählungen. Frankfurt am Main 1961, S. 297. (Mit freundlicher Genehmigung des S. Fischer Verlages, Frankfurt am Main)

Gustav Sack: Ein verbummelter Student. In: Gesammelte Werke. Band 1. Berlin 1920, S. 215.

Erich Kästner: Das Eisenbahngleichnis. In: Gesammelte Schriften. Band 1. Gedichte. Köln 1959, S. 259–261. (Mit freundlicher Genehmigung des Atrium Verlages, Zürich; © Erich Kästner Erben, München)

Peter Hamm: Zugabteil (Über die Rauhe Alb) I. In: Die Zeit, 13. Januar 1984. (Mit freundlicher Genehmigung des Autors)

Abbildungen in ‚Von deutscher Eisenbahn'

Bildnachweis